本书为中宣部“宣传思想文化青年英才”项目阶段成果

本书出版获暨南大学文学院高水平大学建设经费资助

数字时代的文化发展

文化产业案例集

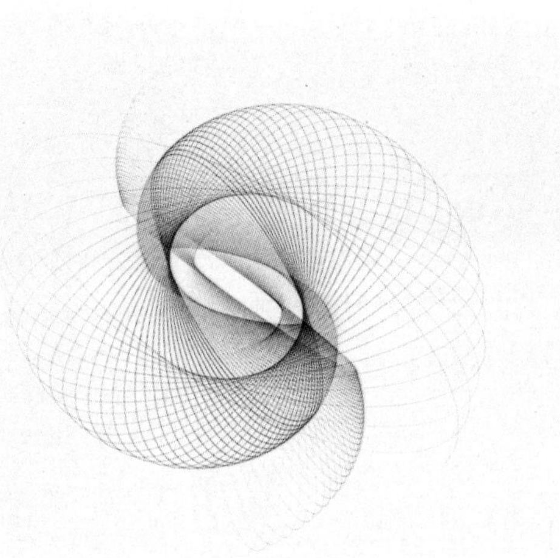

郑焕钊　主编

暨南大学出版社
JINAN UNIVERSITY PRESS

中国·广州

图书在版编目（CIP）数据

数字时代的文化发展：文化产业案例集/郑焕钊主编．—广州：暨南大学出版社，2022.10

ISBN 978－7－5668－3419－5

Ⅰ.①数…　Ⅱ.①郑…　Ⅲ.①文化产业—案例—中国　Ⅳ.①G124

中国版本图书馆 CIP 数据核字（2022）第 078862 号

数字时代的文化发展：文化产业案例集
SHUZI SHIDAI DE WENHUA FAZHAN：WENHUA CHANYE ANLI JI
主　编：郑焕钊

…………………………………………………………………………

出 版 人：张晋升
策划编辑：潘雅琴
责任编辑：潘雅琴　梁念慈
责任校对：苏　洁
责任印制：周一丹　郑玉婷

出版发行：暨南大学出版社（511443）
电　　话：总编室（8620）37332601
营销部（8620）37332680　37332681　37332682　37332683
传　　真：（8620）37332660（办公室）　37332684（营销部）
网　　址：http：//www.jnupress.com
排　　版：广州良弓广告有限公司
印　　刷：广州市金骏彩色印务有限公司
开　　本：787mm×960mm　1/16
印　　张：15
字　　数：250 千
版　　次：2022 年 10 月第 1 版
印　　次：2022 年 10 月第 1 次
定　　价：58.00 元

前　言

今天，随着互联网带宽技术、人工智能技术、移动应用技术和互动高清技术的快速发展与应用，我们已经全面进入网络数字文化的新时代，甚至有学者预言“元宇宙”即将到来。

一、作为“界面”的数字文化产业

数字文化产业已经成为全球文化产业发展的核心构成部分，包括网络影视、网络文学、数字音乐、网络游戏、电子竞技、网红直播与短视频等在内的数字文化产业，正以前所未有的速度和规模发展着。在传统文化产业领域，数字技术也深刻地重构着出版、新闻、文旅、演艺等行业，数字出版、融媒体、沉浸式互动文旅以及云演艺等新业态、新形态不断涌现，反映了数字文化对文化产业的全面渗透与深入影响。此外，数字技术及其文化形态还将以其创意性、传播力与融合度关联渗透到更广泛的社会与经济领域，成为推动社会治理创新、经济转型升级的引擎。毋庸置疑，在当下从文化产业、创意产业到创意社会发展的过程中，数字文化发挥了至关重要的作用。

与此同时，随着网络数字技术的用户下沉与商业应用，数字文化也在重构着当下中国社会的文化格局、价值形态与情感结构。在网民数量超过10亿，移动数字生活深刻地改变着当下中国大众日常生活方式的情况下，数字文化的生产、传播与消费，已紧密地嵌入网民日常生活的行动与选择之中。在日常购物、信息获取、出行休闲与情感社交等方面，数字技术及其文化或隐藏在作为底层技术运营的逻辑之中，或潜在地构成商业营销的“有吸引力”的内容，或通过不断营造社会情绪与身份焦虑，深刻地影响着大众的消费与行为，不断地塑造着网民的个人主体性与价值观。而从社会互动的情况来看，数字技术既塑造着网民主体性，网民的行为也在不断重塑着数字文化的模式。

网民表达欲望的空前旺盛，不同阶层社会经验的媒介呈现，网络空间社群组织的自发发展及其背后资本、技术与文化的多重复杂关系和利益结构，使文化与社会的关系呈现出前所未有的复杂局面，而层出不穷的新现象和新问题也已超出了人们固有的认知结构与实践模式。可以说，数字时代的文化发展已经成为理解当下中国经验的一个关键“界面”，而对于文化产业的健康发展、网络文化空间的治理与社会思想价值的引导等，都需要我们更好地去理解和把握数字时代文化发展的逻辑与特点。

这就意味着，无论对于产业实践、社会认知还是学术研究而言，数字时代的文化现象及其问题都需要我们及时描述与分析：在文化产业层面，数字技术对文化产业的内容形态、产品形态与产业模式如何进行重构？新兴业态的技术、文化与商业逻辑是什么？传统业态又如何适应数字文化语境寻求发展？在文化事业层面，数字技术如何服务于公共文化服务体系的创新建设？数字文化又如何改变包括文博、非遗等在内的中华优秀传统文化传承与传播的路径？随着数字保存、展陈与互动技术的应用，数字文化如何推进文化事业和产业的互动与融合？在社会层面，数字文化对当代社会主体的重塑及其影响的机制和后果如何？……这一系列既独立又关联的问题，从根本上重新回应了技术、文化、社会与个体之间在政治、经济、社会与文化等不同维度上的复杂关联。

二、作为“切面”的文化产业案例

面对正在快速发展和迭代变化的数字文化多元景观与复杂议题，既需要从总体层面上对数字时代文化的整体特征及其规律逻辑进行宏观分析，更需要立足微观、丰富的产业实践与文化现实的案例进行讨论与经验分析。这是因为，对于正在不断变化的数字文化产业而言，其现实发展无不基于政策规范、产业驱动与文化需求具体的、动态的情境之中。任何固有的理论框架和知识视域的限定，对于这种鲜活的经验而言，难免有削足适履的嫌疑。可以说，在微观层面上，经验性案例研究是宏观层面上理论研究的基础，只有建立在足够丰富多元的微观分析基础之上的宏观研究，才能真正深入当下数字时代文化发展的复杂过程并探索其发展逻辑。鉴于此，本书将以“案例”的方式，从一个微观的“切面”视角来“管窥”当下数字文化及其产业发展的不同面貌。

“案例”一词，具有经验总结、应用实践与知识建构等不同层面的含义。从经验总结的角度来看，案例主要着眼于对特定的对象、现象与问题的归纳分析，意图通过这种整体分析为后续的实践提供经验。在应用实践领域，案例既可以作为法律判定的依据与参照，也可以作为创新典型进行示范与推广。而在教学实践领域，案例一般包括两种内涵：其一作为一种教学资源建设的对象，其二作为一种教学的方法，两者往往相辅相成。案例教学需要有丰富的案例资源作为支撑，反过来案例教学从结果上能够进一步丰富案例资源。上述提及的案例的两种内涵，往往蕴含着知识建构的指向，即通过具体及微观的分析，力图捕捉案例蕴含的抽象、普遍、宏观的特点与规律。一个好的案例研究，不应只是一种事实层面上的描述，更应该寻求通向规律性和理论性的思考。

本书的编写力图体现上述关于案例的主要三层含义。选入的16个文化产业案例，从总体上指向“跨界发展”“内容生产”与“产业模式”三个产业的核心问题，在对象上，力图涵盖数字文化产业的多层面，既包括网络影视与视频文化、电子游戏与数字音乐等数字文化内容的生产，也包括偶像团体、弹幕视频网站等青年文化的形态模式，同时还包括工业遗产、文博文创等跨界融合的实践。在议题上，既立足文化遗产的保护与传承、创新与传播，又关注数字内容生产类型模式的创新与发展、文化价值的评价与反思；既注重对产业发展模式进行归纳与比较，又力图讨论其本土化发展中的模式改造与应用。

首先，从经验总结的层面来看，本书选择的案例尽可能反映当下数字文化产业发展的重要对象与经验，以期对业界有所启发。如敦煌研究院的文化遗产数字化传承模式在国内占据领先地位，《明星大侦探》是口碑与点播俱佳的“综 N 代”发展的代表，A 站和 B 站则是弹幕视频及其文化的标志性网站，以及“papi 酱”的自媒体视频经验在国内自媒体内容生产上具有阶段代表性，SNH48 偶像女团培养模式对国内养成系女团具有一定的影响与意义等。对这些产业对象和经验进行案例梳理与总结，在一定程度上可以帮助业界对数字文化产业发展的过程进行回顾，对产业实践经验形成借鉴，并对存在的问题进行反思。

其次，从应用实践的层面来看，本书作为教学实践的成果，可以为文化产业相关专业和课程的教学提供资源与参考。这些案例是我近些年来在暨南大学文学院中文系的本科生课程“文化产业与管理”中，与学生进行过分享与讨论的对象和问题，并在此基础上指导学生通过自主思考与独立研究形成课程作业或本科毕业论文。因此可以说，这是案例实践教学中师生互动取得的成果，尽管存在着稍许稚嫩，但其中体现了年轻学生对新事物、新对象的关注，也显示出他们所具有的价值批判立场。这是一种鲜活的教学经验，因而在编写的过程中，我为每一个案例都撰写了一段“案例导读与点评”，对每一个案例所关涉的主要文化语境与议题，案例撰写的角度与思路，以及案例完成的情况等进行了简要的点评。我试图通过这种方式，使本书成为一种教学交流的有效资源与参考。事实上，近年来随着文化产业相关专业在各个学校的开设，很多原本并非文化产业专业出身的老师“被迫”进入新专业，从一种完全陌生的状态开始教学与论文指导。之所以编写这样一本案例集，是希望通过它与其他高校教授相关专业与课程的同行们，一起交流、探讨文化产业课程的教学方法以及指导学生论文的范围与对象、写作的方式与方法。

最后，在知识建构的层面，本书通过对数字时代的文化和产业的多维度观察与分析，探寻数字文化发展的新特征与新逻辑。如上所述，数字时代的文化发展内蕴着技术、文化与资本的复杂关系，重构着社会文化、价值与情感的结构形态，是深入理解当代中国经验的重要“界面”，有着极为广阔的理论创新空间。本书以“切面”的方式，力图通过具体个案与其背后蕴含的产业命题、文化命题和社会命题之间的关联，初步勾勒、描绘、呈现中国当代文化的面貌，为数字时代文化理论的建设做一些基础性的工作。

三、作为“新文科”建设入口的文化产业课程

随着国家建设“新文科”趋势的到来，传统人文学科如何因应“新文科”的发展需求，创新学科内涵与人才培养方式，成为当下教育界面临的重要问题。“新文科”正是针对传统文科建设与人才培养未能适应社会发展的新需求而提出的对文科内涵的重构。对传统人文学科而言，一方面要返本开新，立足基础理论研究，阐释中华优秀传统文化的价值与内涵；另一方面则要面向现实，强化问题导向，实现学科交叉融合，推进知识创新。其中，在当代社会文化中文化产业的课程建设发挥着越来越重要的作用，这是传统人文学科向“新文科”发展的一个重要“入口”。

文化产业学科本质上就是交叉学科。诚如蒋述卓教授曾在北京大学新年文化产业论坛上所言，文化产业由四个核心学科构成，分别为文化艺术学、传播营销学、产业经济学和文化管理学。除了这四个核心学科之外，文化产业学科还包含法学、历史学、旅游规划学、信息技术、金融学等更为广泛的学科门类。文化产业学科与课程是进行交叉学科训练的重要学科场域。传统人文学科作为文化艺术学的重要部分，在鲜活的文化产品、文化市场与文化业态中，与其他学科形成了一种生动的学科关系与知识融通，成为传统人文学科走向当下生活最重要的连接点。如果说传统学科是以学科对象的划定为边界的话，那么文化产业从一开始就力图打破边界，而以文化产品、市场与产业的现实性为依据，以问题为导向进行跨学科实践，其人才培养的复合性正体现了这一要求。因此，无论是学科层面上的知识建构，还是课程层面上的教学与训练，文化产业都是当下及未来传统人文学科创新建设的重要载体。

事实上，作为中文系的一名教师，在“新文科”建设背景下，如何实现文学艺术的理论与知识向现实问题的靠拢，让未来在各种数字文化产业领域工作的一批又一批年轻的学生能够在课堂上进行学科交叉与知识融合的有效训练，一直是我在教学中探索的问题。这也正是我于2012年在暨南大学首次开设“文化产业与管理”课程的动机。我努力尝试文艺学与文化

产业学之间的知识融通，重点关注文化产业在新媒介、新业态语境下的故事生态、故事类型和创意形式，强化对文化内容生产中文化价值问题的批判性探讨，立足符号学与文化学展开对文化的属性分析等，为汉语言文学专业的学生提供一种将专业知识向产业实践分析迁移的知识空间。尽管该门课程在整个中文系的课程知识培养体系中所占比重不大，但由于其新观念的引入、新方法的实践与新案例的讨论，而从总体上能够辅助对传统知识的应用性理解，也让学生学会了如何在鲜活的“文化”现实中打开专业知识与社会现实之间的通道。近年来，我开设了另一门本科实践课程“文化创意与策划”，让学生将在“文化产业与管理”（最近新修订名为“文化产业入门”）课程中学到的理论知识和研究方法，进一步结合文化调查和创意策划的实践，转变成一种直接介入社会与市场的能力。

作为教学成果的汇聚，本书中的各个案例都是跨学科训练的产物。或许在方法、理论上还有许多不足，但它们中有一些选题角度独特，有一些分析角度新颖，也有一些对问题有敏锐的思考，这些都体现出了在这种课程训练之下，学生对文化现实的敏感与反思，及其知识的融通与思维的创新。为此，我将其作为“新文科”探索的一个部分，抛砖引玉，以期为促进“新文科”建设起到一定的作用。

郑焕钊

2021 年 12 月 30 日于广州

目　录

第一编

跨界发展：文旅融合与文创开发

工业遗产：空间符号的改造与变迁

【案例导读与点评】

如何科学与理性地对历史文化资源与遗址进行开发利用，使其既能够充分发挥历史价值、文化价值与审美价值，又能够与当下社会经济生活相适应，满足当下人们的相关文化需求，这一直是城市规划与文旅产业领域的重要课题。相较于历史悠久的传统文化遗址作为历史文物的保护性开发所具有的丰富的实践经验，工业遗产及其遗址由于历史较短，人们对其文化价值认识不到位，导致其保护与开发面临的问题更多，利益格局更为复杂。为了提升人们对工业遗产重要价值的认识，促进工业遗产得到科学合理的保护、开发与利用，以及对工业遗产的文化价值进行系统研究，本案例以工业遗产的空间符号为对象，在对中国工业遗产进行理论思考与历史脉络梳理的基础上，立足工业遗产的改造模式探讨其空间符号的总体特征及其内涵，进而对其空间符号的形成、强化与异化的变迁进行分析，并以上海田子坊为例，讨论其空间符号的改造与变迁的经验。案例能够在较为熟练地掌握文化符号学理论的基础上，对工业遗产的空间符号进行多维度审视和思考，将理论与经验很好地结合在一起进行论证。

一、绪论

根据国际工业遗产保护联合会于 2003 年通过的《关于工业遗产的下塔吉尔宪章》，工业遗产指为工业活动而建造的建筑物、所运用的技术方法和工具，建筑物所处的城镇背景，以及其他各种有形与无形的现象。广义的工业遗产包括工业革命前的手工业、加工业、采矿业等年代相对久远的遗址；狭义的工业遗产指 18 世纪从英国开始的，以采用钢铁等新材料、煤炭和石油等新能源，以机器生产为主要特点的工业革命后的工业遗存。目前我们更关注的是后者。

近年来，随着研究的深入，工业遗产的研究对象也从物质文化遗产拓展到非物质文化遗产。其中，物质文化遗产包括不可移动遗产和可移动遗产。前者包括建筑物（厂房、车间、仓库、管理楼）、作坊、矿场、加工厂、能源动力生产地、运输基础设施以及与工业活动有关的场所（住房、宗教场所、教育场所）；后者包括机械设备、生产工具、运输工具等。非物质文化遗产则包括技术诀窍、生产组织、工人管理以及复杂的社会和文化遗产等。它们形成了社区生活，为整个社会及整个世界带来了重大的组织变革。

对工业遗产价值的评估，主要包括以下十二个方面：

（1）年代。

（2）历史重要性。

（3）工业设备和技术。

（4）建筑设计与建造技术。

（5）文化与情感认同。

（6）推动地方社会发展的作用。

（7）重建、修复及保存状况。

（8）地域产业链、厂区或生产线的完整性。

（9）代表性和稀缺性。

（10）脆弱性。

（11）文献记录状况。

（12）潜在价值。

工业在技术、社会经济和文化发展方面对人类产生了深刻的影响，而工业遗产就是这一影响的历史见证。作为人们生活记录的一部分，工业遗产具有历史的、科技的、社会的、经济的价值。同时，其建筑和规划设计也创造了巨大的审美价值，因此那些具有开创性典范的早期工业遗产具有十分重要的意义。

从中国工业遗产保护的起源和发展来看，中国工业遗产的分期如表1所示：

表1　中国工业遗产分期表①

	时间	分属	工业遗产
近代工业	1840—1894 年	中国近代工业产生时期	汉阳铁厂、金陵机器局、大沽造船厂
	1895—1911 年	中国近代工业初步发展时期	日耳曼啤酒股份公司、横道河子中东铁路建筑群、昆明石龙坝水电站、南通大生纱厂、上海阜丰面粉厂等
	1912—1936 年	私营工业资本迅速发展时期	个碧石铁路、鸡街火车站等
	1937—1948 年	抗战和战后短暂复苏时期	黄崖洞兵工厂等
现代工业	1949—1965 年	社会主义工业初步发展时期	社会主义改造的重工业企业、酒泉卫星发射中心等
	1966—1976 年	社会主义工业曲折前进时期	较少受重视
	1977 年至今	社会主义现代工业大发展时期	多元化经济格局，关注东北老工业基地振兴、首钢搬迁等，个体与私营工业、乡镇企业等兴起

关于中国工业遗产的保护历程，大致如下②：

（1）2005 年 10 月，国际古迹遗址理事会第 15 届大会在西安召开，将 2006 年国际古迹遗址日的主题定为“工业遗产”。

（2）2006 年 4 月 18 日，国家文物局在无锡召开中国工业遗产保护论坛，发表了行业共时性文件《无锡建议》，倡议关注工业遗产的保护，并明确了相关的理念和做法。这次会议标志着中国工业遗产保护、管理和研究进入了一个新阶段。

（3）2006 年 5 月，国家文物局下发《关于加强工业遗产保护的通

① 参见韦峰．在历史中重构：工业建筑遗产保护更新理论与实践［M］．北京：化学工业出版社，2015.

② 参见金磊．20 世纪中国建筑发展演变的科学文化思考［M］．天津：天津大学出版社，2016.

知》，在国家层面拉开了中国工业遗产保护的序幕，掀起了工业遗产保护的高潮。

（4）2007 年 4 月，全国第三次文物普查工作正式启动，工业遗产作为新型遗产受到特别重视，以各省为单位，全国性的普查活动拉开序幕，数百项工业遗产被列入“三普”名单中。

（5）2010 年 11 月 5 日，中国建筑学会工业建筑遗产学术委员会成立，这是我国工业遗产保护领域的第一个学术组织，其每隔一年举办一次的国际学术研讨会，对我国工业遗产调查、研究与保护产生了极大的促进作用。

（6）2012 年 11 月，中国工业遗产保护研讨会在杭州召开，发表了纲领性文件《杭州共识》，强调应将工业遗产的纳入历史文化名城或历史建筑的保护管理体系中，制订保护规划，与法定规划相衔接，尽早开展工业遗产普查，创新审批管理制度等。

（7）2013 年 3 月，中国历史文化名城委员会正式成立“工业遗产学部”，提升了对工业遗产保护工作的重视程度。

（8）2013 年 5 月，国务院公布了第七批 1 943 处全国重点文物保护单位，使全国重点文物保护单位总数增至 4 295 处。其中 170 余项工业遗产（含广义工业遗产）成为全国重点文物保护单位，包含近现代狭义工业遗产的总数达 80 余项。

近年来，我国的工业遗产保护事业呈现出蓬勃发展的态势，一些工业遗产通过保护和再利用成为具有一定影响力的文化创意产业园区；一批城市（如无锡、杭州、大庆等）调查、整理并制定了城市工业遗产保护名录；一批老工业基地调查、整理并颁布了工业遗产保护名录，划定了工业遗产保护区（如北京首钢、北京焦化厂）；一些城市（如无锡）出台了地方法规。

伴随着城市化进程的不断加快和产业结构的调整升级，中国工业遗产的研究与保护工作带有了“抢救”的性质。根据《中国世界自然遗产发展公报（1985—2015）》，截至 2015 年 7 月，我国已有 48 处世界遗产，其中文化遗产 34 项（包括文化景观 4 项），自然遗产 10 项，文化与自然双重遗产 4 项，仅次于意大利，居世界第二位。

国际上对工业遗产的研究趋于综合性，以往的研究经历了由重视工业建筑单体到重视工业生产整体环境，由重视物质实体到重视工业遗产与社会经济、文化等相关因素的互动肌理，由单学科研究到多学科综合研究的转变。相关论文、书籍正在陆续发表和出版，2006 年 2 月联合国教科文组织—国际古迹遗址理事会档案中心编纂完成了《工业遗产文献索引》，这也是国际重要的工业遗产保护研究文献，收录了各语种的文章共 1 619 篇；2013 年，James Douet 编写的《工业遗产再利用》（*Industrial Heritage Retooled*）集合了各领域专家介绍当代工业遗产的先进理念和优秀案例。

相对而言，国内关于工业遗产的相关理论研究较滞后于西方国家，主要从城市规划学、景观学、工业历史学、建筑学和文化遗产保护学等角度发展，研究过程同样经历着由单学科向多学科综合研究的转变。《建筑学报》《世界建筑》《城市规划》等刊物也多以工业遗产为主要对象进行专栏讨论、学术访谈和发表学术文章，相关机构也开展了工业遗产保护更新的专项研究。

作为文化遗产的组成部分，工业遗产拥有多学科交叉研究的较大解读空间。从传统的建筑解读方式看，建筑本身具有既定的实在性，建筑文本表现了建筑空间，建筑空间具有固定不变的本质，其表现变化多样，本质则深藏在现象之后。但用后现代的观念看，德里达提出，对任意符号都不可能获得它的意义的最终理解，事物本身不存在某种恒定的“本质”，建筑空间同样如此，每个建筑文本都是多元的。因此笔者认为，工业遗产的多义性和延展性带来了受众与空间的多元对话，其改造适宜与否的评判标准也与此息息相关。

本文拟通过梳理中国工业遗产不同的空间改造模式，总结其具体特点及总体特征，分析空间符号形成、强化和异化的过程。以田子坊为例，分析其空间符号的改造、变迁，最后立足全文简要展望工业遗产空间改造的未来导向。

二、工业遗产空间改造模式分析

（一）不同改造模式下的工业遗产空间符号

（1）博物馆模式。

对于某些具有较高历史文化价值的工业遗产，改造工程以保护为主要出发点，保留建筑风貌，延续历史文脉。典型案例是沈阳铸造博物馆。

沈阳铸造博物馆的前身为始建于1956年的沈阳铸造厂，沈阳铸造厂是一个以机电工业为主体、以国有大中型企业为骨干的综合性工业生产基地，工业历史建筑非常丰富。沈阳铸造厂的改造以建立博物馆、发展工业遗产旅游以及构建工业文化场馆为主。在“东搬西建”的发展历程中，铸造厂的翻砂车间及其生产线被保留下来，以工业元素、旧机器设备等工业雕塑为主题，加上景观改造，并将旧厂房作为文化场馆进行改造，沈阳铸造厂被改建成了一座展现老工业风貌的博物馆（见图1、图2）。

图1　沈阳铸造博物馆外观

图2　沈阳铸造博物馆内部

博物馆面向公众开放，具有一定的公众教育意义，因此对工业遗产保存的完整性和原真性有较高的要求，空间符号必定包括具有一定历史价值的、相对完整的工业流程及有形实物，同时应创造相应的社区氛围，即部分工业遗产在过去配备了一系列服务设施（食堂、招待所、影剧院、舞厅、运动场、图书馆、医务所、托儿所、学校、储蓄所、菜市场、公园等），这些符号承载了几代人的集体记忆，记录了那个年代的社会生活史料，具有一定的人文价值。

（2）公园模式。

出于生态保护和人文关怀的考虑，结合工业遗产所在地的实际条件，将工业遗产改造为环境怡人的公共场所也是改造模式之一。公园改造模式投入低、阻力小，能在较短的时间内取得较理想的效果。典型案例是中山岐江公园。

岐江公园原为粤中造船厂，20 世纪 90 年代后期造船厂解散，市政府将其改建为城市公园。市政府利用原有植被开展了土地的再利用，建成了一个开放式的公共休闲空间，对原有的构筑物也进行了再生设计（见图 3、图 4）。

图 3　中山岐江公园整体景观

图 4　中山岐江公园工业铁轨

公共开放空间的空间符号包括工业遗产的历史构筑物、大面积的场地、街区氛围、公共服务设施、一定的人流量和未经改造的“留白”等，这些符号体现了场所的功能——服务性和动态性，既要能够服务群众，又要具备再更新的余地和潜能。

（3）创意产业园模式。

该类型的改造模式适用于地块经济价值较高、土地本身及其附属物的历史、文化价值较低的区域，一般来说，交通和配套设施条件较完善，具有较好的开发潜力和回报率。以第三产业为更新导向对工业遗产进行保护性改造，将其转化为文化、艺术产业项目，是盘活城市或地段的上佳选择，如北京 798 艺术园区、上海半岛 1919 文化创意产业园、深圳华侨城创意文化园等。

创意产业园模式的空间符号包括工业遗产的主体构筑物（整体架构）、引入的产业元素（如餐饮、娱乐等）、不同阶层的人群、消费活动等，这些符号更侧重表现城市再生和经济发展的需求，工业遗产的历史文化价值作为激活和改造片区的起始点，在创意产业的发展和扩张中不断被消解和重构。

（4）校园模式。

在工业遗产的产权经置换后归属学校的情况下，改造后的工业遗产会成为大学校园的补充，主要更新为图书馆、实验楼、教学楼等。典型案例是西安建筑科技大学华清学院。

西安建筑科技大学地址为原陕西钢厂厂区，在二十世纪五六十年代是中型的炼钢企业，曾为国防事业和西安的经济发展做出了重要贡献。2009年改造部分废旧的工业建筑为西安建筑科技大学华清学院的图书馆、实验楼、教学楼等。实践证明，厂校结合的模式实现了较高的利用率和再教育的目标（见图5、图6）。

图5　西安建筑科技大学外观

图6　西安建筑科技大学内部

校园模式的空间符号除了工业遗产的历史构筑物之外，还有体现校园特色的符号，如相对安静的自习场地以及较完善的运动设施等，这些校园符号共同构筑的是简洁肃穆的校园氛围。

（二）空间符号的特征

对于欧美许多经历过工业革命的国家而言，工业遗产通常被视为工业文明的直接产物和成果，加上近现代新建筑运动探索性的新理念和新思想，工业遗产的精品被纳入欧美国家城市建筑的精品内容，在城市建筑史中的作用举足轻重。而中国作为传统的农业大国，工业起步于近代，其工业遗产的历史渊源、地位、价值都与欧美国家有一定的距离，在很大程度上受国外产业建筑保护、改建和再利用观念的影响。欧美国家对于工业遗产保护、改建和再利用的观念，与各个时期的理论思潮有着密不可分的联系。跳出架构分析以及进行建筑细节的专业化评估，从形而上的角度看，工业遗产的空间内涵拥有多种诠释模式和多重指向。

任何具有某种形式的作品都可以成为"文本"。罗兰·巴尔特曾指出文本的主要特征——文本是存在于具体的、生动的情境之中的，只有在一种活动或一种生产中才能被体验到，它并非静止不动的，其意义也并非只有单一指向①。索绪尔认为任何符号都包含能指和所指两个方面②。文本所处的能指领域具有不确定性和无限性，是一种开放的、无中心的和没有终止或结尾的结构。因此文本意味着意义的多元化，拓展了我们的审美领域。理解一个文本，并非去复制其原意，而是从现有的视界出发，对对象进行一种生产性的再创造。从当代建筑思潮的角度看，工业遗产的空间改造是否有意义、意义是什么，都不是简单地依赖于建筑实体，或者改造者、创造者的意图，而是很大程度上依赖于观察者"再创造"的眼光。而从传统的建筑观角度看，内容与形式之间可以描述为一种异质同构的关系，工业遗产的改造形式是心灵、精神的物化形态，公众是站在一个特定的位置去解读它们的，从这个特定的位置理解改造者的意图或个性。由此，意义指向的确定性与多义性，构成了不同工业遗产改造的一对重要的对立关系。

（1）空间符号的多义性。

索绪尔认为任何符号都包含能指和所指两个方面，在建筑中，建筑的表现受形式表现特征的影响，而这种表现特征又受人的感觉系统的制约。建筑的能指（见图7）与所指（见图8）之间的关系，即形式与内容的关系，按照索绪尔的符号理论，它们是任意的，但现在建筑的口号是"形式追随功能"，又明确地指出两者存在本质的联系。

---

① 巴尔特．符号学原理［M］．李幼蒸，译．北京：中国人民大学出版社，2008.

② 索绪尔，巴利，薛施蔼．普通语言学教程［M］．高名凯，译．北京：商务印书馆，1980.

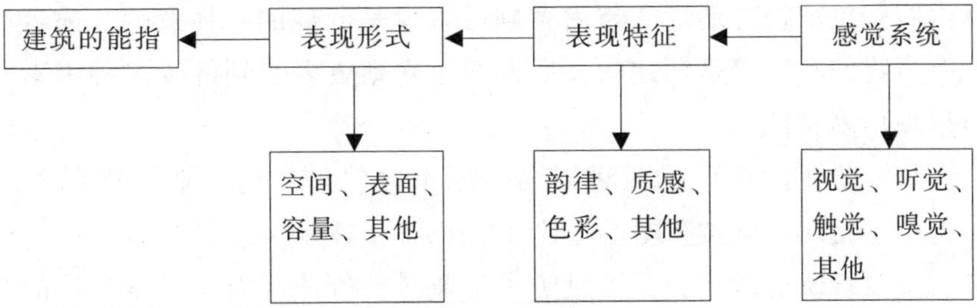

图 7　建筑的能指

建筑的所指即建筑的内容，不仅仅体现在客观存在的特征，还受到社会规范、文化等多种因素的制约。

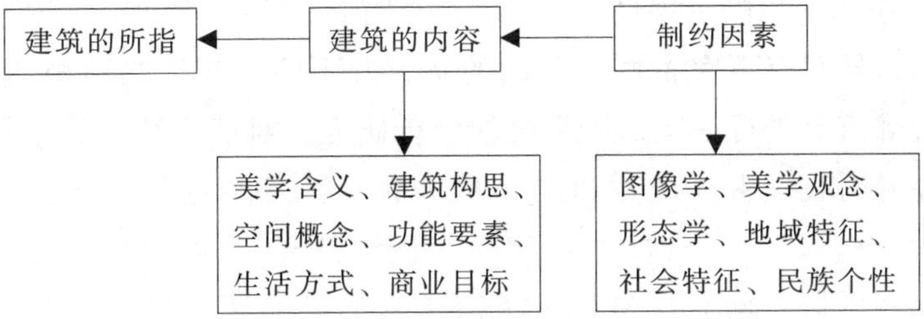

图 8　建筑的所指

能指与所指之间的关系是任意的，但一经确认便成为一种直接的关系，即一种约定俗成。根据图 8 可知，其确立关系的过程受到了各种制约因素的影响。工业遗产改造的形式与内容的关系，既有可能是约定俗成的任意结果，也有可能是“形式追随功能”，两者存在着必然联系。

而按照皮尔斯的符号分类法，建筑符号可分为三类。第一类为建筑的图像符号，即建筑的形式与内容之间存在着形似的关系。第二类为建筑的指示符号，即建筑的形式与内容之间存在一种实质性的因果关系，如门指示入口，窗与门同样用玻璃制成，但窗不能产生可通过的概念。第三类为建筑的象征符号，即建筑的形式与内容之间建立起来的任意性关系，如古典建筑中的五种柱式的运用等，这种关系完全是一种约定俗成。

图像符号与指示符号的能指与所指存在内在的关系，或形似内容，或形即内容；象征符号的形式与内容则可以说是分离的、任意的。前者反映了原有事物的本质，是恒定的；后者的建立则更多受到外界多种因素的影响，呈现出多义性。

例如，工业遗产中的某种设备，原本仅仅是作为工业生产的普通工具，但由于使用了某类重要的生产工艺流程、技术，或是与该行业的重要任务、重要科研机构相关，被赋予了工业科技价值；由于具备独特的产业风貌、规划设计、体量造型等，被赋予了工业美学价值；由于归属于近代中国人自主创办的民族工业，被赋予了民族认同感与地域归属感的意义指向。随着时代的变迁，这种工业设备本身与它所具有的意义在约定俗成中逐步建立关系。从原本单一的使用价值走向了多元的意义指向，这个符号的建立过程具有时代性、地域性和阶层性。

(2) 空间符号的延展性。

任何符号都有不完备性，所指的意义并不能在当下当地被立即把握，每次把握都需要进行一次话语系统的分析研究，对该系统的其他符号进行研究和差异对比，并用符号进行再次阐释，符号的意义也在此过程中产生。随着第一次、第二次、第三次的阐释过程，符号的意义在不断地衍生、转喻和延展，向人们展现了无限丰富的可能性。德里达的“延异理论”为我们阐释工业遗产空间的意义提供了一个角度，空间意义亦是处于“延异”中的，意义的“滑移”状态使之呈现出“踪迹”，所指的延伸在空间或时间上均不能被把握和规约，解释呈现出多样性。由于延异，改造者或受众在把握工业遗产的空间意义时，虽难以切中它本身的意义，但也得到了为工业遗产做出新解读、赋予新意义的机会，在认知层面对工业遗产的空间进行了重构①。

以首钢西十筒仓改造工程为例，作为老首钢工业基地的独特景观，西十筒仓保留了完好的十六个钢筋混凝土筒仓，两个大型料仓及其他工业设施（如转运站、除尘塔等），其中，三高炉上煤系统的六个筒仓是西十筒仓最高、最大的一组构筑物群，设计理念是将这种纯粹用于储存煤炭的仓储设施改造成为创意产业办公区。根据原设计，这是一个单纯的耐压壳

① 颜隽．再造空间——当代建筑空间的多元解读［M］．上海：同济大学出版社，2012.

体，反映的是炼铁时对燃料的系统处理过程，由于需要承担煤炭巨大的荷载，这些筒仓被设计成巨大的体量和独特的形态，而在今天看来，它的几何形态和材料构造成了审美的对象：混凝土筒仓经过二十年的时间，表面原有的混凝土保护层模板在风雨的侵蚀和沉重的荷载下发生了变化，随机剥落的混凝土表面出现了具有工业美感的肌理，随着光线变化又产生了美丽的光影效果。随着岁月流逝带来的独特审美价值成为筒仓的空间延展意义，它不属于当年的设计出发点，而是呈现为当下的形态变化和被解读的结果。这个项目的改造成功与否取决于以下两点：第一是这个工业基地的延展意义是否符合当代人的认知水平和审美观念；第二是设计者能否利用其延展意义，运用不同的空间表现手段，使之产生某种空间的气质、氛围，以符合空间改造的背后动因，即创意产业办公区的空间特质及功能需求（见图9、图10）。

图9 首钢西十筒仓外观

图10 首钢西十筒仓内部

三、空间符号的变迁

（一）空间符号的形成

福柯和列斐伏尔等人将空间理论引入社会学的探讨，认为有效的建筑功能确保了规诫系统的运作，建筑的意识形态不是出自个人的思想意识

（个人的思想意识也是经过了建构与规训的），而是出自社会的内部结构。形成工业遗产不同空间符号的因素亦是源于不同的权力体系[①]。从起源说起，不同的工业遗产的建成背景和功能需求各不相同，这就造成了它们在体量、结构和内部构造等方面的差异。在历史发展的过程中，因为战争变故、政策变动、地方产业结构调整等不同因素的相互作用，工业遗产的变迁也极具各自的时代特点和地域性。

（1）利益体系。

工业遗产的改造工程关系到社会多个阶层，资本的发展和不同利益阶层的诉求导致改造进程的复杂多变。以纽约苏荷为例，苏荷是19世纪纽约的工业区，保留了大量精致的厂房或仓库。受“二战”的影响，苏荷有大量的工厂外迁，导致该片区败落，低廉的房租吸引了大批艺术家入住，如安迪·沃霍尔、约翰斯，使该片区的艺术氛围愈来愈浓厚。20世纪60年代初期的城市更新浪潮使得苏荷被纳入“推倒重建”区域，兴建写字楼、银行、办公楼等。基于艺术家和社会各界的反对，纽约市宣布原计划取消，该地区在1973年被列入了历史文化遗产，得到了法律保护，这是美国历史上第一次将旧仓库旧厂房列为历史文化保护遗产。到了20世纪80年代，这里艺术家聚集，各种餐馆、咖啡吧等生意兴隆；90年代，这里租金高涨，艺术家撤离，艺术纯度和生命力也急剧降低，蜕变为文化旅游点。

苏荷的发展历程一是基于资本的运作，资本将空间从自由的消费品变成了谋求剩余价值的生产对象，国家利用空间谋求地方的经济发展，艺术家的去留由租金的高低决定，文化旅游点利用空间的文化价值谋求经济利益等；二是民间与官方、知识阶层与财团官僚的博弈，个体被建构于各式各样的网络环境之中，保护工业遗产的观念、法律与政策是在多方利益的权衡下，在不同力量的话语体系里被建构和巩固的。

类似的发展模式还出现在上海莫干山路M50创意园，其原为建于1937年的信和纱厂，在改造过程中，产权与开发权处于悬而未决的状态，经过艺术家们的发掘和呼吁之后免于拆除，成立了创意产业中心，但在市场需

① 福柯．福柯文选（Ⅰ）［M］．北京：北京大学出版社，2016.

求的推动下，区域内的租金不断提高，商务、休闲功能不断增加，进一步压缩了艺术家们的创作空间。从长远看，政府的配套服务不可或缺，如控制商业企业的入驻，为业主提供补贴、创造一定比例廉价的艺术创作空间等。能否从社会公平的角度为园区的业主和艺术家们做出合适的规划，成为园区是否能够健康长远发展的关键所在。

(2) 意识形态。

意识形态及国家民族的形象定位对工业遗产的空间符号影响较大，从中华人民共和国成立初期、第一个五年计划及大跃进时期，到改革开放年代，工业建筑从较强的建筑结构力度到规模较小的建筑体量，从注重权威性到注重实用性，空间符号反映了不同时代的意识形态：中华人民共和国成立初期、第一个五年计划及大跃进时期的意识形态以政治考量为重，工业空间符号表现社会主义内容和文化形式，反映民族团结和民族自豪感；改革开放后工业空间符号侧重表现国富民强、走向世界与和平发展。

(3) 城市发展。

工业遗产在建造设计之初便汇聚了设计人员的智慧，其材料和设计风格均凝聚了强烈的时代特色，见证了时代发展的历程。工业遗产本身具备较好的建造质量和优越的地理位置，具有相当的工业美学和艺术价值，因此一方面可以节省城市更新的成本，一方面可以保护城市工业文明的发展历史，提高城市的文化品位。同时，工业遗产承载了普通人的日常生活点滴，保护工业遗产对于提高人们的地域认同感和归属感有重要的意义。

(二) 空间符号的强化

(1) 视觉性强化。

将工业遗产的空间符号进行重构，利用景观特色，协调娱乐、教育、商业等功能，可以强化空间符号的趣味性，提高整体的景观质量。例如，德国的北杜伊斯堡景观公园以大量的工业遗产构建工业的“景观句法”，减少钢铁厂整体构筑物的改动，通过补充部分景观来强化和突出原有的构筑物特色，让人们明确该工业遗产的工业景观结构和历史脉络；上海 1933 老场坊通过改进厚重凝练的体量、深邃幽暗的光影空间，转换空间符号的功能表达，将其改造为一个具有历史内涵的时尚中心①，其改造前后变化如表2所示，图11、图12也更加直观地呈现了其变化。

表2　上海1933老场坊改造前后变化

改造前		改造后	
空间符号	功能表达	空间符号	功能表达
围绕主楼的牛道	运输牛群	围绕主楼的楼梯	摄影
小房间	关押牛群	特色小店	商用
廊桥	分流牛群进入屠宰区域	经过顶光处理的廊桥	摄影
旋梯	工人逃生	一人过道	游客体验

图11　上海1933老场坊局部之一

图12　上海1933老场坊局部之二

（2）事件性强化。

引入对城市及工业遗产本身有重大影响的文化、商业、体育等事件，

① 宋颖．上海工业遗产的保护与再利用研究［M］．上海：复旦大学出版社，2014.

能够强化工业遗产作为一个整体空间符号的区域特色，以事件来吸引更多人的关注，加深人们头脑中对该空间符号的印象。悉尼的霍姆布什湾原是废弃的砖厂、屠宰场和海军兵站，通过控制污染和创造多样性环境，霍姆布什湾实现了生态恢复，悉尼奥运会在此成功举办，外界对这个区域的“绿色生态”和活化有了更加深刻的印象；奥运会过后，这里遗留的区域分工也得到了更好的再利用，继续服务于当地人民。

（3）情感性强化。

强化工业遗产的因素包括人们对于回忆、个性、自我认同等情感的诉求，工业遗产是过去的工人生产、生活往事的社区型集体记忆，人们在当下对过去的回顾与眷恋强化了工业遗产空间符号集体性、日常性的特征，强化了它本身的社会史价值。同时，在当下城市面貌趋同的发展状况下，人们对城市气质、文化品位、生活方式的追求趋于个性化和独特化，不断催生出工业遗产的创意型人文景观和文化产品等，如北京与上海的一系列艺术园区。

（4）政策性强化。

政府和专业组织对部分工业遗产空间符号的认可能够提升该空间特质的权威性，使得这些空间符号的再创造具有保障性和推广的合法性。英国的谢菲尔德在复兴钢铁工业区的过程中，成立了“文化产业区服务机构”，专门负责制定和实施改造政策，市政府也制定了该区的5年发展目标，经过20多年的努力，谢菲尔德艺术型、创业型的空间符号打响了名号。

（三）空间符号的异化

（1）空间符号异化的表征。

工业遗产除了公共改造模式，大部分的改造都涉及商业化模式，伴随着资本的投入与消费的运作。在强势的消费文化中，原先的创意设计规划逐步被批量化的生产与重复所代替，空间符号的历史特性逐渐被消磨殆尽。例如，上海1933老场坊具有宏大、肃穆的空间效果，建筑的空间符号极有个性，有学者指出：“1933老场坊是一个插座，录音机插上可以用，电视插上也可以用。建筑本身已经很有魅力了，千万不要乱加。”然而原本只是作为开发平台的老场坊，在过度的商业开发中变得拥挤凌乱，商铺混乱的装修风格、艳丽的广告和装饰材料破坏了混凝土墙面的静穆庄严，成排的橱窗破坏了多层次建筑体块的厚重凝练。富有历史底蕴的空间符号异化为体验性的商品符号，成为盈利导向的消费符号。

（2）空间符号异化的原因。

首先，空间符号具有多义性和延展性，具备无限“被书写”的可能性，因此在发展的过程中，随着物质实用需求和审美需求的不断变化，空间符号的内涵也在不断地被消解、重构。例如，上文提到的莫干山路M50创意园（见图13、图14），作为一个历史悠久的棉纺织厂，开阔明亮的巨构空间在过去只是作为体现工业生产功能的空间符号，而在艺术家们入驻之后，巨构空间成为巨幅艺术作品的创作场所，成为个性张扬、容纳灵感与创造的空间符号。

图13　上海莫干山路M50创意园整体景观

图14　上海莫干山路M50创意园局部

其次，工业遗产的空间符号是工业文明的象征，也是集体意识及消费行为的表达场所，体现了社会行为与关系如何被物质地建构与具体化。当下，消费成为社会和空间关系建构过程中的特殊动因，空间容纳了社会生产关系，因此也具有消费主义的特征，建筑空间符号成为文化消费的目标。工业遗产空间符号的区位、环境、形象及其带来的身份意义、品位水平，越来越受到城市居民的重视，成为空间消费的重要内容。工业遗产的已有功能远远不能满足人们的消费需求，因此，通过特殊的事件、活动或改造行为来颠覆人们习以为常的工业遗产功能印象，打破功能与形式的常态关系，就成为工业遗产改造的必经之路。

然而，过度开发便有可能导致过度消费，从而侵蚀工业遗产的固有功能与历史风韵。由于部分居民过度追求体验性消费与扎堆攀比性消费，导致工业遗产改造区的消费价格不断上升，一方面排挤了追求创意与个性的艺术家，另一方面使注重物美价廉的实惠型消费者以及生活水平不高的消费者，将空间符号视为某一个阶层的自我标签与炫耀符号，最终导致工业遗产空间符号在改造的过程中走向异化——更多地体现为商业化与快餐化。

四、案例分析：田子坊空间符号的改造和变迁

（一）田子坊的改造历程

田子坊是见证上海人老弄堂生活的场所，无论是种类齐全的石库门化石意义，还是上海居民原生态保护的价值表达，它都是极具典型性的改造案例。下面笔者将通过梳理田子坊的改造历程及空间重构，分析田子坊是否在空间改造中做到了保留上海记忆、衍生创意产业、改善民生，以及对受众而言，田子坊又带来了怎样的新旧空间体验。

田子坊位于上海泰康路 210 弄，原名志成坊。20 世纪 30 年代，画家汪亚尘夫妇入驻志成坊内的云隐楼，创办了上海新华艺术专科学校及新华艺术师范学校。2001 年著名画家黄永玉探访陈逸飞工作室时，改名“田子坊”。田子坊成型于20 世纪20 年代，最初是一条无名的断头狭窄通道，但位置很好，周围是原法租界的核心高档住宅区、重要司法部门和市政部门。该街区的空间复杂多样，既有上层社会的花园住宅，也有中产阶层的新式里弄，还有空间较大的厂房。二十世纪三四十年代，田子坊聚集着化工、食品、五金等行业的手工业作坊和里弄工厂共36 家。中华人民共和国成立后，私人的手工作坊被废除，其房子被改为民居；里弄工厂由海华制革厂、康福织造厂、永明瓶盖厂、香粉材料公司、上海食品机械厂、上海钟表塑料配件厂六家工厂改造而成，改制为国企。20 世纪 90 年代，上海市产业结构调整，大批国企关闭，厂房废弃，1998 年前这里是一个马路

集市。

田子坊的改造历程大致如下：

（1）1998年，“泰康路菜场入室”工程启动。

（2）1999年，“泰康路艺术街”开始招商引资。

（3）1999年，陈逸飞工作室正式引入泰康路210弄。

（4）2001年，尔冬强创建“尔冬强艺术中心”，入驻泰康路210弄。此后，陶艺家郑炜、吉米以及设计师卡罗琳等纷纷入驻。

另外，打浦桥街道办事处以盘活国有资产、发展艺术创意产业为目标，开发利用老厂房2万多平方米，原上海食品机械厂的5层老厂房改为艺术创作中心，以室内设计、视觉设计和工艺美术为主要特色，入驻的国内外艺术设计机构达百余家。

（5）2004年，泰康路成为土地开发地区，拆迁乌云笼罩，大量的厂房和居民房开始出租给商户。

（6）2006年，田子坊获得“中国最佳创意产业园区”称号，将田子坊的范围限定在210弄旧厂房区，多元化商业配套有序发展，拆与不拆的抗争达到了白热化程度。

（7）2007年，政府介入，决定不拆田子坊，“居改非”合法化，田子坊创意空间开始向商业街区演变。

（二）“家”的营建：田子坊的改造策略及初期效果

田子坊的改造属于上述的“创意产业园模式”，策略是将文化概念向弄堂渗透，创造一种新的街道经济发展模式，利用街道的优势吸引社会少量分散资金来置换一定的房屋，逐步从沿街向街坊内部渗透，从而发展文化艺术产业，走一条通过文化艺术产业推进旧区改造的新路。

弄堂工厂是老街坊的文化记忆，对于街坊来说这里是他们的家。建筑现象学认为，“家”与人们的具体体验和内在感受密切相关，人们从中获得回忆、私密体验、安全感等；它意味着“停顿”，而停顿使地点成为场所，当地点成为场所时，它便具有了永恒性。① 海德格尔提出，“营建”是

① 沈克宁．建筑现象学［M］．北京：中国建筑工业出版社，2008.

“存在”的所属，决定着作为你的你和作为我的我，你之所以为你、我之所以为我是由定居方式的不同而造成的。因此家和住宅是人们的第一世界，一个真实的宇宙，如果以每个人的亲身体验和经历，用个人的情感去体验一个住所，那么住所将充满美感。田子坊经历过拆迁风波，亦经历了抗拆过程，将文化创意从厂房空间慢慢渗入居民区，让创意园区融入社区的日常，居民们的“家”演化成文化创意基地，原真性和持续发展性得到兼顾，既照顾了居民个人对“家”的情感与认同感，又创造了创意园区独特的场所精神和气质。而外来的游客来到田子坊，可以在原有的工业遗产架构中，投入享受新时代的艺术审美和社区氛围中。在这里，个体空间体验处于一个相对宽松、自由的环境中，可以获得更加个人化、细腻化的自我沉淀和再创造。

（1）“背景与图形”的失序：田子坊的演变趋势。

从胡塞尔的“还原到事物本身”、海德格尔的“诗意栖居”、梅洛·庞蒂的“身体是个体联系世界的工具”，到诺伯格·舒尔茨对场所现象与场所精神的阐释，建筑从功能主义逐步回归到人本主义。具体的空间包含了不同程度的伸展和围合：伸展与外部相连；围合则产生内部。从总体看，伸展形成背景，围合形成背景中的图案，两者具备了背景与图形的关系。当这种关系遭到破坏，人造环境会因此失去特征，无法成为聚焦生活的中心点。工业遗产与其所在地的自然环境、社会环境和人文历史氛围构成了背景与图形的关系，其内部的空间则为一个个具体的图形样式。“华洋交界”的历史意义、弄堂式的街区环境和石库门的工业建筑形态共同构成了田子坊改造的整体“背景”。评判改造是否成功，需要评价在改造过程中植入的“图形”是否有损于其与背景的和谐关系。这里的“图形”从最初的艺术家工作室走向了建筑艺术类公司、餐厅、茶室、时尚品牌店等。早期的艺术家和商家大多看重“背景”——厂房相邻的市井气息，但随着产业结构的变化，商业气息更多取代了市井生活气息，“图形”在融入“背景”的同时不断丰富自身的元素，进而改变了“背景”的氛围，从某种程度上来说，损害了与原初“背景”的和谐关系，特别是 2008 年后从创意空间转型为“商品无原创”的商业街区，创意店铺被低成本的流水货、零售店取代。

环境意象是人脑的认知结构与环境形象互相作用的产物，是场所的一个根本质量。具有明确特征的空间结构和形象是获得这种意象的根本基础，也是人们获得场所感的重要前提。当环境缺乏秩序而特征难以把握时，环境意象就会因为定位的困难而不容易形成，随之出现的是陌生感和失落感。原创特色工艺品店减少，利润丰厚的餐饮类商铺数量增多，田子坊的空间环境走向了某种失序，使人形成的环境意象越来越冗杂和模糊，与之相对应的便是人们对这个空间疏离感的产生。

图 15　上海田子坊（一）

图 16　上海田子坊（二）

（2）事件与场所的变化：田子坊未来的发展方向。

不同的生活事件需要在不同的场所中发生，如住房给人安全感，剧场带领人们体验不同的悲欢人生，教堂使人产生敬意与自省。那么工业遗产呢？工业遗产是能够让人们体验历史事件和工业美感的场所。场所的结构既有稳定性，又随着场所的发展而变化，稳定性意味着部分原有的空间特征在发展中延续下来，这是人们生活的必要条件，也是场所得以有意义发展的保证。变化由历史发展的力量而产生，会显露出时代特征。积极的变化使场所精神以新的方式体现出来，而消极的变化则会破坏场所的结构，导致场所精神的丧失。

田子坊通过艺术家的介入，使废弃的旧厂房得到了利用，孵化了一批创意工作室，改善了居民的生活，而且保留了街坊特色和丰富的历史建筑，但在发展过程中亦面临着空间品质下降、绅士化、中产阶级化等问题。这些因素冲击了原有场所结构的稳定性，同时瓦解着原有的场所精神，但这也是一种变化——当社区成员转换到一定程度时，进驻的新空间使用者就会有共同的审美偏好、品位和生活方式，比较容易形成理性的、有组织的合力，当达到一定的社区自觉和共识时，田子坊便有望回归理性的发展轨道。

五、结语

基于工业遗产多义性与延展性的特点，从受众的角度审视工业遗产改造，这就涉及接受美学的理论及其实践运用。文学不能脱离其接受者而独立存在，一个完整的文学进程应该是一个对话过程，作者和读者是平等的对话双方，作者赋予作品发挥某种功能的潜力，而读者在接受过程中实现了这种功能。一部优秀的文学作品往往是留有空白的作品，留下空间让读者参与创作；而读者往往也会从自己所期待的视野出发去看待作品，这种视野由读者的受教育水平、生活经历、性格气质等决定，期待视野的不同也使不同读者所把握的艺术形象、内涵意义、审美价值等有一定的差异。

空间改造亦是同理，建筑空间与活动之间需要有自由、松弛的联系，以便满足接受者不同的需求。面对接受者需求的丰富性和接受内容的复杂性，建筑创作与改造必然会有“留白”，通过更为自由、能动的空间要素及功能，引导接受者按照自己的期待视野去填补。但从接受美学的角度来看，填补必须受到文本自身规定性的制约，而不能完全按照个人的愿望和需要，因此接受者的再创造活动也是有所限制的，并不能跳出工业遗产的审美底线以及这个建筑所代表的工业美学特性与历史价值，其改造也必须立足于这一规约去扩大其自身的可能性。

这就涉及工业遗产改造中建筑元素如何表达自身功能的问题，有学者根据语言学中关于表意和隐义概念的区别，将这个问题分为首要和次要功能。前者代表了字面意思，后者则包含了更含蓄的关系。在日常生活中，字面意思最重要，如信息交流，在诗歌语言中则隐义居第一位。但在实际生活中，并不能将这两者简单分割，因为语言并不是中性的工具，诗意的部分经常侵入。例如，在工业遗产改造的创意设计园区，当园区内部的空间表意除了象征用户的意图（个性化表达、商业利益诉求等）之外，丧失了其作为工业空间的表意功能，人们无法发挥原有工业空间的特点，达到当下的物尽其用，兼顾其原真性与适应性，那么它的隐义就取代了表意，首要功能与次要功能就发生了颠倒。然而，不可否认的是，对一栋建筑的理解并不是建筑师所能控制的，正如作者不能预先知道读者会读出什么一样。基于上述，学者建议建筑师们考虑为“变幻的首要功能和开放的次要功能”进行设计，以此来邀请使用者展开二次创作。

通过梳理工业遗产的发展脉络可知，中国工业遗产的发展仍处于科学化、理论化、特色化的阶段，理解工业遗产的空间符号对理解其改造导向有着至关重要的作用。面对空间符号的强化及异化，改造主体应该把控住工业遗产的首要功能，防止消费主义对工业遗产的过度开发和侵蚀，保留历史原真性和工业美学特色。同时，改造者如何在保留历史原真性和工业美学特色的基础上，增加空间自我发挥的能动性，是每个工业遗产改造项目需要解决的命题。通过分析田子坊的案例可知，在社区的动态发展历程中，工业遗产空间符号的多义性和延展性得到了充分的体现，改造方向也随之不断变化。政府以合适的方式进行引导和渗透，民间自觉自发进行联动参与，平衡利益体系、意识形态与城市发展的不同需求，为将来的更新及受众的再创造留下充裕的空间，这将推动工业遗产改造走向良性的发展道路。

（作者黄绣婷，暨南大学文学院中文系2013级本科生）

敦煌研究院：探索文化遗产数字化的传承模式

【案例导读与点评】

在数字文化愈来愈影响当下人们的文化体验与文化选择的背景下，随着智能技术的发展（如 AR、VR），传统历史文化的数字化保存与呈现既有着迫切的现实需求，也已经具备相应的技术基础。其中，对于敦煌这样的中华优秀历史文化的代表性城市而言，为了平衡好日益增多的游客观赏的需求，同时对文化遗产进行必要的保护与旅游限制，对其进行数字化传承就更具有迫切性。而在现实条件方面，敦煌文化遗产数字化的实践，代表了国内文化遗产数字化发展的最高水平，其经验与意义颇具典型性。本案例正是立足于敦煌研究院的文化遗产传承模式的缘起、特点及其问题等层面，进行了较为系统的研究讨论，力图为国内文化遗产数字化传承发展提供借鉴价值。案例从数字化保护、数字化呈现、数字化传播与数字化融通四个层面，对敦煌文化研究院的数字化实践进行了较为全面的归纳，也较为清醒地意识到了敦煌文化遗产数字化传承所面临的问题。不仅从实然的层面对其现状进行了梳理，也从应然的层面建构了文化遗产数字化传承的原则，体现了个案研究的价值。

文化遗产是特定历史时期人类文化与社会生活的剪影，不仅是本民族文化软实力的重要体现，也是全人类文明的瑰宝。敦煌拥有莫高窟等数量众多的文化遗产，作为国家一级博物馆的敦煌研究院，自成立以来，一直致力于保护敦煌文化、研究敦煌文化、传播敦煌文化。近年来，敦煌研究院将数字化技术应用于敦煌文物方面，并且其数字化保护与传播技术已在国内外达到领先水平。本文拟从数字化保护、数字化呈现、数字化传播、数字化融通四个角度来总结敦煌研究院文化遗产的数字化发展模式。尽管敦煌研究院的文化遗产数字化保护与传播已经取得了一定的阶段性成果，其仍不可避免地存在着一些问题。在此背景下，本文以敦煌研究院的数字化传承模式为范本，研究其数字化模式中的优点与不足，并提出可行性建议。希望为敦煌研究院以及其他省市博物馆在信息时代的文化遗产保护和传播工作方面提供良好的启示。

一、敦煌研究院文化遗产数字化传承模式特点

由于文化遗产具有不可再生性与唯一性等特性，文化遗产的传承工作逐渐得到了世界范围的重视，我国也投入了大量的人力与物力于文化遗产的保护与研究中，并取得了许多阶段性成果，如数字圆明园、数字故宫等项目。敦煌作为古代丝绸之路的咽喉要地，敦煌文化更是融汇了中西文明的精华，是全人类的瑰宝，因此敦煌文化遗产的数字化传承势在必行。

（一）敦煌文化遗产数字化传承的原因

（1）延续敦煌文化的生命力。

敦煌位于西北边陲，是中西方文化的交汇之地，拥有的文化遗产种类繁多。其中莫高窟作为中国绵延千年、影响最大的石窟群，出土了敦煌遗书等珍贵文物，也被誉为“东方艺术宝库”“墙壁上的博物馆”。但由于敦煌生态环境脆弱，加上近年来旅游业的繁荣兴旺，敦煌文化遗产正面临着严峻的超载问题，保护难度极大。正如敦煌研究院的评估：“如果一年中前往莫高窟的旅客达到二百万人次，文化遗产的保护工作就会陷入紧张境地；如果达到三百万人次，就有可能承受不了。”[①] 常规化的文化遗产保护与传承手段已经无法适应敦煌文化遗产的资源特色，所以经过几代人的努力，敦煌研究院的工作者们决定将敦煌文化与数字化技术融合发展，开创数字化综合保护体系来抵御时间对敦煌文化遗产的消磨。

数字化的传承模式能够有效缓解文化遗产保护与开发之间的矛盾，让

① 管鹍鹏．博物馆“数字化”科技时代下的古代文物保护［J］．科学大观园，2018（15）：74－77.

流传千年的文化瑰宝能够在风沙的侵袭之下留下珍贵的影像，哪怕在遥远的未来，人们依然能够通过数字网络欣赏它曾经的壮阔，它依然以特别的方式留存于世并发挥着文化遗产的价值，不断延续其生命力。

（2）保持敦煌文化的完整性。

20 世纪初，敦煌地区的文化遗产因为外敌的入侵而遭到了空前的劫掠，敦煌藏经洞的宝藏流往了世界各地，如英、美、日、俄等国，英国国家图书馆收藏的敦煌遗书占据了总量的三分之一，除此之外，学界还曾经一度流传着“敦煌在中国，而敦煌学在日本”的说法。可见，敦煌文献散落各地，是中国文化史上难以估量的巨大损失，也给中国乃至世界范围内敦煌学的研究进程造成了阻碍。

而如今，运用数字化技术构建敦煌文化的传承体系便能够将流散在世界各地的敦煌文化遗产汇聚成数据库，通过互联网络及时、便利地共享文献资料以及研究成果，扩大了敦煌文化的传播范围。世界各地的敦煌文化爱好者及研究者也能借着数字化的良机，开展敦煌学交流与合作，更有利于完整地传承敦煌文化，在一定程度上也让那些失落百年的敦煌遗产得以回归故里。

（3）实现敦煌文化的大众化。

人们总会想方设法地保护珍贵的事物，文化遗产作为一个民族乃至全世界的宝贵财富，理所应当予以大力保护。在信息时代，运用数字化技术守护中华文化遗产，是时代赋予我们的使命。但保护文化遗产不能仅仅将其封闭在一方空间中，文化遗产的长久保护不应该停留在固态保护阶段，更重要的是活态保护，即不断扩大其传播范围，促进其在大众之间的传播。

数字化技术就给了大众走近敦煌文化的机会。数字化的展示能够让观众不受时空以及财力和体力的限制，只通过网络平台便能一睹敦煌文化的风采。数字化传播以及现代软件的运用更有利于让更多人了解、认识并不断探索文化遗产。数字化还能为敦煌文化披上新衣，变成人们日常生活中富含创意的文化产品，潜移默化地培养大众参与文化遗产传承的意识与动力，拉近大众与传统敦煌文化的距离，让敦煌遗产真正成为大众的文化遗产。

（二）敦煌文化遗产数字化传承的特色与优势

只有保持敦煌文化的完整性，实现敦煌文化的大众化，才能延续敦煌文化的生命力，敦煌研究院在多年的创新与实践过程中构建了独具特色的数字化传承模式，保护、呈现、传播、融通四个环节环环相扣、相互渗透，使文化遗产在新时代能以更新颖、更生动、更具个性化的方式呈现，为文化遗产的传承与弘扬提供了新的发展路径。

（1）数字化保护：多重主体合作，拓宽保护领域。

敦煌研究院的文化遗产数字化保护进程大致分为两个阶段。从20世纪80年代开始，其数字化保护已经开始慢慢起步，如在1986年敦煌研究院便联合武汉测绘科技大学航测系，运用数字化技术对莫高窟第296窟开展了近景摄影测量，这也是敦煌研究院历史上第一次在石窟的考古测绘作业中引入数字化技术。在敦煌文物数字化保护工作的初级阶段，主要是针对单独的石窟进行数字化数据采集，这也为其日后的大范围数字化保护工程奠定了良好基础。进入21世纪，敦煌研究院的数字化保护覆盖了更广的范围，融合了虚拟展示、三维建模、信息检索等新技术，并开始向文物文献数字化、综合信息数字化以及数据库等多个方向延伸。

敦煌研究院在多年的保护工作中形成了独具特色的多主体、宽领域的数字化保护体系。20世纪80年代末，被誉为“敦煌女儿”的敦煌研究院院长樊锦诗带头启动了名为“数字敦煌”的文化遗产保护的虚拟工程。在莫高窟内壁画加速氧化脱落的危急背景下，敦煌研究院与芝加哥大学、哈佛大学、西北大学、武汉大学、浙江大学等国外、国内知名高校开展合作，拥有高校与科研机构的资金与技术支持，数字敦煌项目组目前已具备完善的设备体系并形成了跨越众多领域的技术团队。项目组运用数字化扫描、VR等高新技术对珍贵濒危的石窟、壁画、文献资料等进行数字化处理，构建了敦煌数字文化资源库，对文化遗产起到了良好的保护与存续作用。除了与高校和科研机构的合作之外，敦煌研究院还不断加深与技术公司的合作，如与腾讯等公司签署了战略合作协议，将敦煌的研究成果与最新科技融合，不断扩大敦煌文化的影响力。跨领域的多元主体合作模式也使敦煌研究院的文化遗产保护领域不断拓宽，除去最为瞩目的莫高窟、敦煌遗书等文物文献，敦煌学的研究成果、敦煌相关人物与机构乃至旅游信息等资料都开始了数字化进程，敦煌学数字图书馆、敦煌学知识库、敦煌学数字博物馆等项目都处于研究与建设之中。

敦煌研究院文化遗产数字化保护的最大特色便是多主体、宽领域的合作模式，这也是电子信息化时代文化科研机构进行交流合作的新模式。敦煌文化遗产所处时代的久远以及地理环境的脆弱，决定了其保护与开发的难度要高于普通的文化资源，文化遗产的数字化保护更是跨学科、跨领域的工程，数字化的保护涉及文化、技术多个维度，只依赖任何单独的领域与主体都不能较好完成。英国文化经济学家露丝·陶斯在《文化经济学》中提到，博物馆对于文化遗产的数字化需要额外投入，并且投入不菲，“其花费主要体现在两个层面：一是将图片等信息转成数字化内容的过程需要花费大量的人力；二是文本、图片及处于版权保护期内的艺术作品等藏品必须获得其知识产权”①。敦煌研究院突破了国内某些博物馆的单一保护做法，借助多元主体的力量，与政府部门、国内外高校以及社会各界组织和技术公司开展合作，为保护敦煌文化遗产工作的顺利进行提供了全方位的技术和资金支持，使得敦煌研究院能够组建包含考古专家、摄影专家、计算机专家与档案学者等在内的数字人文领域的专业技术团队，保护研究的范围也在不断拓展中，涉及多个学科领域。

（2）数字化呈现：前沿科技助力，线上线下联动。

在数字化保护的基础之上，为了进一步减轻旅游业带给敦煌文化遗产的压力，敦煌研究院借助前沿科技，利用全息影像、云上展览、虚拟触摸、沉浸式体验等新技术手段对文化遗产本身进行展示，通过线上与线下的联动将敦煌文化以更为鲜活生动的方式展现在更多人的眼前。

对于前往敦煌的旅客而言，他们不但可以走进洞窟实地游览，还可以参观莫高窟数字展示中心。数字展示中心是一座颇具创造力的建筑，不规则的外形宛如茫茫戈壁中的流沙，引发人们无穷的想象，其中的球幕影院更是在国内领先，首次采用了播放大尺寸球幕电影的方式来实景还原莫高

---

① 陶斯．文化经济学［M］．周正兵，译．大连：东北财经大学出版社，2016：65.

窟。数字展示中心最具特色的项目是“虚拟莫高窟”与“数字洞窟”，通过360度全景式模拟的展示，旅客仿佛身临莫高窟，可以自由地观看洞窟内的景观，平时游客们无法欣赏到的部分，如佛像的背部，都可以一览无遗。随着数字展示中心的投入使用，敦煌研究院开启了全新的“游客总量控制+网络参观预约+数字洞窟欣赏+实体洞窟体验”的莫高窟旅游模式，不仅在一定程度上保护了实体洞窟，也让游客在参观的过程中收获了更多的旅游附加值。除此之外，敦煌研究院还通过举办线下展览的方式让文化遗产“走出”敦煌，如在国内20多所高校举办“敦煌壁画艺术精品高校公益巡展”，展览中VR元素的添加让人们可以通过设备进行虚拟漫游，进而产生一种“不到敦煌，胜似敦煌”之感。

而对于那些不能进行实地游览或是参观展览的人们，则可以通过网络一睹敦煌风采。2016年“数字敦煌”资源库（https：//www.e-dunhuang.com/）正式上线，敦煌研究院通过运用数字化扫描、VR虚拟重构等数字人文技术，对处于危险状态的石窟图像、壁画、档案文献资源进行数字信息化处理，再通过汇集数字档案构建跨区域的档案数字信息资源库，搭建了VR展示空间，向世界各地的人们提供30个具有代表性的敦煌石窟高清数字化图像及全景漫游服务，让人们足不出户也能领略敦煌之美。2020年初，受到疫情的影响，敦煌研究院在国家文物局的指导下，与中国国家博物馆、南京博物院等国内知名博物馆一同入驻抖音，为大众提供了“在家云游博物馆”的文化服务项目。抖音平台拥有VR360度全景展示以及音视频全息呈现等技术手段，能够满足博物馆对于展现文物细节的要求。人们在线上不但能够听到专业人士的讲解，还可通过直播弹幕与讲解员以及其他观众进行实时互动交流，加强“云游博物馆”的参与感与代入感，沉浸式、全方位、多角度地感受敦煌文化的神秘魅力。面临着西部旅游热带来的文化遗产保护压力，曾任敦煌研究院副院长的张先堂说：“我们也不能关闭莫高窟，完全不让大众欣赏，而是会用新的方式让大家看到别具风情的数字化敦煌。”① 于是敦煌研究院通过线下的数字展示中心与展览，结合

---

① 管鹍鹏．博物馆“数字化”科技时代下的古代文物保护［J］．科学大观园，2018（15）：74－77．

线上的“数字敦煌”资源库及直播平台，在高新科技的助力之下开拓了更多展现敦煌文化遗产的可能性。

总体而言，线下的莫高窟数字展示中心使得旅客能细致入微地欣赏洞窟内的佛像与壁画，多媒体展示满足了游客多种参观需求，使他们能够全面了解莫高窟乃至整个敦煌的历史文化背景，在减轻文化遗产保护压力的同时丰富了游客的旅游体验。而将文化遗产通过线上的数字化手段展示在世界各地互联网使用者的眼前，无形之中增加了潜在受众，让他们在大饱眼福之际也不断加强要前往实地游览的决心。“数字技术通过告知参观者为参观做好准备来增强体验，成为真实游览的一种补充。新技术为提升服务价值提供了机会，一方面它增加了游览数量（数字的或现实的），另一方面它创造出了一种新的‘混合式’体验。”① 此种“线上＋线下”的“混合式”体验也为具有成熟品位的既有参观者提供了便利。巴赫希和索罗斯比曾研究参观伦敦泰特美术馆所提供的网上展览对游客产生的效果，结果显示，大部分网上游客在此之前的几年间都有参观美术馆（博物馆）的经历。数字化的展示意味着一次新的参观体验，也表明数字技术的使用确实带来了附加的文化收益，满足了大众的需求。

（3）数字化传播：主流媒体造势，多元平台宣传。

早期敦煌文化的传播主要以出版书籍、发表学术作品和举办临摹展览为主，传播方式有限。自从进入电子信息化时代，文化遗产的相关信息也进入互联网传播的渠道，微博、微信、网站都成为敦煌文化传播的平台，敦煌研究院联合主流媒体造势，借助多元平台宣传，成功让敦煌文化走向世界各地。

近年来，敦煌研究院积极响应国家文物局的号召，充分运用互联网和数字信息技术，针对拥有不同文化与精神需求的受众群体，采取特定的方式挖掘、传播并重新演绎古老的敦煌文化。敦煌研究院积极与主流媒体进行合作，力图在最大的范围内以最快的速度吸引大众的目光。例如，敦煌研究院于 2019 年 10 月与腾讯公益及数英科技公司联手推出了一支名为

---

① 陶斯．文化经济学［M］．周正兵，译．大连：东北财经大学出版社，2016：66.

“敦煌未来博物馆”的H5广告，在H5中，使用者可以选择一幅壁画，通过“长按吹气，感受风化”的互动装置看到壁画在未来所发生的变化，目的在于唤起更多人的警醒，加入“壁画数字化”保护计划之中。在2020年的疫情期间，敦煌研究院与《人民日报》新媒体及腾讯公司联手打造了微信小程序“云游敦煌”。该程序用独创性的数字交互形式阐释与演绎敦煌文化内涵，让用户不仅能跨越时空领略敦煌石窟的艺术风采，还有机会通过编辑与重组敦煌文化符号的方式，探索个性化的文化传承与创新之道。此外，敦煌研究院还与新华网及新华社甘肃分社推出了“指尖千年莫高窟”H5，让观众仅通过指尖便能感受莫高窟的四时之景，观赏到精妙绝伦的敦煌石窟。主流媒体本身便拥有稳定、广大的受众群体，与其进行合作能更快速传播文化遗产并获得大众及时的反馈。

敦煌地处偏远，每年能够亲临敦煌石窟的人数有限，为了更好地传播敦煌文化，敦煌研究院在众多平台开启了宣传工作。在微博上，敦煌研究院主要通过运营“敦煌研究院”“莫高窟”等账号及时发布与博物馆相关的资讯；在微信中，敦煌研究院运营着官方微信公众号“敦煌研究院”，并通过“云游敦煌”微信小程序宣传敦煌文化；在淘宝平台，敦煌研究院主要通过“敦煌研究院旗舰店”来售卖文创产品，2020年2月23日，敦煌研究院参与了淘宝组织的“云春游”直播，通过直播这样一种时兴的数字化手段吸引大众对敦煌文创及敦煌文化的关注，起到了良好的传播效果。敦煌研究院还紧跟潮流，接连入驻了抖音、快手平台，借助新媒体传播手段和数字化技术，逐步让敦煌文化以更加丰富生动的呈现方式渗入人们的日常生活，连接越来越多的群体与产业。当揭开了敦煌文化神秘的面纱，走入寻常人家，成为日益流行的文化元素，敦煌故事也自然会变得更加悦耳动人。

文化遗产是一个民族与国家的文化基因，在信息化时代构建起文化遗产的数字化传播模式正是抓住了时代的发展机遇，切实为解决当前文化遗产所面临的困境提供了方法与渠道。敦煌文化遗产的数字化传播对于实现文化遗产的永久保存、弘扬优秀传统文化、促进国际文化交流等方面都有着重要意义。

在传统媒体时代，作为文化遗产保存和传播的两大主要手段，实体传播与印刷传播“虽然在过去产生了一定的传播效果，但是其易于损坏、不易保存的传播特点使得这两种传播方式既不符合永久保存的目标，也无法满足广泛传播的需要”①。接触这两种传播模式的受众人群与文化遗产也常常处于分离的状态，难以实现真正地了解文化遗产的传播效果，但数字化的传播模式却迥然不同。即便将来某一天文化遗产因为自然或者人为因素消失了，传播过程中的数字化产品也能尽力“再现”其风貌，并且数字化传播是一种强调交互的传播方式，通过数字互动技术，受众可以从简单的观赏者变为参与者、体验者，提高了文化遗产的传播效果。文化遗产的数字化传播对于优秀传统文化的传承也有着深刻意义。在随着互联网的普及而逐渐兴盛的快餐文化的冲击下，数字化的传播方式让文化遗产褪去了刻板遥远的旧壳，以一种崭新鲜活的形式出现在当代人们的面前，拉近了大众与传统文化的距离，避免我们的民族失去优秀传统文化的滋养，从而迷失在时代的洪流之中。建立敦煌文化遗产的数字化传播模式也有利于促进国家间的文化交流。由于历史因素，敦煌的文化遗产曾遭受巨大破坏，敦煌的文献与文物流散在世界各地，如今数字化传播为国家间的交流提供了机会，国外学者有机会了解中国多年来对敦煌文化遗产所做的研究，国内的研究者也能够借助国际化的视角，借鉴其他国家保护与传播文化遗产的经验，从而不断丰富和发展敦煌学的研究进程。

（4）数字化融通：构建文化 IP，对接潮流元素。

新时代数字科学技术的发展为文化遗产的数字化保护、展示、流通提供了技术支撑，也为文化创新提供了新的可能。借助数字技术与信息平台，敦煌研究院得以跨越行业之间的鸿沟，实现文物与文创相结合、与科技融合、与游戏“联姻”，开启了与其他行业及领域的数字化融通之旅。

自 2016 年被确定为全国首批文化文物单位文化创意产品开发试点单位以来，敦煌研究院便开始在故宫博物院的对口帮扶下走向开发文化创意产品的探索之路。如今敦煌研究院在文物文创产业方面取得了长足的进步，

---

① 孔令瑾．文化遗产的数字化传播模式建构——以敦煌莫高窟为例［D］．兰州：西北民族大学，2018.

逐步拓宽了文创产品开发的范围和种类，向多元化发展的道路稳步迈进。

博物馆开发文化创意产品不仅需要创新思维与灵感，而且需要考虑地域文化特色以及本馆藏品所具有的文化特色。文创产品开发的初始环节是挖掘并提炼自身独特的文化符号，后续一系列的展览、宣传都需要围绕这些文化符号来开展。而文创产品只有生动地诠释了这些具有意蕴的文化符号，才能真正起到传承文化的作用。敦煌研究院在挖掘古老瑰丽的敦煌文化的同时，将其与流行的青年文化结合，探索出了一条崭新的发展道路。

敦煌研究院的数字化融通过程中，最为瞩目的便是与腾讯公司开展的一系列跨领域合作。2017 年，敦煌研究院与腾讯公司正式签订战略合作协议。腾讯作为中国最大的互联网综合服务供应商之一，拥有海量的用户，为青年文化的展现提供了广阔平台，同时发挥着引导和塑造作用。敦煌研究院借助腾讯的科技和泛娱乐生态，将其与深厚的敦煌文化相融合，期望达到文化价值和产业价值互相赋能的效果，更好地保护和弘扬敦煌文化，发挥更大的社会效益。在签订协议的同时，双方宣布启动“数字丝路”计划，在 AR/VR、云计算、智慧旅游、游戏、动漫、音乐等模块内进行跨界合作。2018—2019 年，面向以青少年为主的游戏玩家，腾讯在游戏方面(如《王者荣耀》《QQ 飞车》等）与敦煌研究院的跨界合作，内容可大致分为两种模式：一是将文化符号提取出来，与用户操作的虚拟人物相结合，如在《王者荣耀》中发布杨玉环“遇见飞天”皮肤、瑶的“遇见神鹿”皮肤，玩家可以用于自己的游戏人物；二是提取一整套文化元素，将其整合为一个完整的场景和副本，带给玩家沉浸式的体验。

除了游戏之外，敦煌研究院还联手腾讯推出“敦煌诗巾”微信互动小程序，并与 QQ 音乐携手推出“古乐重声‘觉’计划”系列活动。腾讯漫画推出的《劳度叉斗圣变》插画，用连环插画的形式解读“经变画”，以大众喜闻乐见的方式再度演绎了佛教经典故事，使莫高窟的文化和历史价值以别开生面的形式进入大众视野。这一系列的数字化融通之举让敦煌文化与当下充满创造性和想象力的潮流青年文化相衔接，使其释放新的活力，让更多年轻人在参与过程中了解和传扬敦煌文化。在与腾讯合作的过程中，敦煌研究院也成功打造了独具特色的 IP 形象，建构了属于自己的文化 IP。

文化产业本身就是一个交叉性产业，多种产业之间的不断融合使其具有了典型的跨界融合以及跨区域合作的特征。敦煌研究院文化遗产数字化融通所涉及的领域十分广泛，包括娱乐、美妆、餐饮、旅游等领域。在数字化融通的过程之中，敦煌研究院突破了以往博物馆的传统文创做法，创新了博物馆文创开发的形式，通过独立研发与艺术授权两种模式，以 IP 构建为核心，积极响应“新文创”之路，为打造出更多具有广泛影响力的敦煌文化符号而不断努力。

数字化的融通也意味着跨界合作的展开，文化遗产数字化传承过程中的每一个环节都需要技术、资本、经验、渠道与人才的支撑，随着人民对美好生活需求的日益增长，博物馆文创产品的消费群体也日益扩大，博物馆与市场早已密不可分。想要做大做强文化产业，资金的筹措成为博物馆能否实现产业发展的先决条件，博物馆与企业的合作使得其能够利用商业机构的资金与渠道为文化遗产的开发与传承增添动力。正如《关于推动文化文物单位文化创意产品开发的若干意见》中指出的：“要强调加强文化资源开放和共享，鼓励文化文物单位与社会力量深度合作，鼓励社会力量参与文化创意产品研发、生产和经营。”社会资本与文化资源的合作是双向受益的过程，企业拥有了文物 IP 的使用权限，博物馆解决了资金难题，完成了社会资本与文化资源纵深的对接与融合。敦煌研究院通过文化遗产的数字化融通，也以传统文博产业的姿态进入了新兴的文化产业领域之中，通过跨界融合扩大了合作交流范围，加快了社会的资源整合，形成新旧文化业态多向互动的发展格局。

二、敦煌研究院文化遗产数字化传承存在的问题

文化遗产是先辈流传下来的宝贵财富，它见证了历史的沧桑变迁，蕴含着古人的智慧。信息化时代科学技术的进步为继承文化遗产和弘扬优秀传统文化提供了新的契机，敦煌研究院抓住了机遇，在多年的探索与尝试之中形成了自己独具特色的文化遗产数字化传承模式，主要包括数字化保护、数字化呈现、数字化传播与数字化融通四个环节。尽管在国内的众多

博物馆之中，敦煌研究院的数字化传承模式已较为成熟，但仍存在着缺陷。

（一）多元主体带来知识产权隐患

文化遗产有自身的承载限度，保护与开发始终是文化遗产想要长久存续所不得不面对的难题。“如果对文化遗产保护继续采用传统的手段进行，将不可避免地与旅游开发产生冲突。数字化与虚拟现实技术的应用将有效地缓解两者之间的矛盾，促进文化遗产保护与旅游开发的和谐共生。”“文化遗产的数字化保护利用数字技术为传统保护手段带来突破，从文化遗产的发掘、保护、研究与展示的各种环节对文化遗产保护工作进行辅助，通过数字化的手段更全面地记录文化遗产的信息，永久地记录下文化遗产的当前状态，并基于文化遗产的数字模型对保护、研究和展示提供辅助支持和新的手段。”① 面对岁月的更替以及西部旅游热的高涨，敦煌研究院积极与国内外保护机构合作，利用日新月异的计算机数字技术开启了“数字敦煌”的探索历程，但多元主体的介入也带来了知识产权保护与品质控制等问题。

“数字敦煌”关乎整个敦煌历史文化的信息化建设，而敦煌研究院在文化遗产的数字化建设过程中无疑面临着非法传播、复制等一系列侵权问题。比起传统作品版权所面临的问题，愈发自由的网络环境与前沿性的国际合作使“数字敦煌”面临的版权问题更具时代性与挑战性。对于开展文化遗产数字化保护的敦煌研究院而言，更应该提高版权意识，坚守法律原则，避免版权纠纷。

所幸的是，正如樊锦诗所说的“我们看重对方的技术，但始终没有放弃对知识产权的警惕”②。敦煌研究院在与海外机构的合作中对合作协议进行了严格的把关。例如，在与美国梅隆基金会的敦煌壁画数字化拍摄合作中，虽然拍摄工作由双方共同完成，但敦煌研究院始终坚持其独家拥有

---

① 鲁东明，刁常宇．数字化技术促进文化遗产保护与旅游开发和谐共生［J］．旅游学研究，2007（0）：110－115.

② “数字”敦煌与知识产权保护［EB/OL］．（2005－01－07）［2021－04－18］．http：//news.sohu.com/20050107/n223829115.shtml.

“摄影底片和数字化图像”的知识产权，并在前后签署的协议中不断强调此点，以保证“敦煌图像”永远属于中国。在日后的国内外合作中，敦煌研究院也应始终坚持主体地位，处理好数字信息作品的知识产权问题，管控好数字信息作品的品质，从而实现对敦煌文化文物的长久性保护。

（二）真实与虚拟间始终存在差距

将数字化手段运用于文化遗产的线上展示与线下展览给予了大众新颖的观赏体验，但不可否认的是，文化遗产的数字化呈现与切身实地去感受始终存在差异。英国的社会学家约翰·厄里发现，“后现代旅游者并不一定要离家外出才能观看旅游凝视中所见的许多典型景物客体的。有了电视和录像机，就能够凝视、比较，身临其境，再凝视”①。人们认为通过相机镜头和通过电视看景色没什么区别，后者对环境的破坏甚至比实地旅游还要小得多，通过VR来旅游可能是21世纪的解决方案。法国后现代理论家鲍德里亚也认为在后现代世界，现实与真实已经被表象与符号所“谋杀”，符号与现实、真实和虚假之间的区分变得困难甚至不可能。但凝视图像与亲临现场始终存在差距，就像奥利维耶·阿苏利在《审美资本主义：品味的工业化》中提到的：“远距离交流缺乏感情交际的厚度，因为人与人之间的感觉不在同一地点发声，无法相互感知、交融，无法受共同出席的掌控。”② 人们与文化遗产的交流同样如此，仅靠观看数字化影片等方式是无法真实地感知文化遗产的温度的，更难以感受它们所承载的历史气息。

在日后的数字化展示中，博物馆可以通过增加交互性设计、打造沉浸式体验等方式来改善文化遗产数字化展现的这一弊端，缩短人们与文化遗产的距离。2020年9月，在首都博物馆举办的“互联网+中华文明”数字体验展便是一次崭新而又成功的尝试。该展览以“文物的时空漫游”为主题，打破了普通文博展览单一的视觉呈现方式，第一次将数字化呈现形式与创意互动玩法相结合，以生动可感的形式展现近百件珍贵文物遗产的魅

① 转引自单世联．文化大转型：批判与解释：西方文化产业理论研究［M］．北京：中国社会科学出版社，2017：1488.

② 阿苏利．审美资本主义：品味的工业化［M］．黄琰，译．上海：华东师范大学出版社，2013：83.

力。在展览中，长沙马王堆汉墓出土的“素纱襌衣”可以随着参观者身体姿态的变化而摆动。参观者只需轻挥双手，假意弹拨，“古琴”便能在交互系统的感应下演奏出古曲，传出淙淙琴音。这样一种数字化的互动形式能够让个体深度投入所进行的活动之中，强烈的愉悦感便油然而生，甚至意识不到时光的流逝，最终陷入一种“忘我”的境界①。这便是米哈里·契克森米哈赖提出的沉浸体验概念，是人们参与一项活动时达到最优体验的一种心理状态，当人们处于沉浸体验中，便能更好地享受活动过程，品味文化遗产背后的历史意蕴，弥补不能亲临现场的遗憾。

（三）原真性的改写与传承的失衡

纵使文化遗产的数字化传播有着种种优势，在传播过程中仍然存在令人忧虑的现象。一方面，网络传播过程中的二次编译或者多次编译使得文化遗产的原真性受到了极大冲击，而原真性才是文化科研机构倡导并坚持的文化遗产保护的核心。只有建立在文化遗产的原真性基础之上，才能确保数字化传播起到的是正向宣传的效果。另一方面，在信息化时代，文化市场主体常常持有“唯数字论”的错误导向，票房假造、打榜、刷流量等问题屡有发生，“数字泡沫”虚假繁荣的背后映射着市场主体们渴望快速走红的功利之心。为了达到一定的传播量与宣传效果，敦煌研究院其实也不可避免地向数字文化做出了妥协，在数字化传播的过程中过度突显莫高窟的光环效应，导致对敦煌文化遗产的保护呈现出不平衡的状态。而那些被忽视的文化遗产，如敦煌剪纸、敦煌彩塑、敦煌曲子戏等实际上也应该与莫高窟具有同等重要的地位，但在数字化的保护、展示与传播进程之中，它们却因知名度的匮乏，被埋没在莫高窟的光环之下。以敦煌曲子戏为例，“尽管敦煌曲子戏现已列入国家非物质文化遗产名录，但政府和民间对它关注度并不高，只制定了相关政策，却由于各种原因的影响，并未能够真正落实到现实应用中”②。正是因为缺乏对敦煌曲子戏的深入研究以及创造性发展，其如今难以为大众所接受，变成了只有专业人士才会去关注的“文物”，甚至难以觅得合适的非文化遗产传承人。

---

① 契克森米哈赖．生命的心流［M］．陈秀娟，译．北京：中信出版社，2009.

② 赵文明．敦煌曲子戏生存状况调查研究［J］．新西部（理论版），2013（C2）：148－149.

如今，文化遗产的数字化传播已经逐渐成为时代的发展趋势，数字化传播手段与途径日渐丰富与完善，未来更是有着广阔的成长空间。文化遗产的数字化是保护传承文化遗产与创新发展中华优秀传统文化的必经之路，但在数字化传播的过程之中，博物馆等文化科研机构也要坚持维护文化遗产的原真性，并以平等的心态对待濒危的文化遗产，深掘其背后的文化内涵，给予其焕新发展的机会。

（四）商业倾向侵蚀产品文化内核

数字化的跨界融通给予了敦煌研究院更多的发展机遇，但从现实情况来看，商业化的功利性却使文化资源的开发变得浅表化、符号化，数字化在不知不觉之中过滤了遗产的文化内涵。敦煌研究院多数类别的数字化融通产品都割裂了文化符号，或者单一选取某一个文化符号来简单代表敦煌文化的内核。例如，《王者荣耀》的“遇见飞天”皮肤简单地将敦煌壁画中的一类形象移植到游戏人物形象上，尽管这是在游戏领域的全新尝试，却也终究未使用户真正注意到其具备的文化价值。产品只是选取了敦煌灿烂文化当中的一类元素作为其外观的艺术包装，并未植入其他文化内涵，这样的合作方式一方面确实让用户感受到了敦煌文化的艺术魅力，但另一方面也将其种种文化元素和符号变得片面化和单一化。文创产品作为旅游商品的种类之一，具备其独特的艺术价值，不应当是工业流水线上机械化生产出的仅用于市面上销售的普通商品，它是传统文化传播的载体，应当承担起诉说历史的重要使命。

在数字化融通过程中，商业化倾向还在不断加重。例如，在《王者荣耀》中，玩家可以通过完成任务的方式免费获得第一次合作的“遇见飞天”皮肤，但第二次合作的“遇见神鹿”皮肤却明码标价，需要充值一定的点券才能购买。在第二次的合作中，还出现了动画抄袭的丑闻，可见此次《王者荣耀》与敦煌研究院的合作并不能令人满意。

敦煌研究院与《王者荣耀》的合作采取的是艺术授权的模式，即研究院将自己的文化 IP 授权给腾讯公司，由腾讯公司来进行皮肤的设计生产。但在这一过程中，双方合作存在明显的裂痕，合作交流的程度并不深，于是使得这样一次“国民手游携手敦煌研究院致敬国民记忆”的跨界合作变得更像是纯粹为了双方利益的商业联名，失去了合作的原初意义，这不但会使产品的社会效益沦为经济效益的附庸，甚至可能进一步造成某种文化形象的丧失。不光是敦煌研究院，其他的文博机构在日后的文化遗产数字化融通过程中也应当警醒，避免因过重的商业化倾向而损害合作双方的名声。

纵观敦煌研究院文化遗产数字化传承模式中的各环节，或多或少都因为要遵循数字化的原则而导致文化品质与经济效益的关系中存在着失衡之处。随着云计算、互联网、物联网等移动通信技术及信息化社会的不断成熟，大数据时代已然来临，数字化成为当今数字文化基本的主导模式。文化遗产的数字化传承是为了使其走向更多的受众，让优秀的传统文化不再蒙尘，能够重焕生机。但在数字化过程中，博物馆需要以技术和资本为文化遗产搭建影像、创造新的载体，具有公益性及非营利特性的博物馆不可避免地需要和商业机构合作，利用其资金与传播渠道为文化遗产的持续开发增添动力。在此过程中，数字文化的商业性以及资本的大规模投入，无疑会给文化遗产的资源挖掘、开发传承带来问题，博物馆若是不能处理好社会效益与经济效益之间的关系，便有可能让文化遗产无法展现其正向的精神价值与社会价值。

任何事业的发展都离不开经济的支持，文化遗产数字化传承模式也不例外。博物馆通过文创等形式发展文化产业，进而创造经济收益。但是文化遗产作为传统文化的载体，文化属性才应是伴其传承始终的特性。习近平总书记在视察马栏山视频文创产业园时也指出："文化产业既有意识形态属性，又有市场属性，但意识形态属性是本质属性。一定要牢牢把握正确导向，坚持守正创新，确保文化产业持续健康发展。"① 博物馆作为传统文化产业的代表，也应当坚持意识形态属性，把社会文化效益放在首位，坚持社会效益与经济效益相统一的原则。博物馆的文化遗产数字化传承的最终目的是通过先进的技术将文化遗产所包含的文化内容传递给大众，对于文化遗产的传承与开发本不应该带有营利目的，但敦煌研究院的文化遗

① 习近平谈文创产业：守正创新，坚持正确导向［EB/OL］.（2020-09-18）［2021-04-20］. https://baijiahao.baidu.com/s?id=1678132681884372329&wfr=spider&for=pc.

产开发要兼顾商业与数字化的规则，这就导致其在传承过程中存在失衡的问题，从某种角度来说也为其他准备开展数字化工作的博物馆敲响了警钟。

三、敦煌研究院文化遗产数字化传承模式优化策略

中华文化源远流长，文化遗产就如同浩瀚夜空中的满天繁星，在电子信息化时代，保护这些熠熠生辉的珍宝并传承给后代，我们责无旁贷。敦煌研究院运用数字化手段，有效盘活并利用了古老的文化遗产资源，建构出独具特色的数字化传承模式，让受众能够观赏数字化技术与文物艺术交融的创新性成果，感受敦煌文化的价值。但其模式仍然存在不完善之处，下面我们从敦煌研究院的个案本身思考文物遗产数字化过程中应该有的标准与原则，以期给其他正在进行文化遗产数字化开发的博物馆提供相关的可行性建议。

（一）博物馆文化遗产数字化传承模式的建构原则

数字化技术为文化遗产的传承带来了难得的机遇，但并非每个地区都完全进入了信息化阶段，也并非每所博物馆都拥有完善的数字技术团队，况且如何利用数字化手段的优势，保留并延伸文化遗产的价值，还面临许多亟待解决的问题，如数字化也可能导致文化遗产的内涵被扭曲与异化，从而损害文化遗产的活力。在此背景之下，博物馆对于文化遗产数字化传承模式的建构必须遵守一定的原则。

（1）坚持保护与积极开放的原则。

文化遗产数字化传承的首要目的是要对其进行保护，让其能够永续留存并在新时代重焕生机。但这种保护并不意味着封闭，文化遗产在广义上属于全人类的精神财富，展现了世界文化的多样性，因此，博物馆在建构文化遗产数字化传承模式的过程中需要保持积极开放的心态。文博机构要学习敦煌研究院具有国际化视野，在保证文物安全的前提下增加与国内外高校、科研机构和企业的交流合作，汲取国内外文物保护机构在文化遗产数字化方面的经验与教训，再借助我国的政策支持以及本土的资源优势，

构建出独特的数字化传承模式。

其次，积极开放的原则也强调要加大文化遗产对公众开放的范围与力度。像敦煌莫高窟这类地处偏远的物质文化遗产，与大众的日常生活之间存在着天然的屏障，联系并不紧密，气候等自然因素与旅游等人为因素也限制了文化遗产的开放程度，阻碍了公众的参与。但文化遗产的数字化传承手段却解决了这些难题，所以博物馆必须利用好数字化技术的优势，打破文化遗产与大众日常生活的时空屏障，让远在千里之外的文物变得生动可感，充分挖掘大众参与文化遗产传承的热情。

（2）兼顾原真性与创新性的原则。

《中华人民共和国非物质文化遗产法》规定，在使用文化遗产时，既要尊重其形式，也要尊重其内涵，即保证文化遗产的原真性，也就是真实性与完整性。构建文化遗产的数字化传承模式必须以文化遗产的真实性作为前提，经过技术加工的内容必须经过多方考证，符合客观史实。在数字化传承模式的每一个环节，都要尊重文化遗产所承载的文化内涵与思想意识，绝不可歪曲传统文化的意蕴。保证文化遗产的完整性则意味着要实现文化遗产传承的多角度与全面性。博物馆应当循序渐进地建构文化遗产的传承模式，而不应该急功近利。许多文化遗产都跨越了数个朝代，集多元特色于一身，涉及文学、绘画、音乐、舞蹈等多个领域，因此，数字化传承应从多个角度全方位地探索文化遗产的表现形式，确保文化遗产的丰富性和完整性。

但是，坚持文化遗产的原真性并不意味着要对其进行完全复制，在内在层面要继承文化遗产的优秀文化内核与文化精神，但在表现层面上，现代数字手段可以结合当下流行的审美观念，重新对文化遗产进行演绎，增强观赏性与创新性。“只要出于善意并尊重持有人的精神利益，不影响该文化形态的基本功能的发挥，创新就无可指责，而且是传承和发展传统文化必不可少的手段。”① 时移世易，要实现文化遗产的活态传承与长远发展，就必须在坚持原真性的基础上与时俱进，在形式与内容上实现创新，

---

① 刘魁立．非物质文化遗产的共享性本真性与人类文化多样性发展［J］．山东社会科学，2010（3）：24－27.

兼顾文化遗产的原真性与技术手段的创新性。

(3) 坚持文创产品社会效益优先的原则。

博物馆文化创意产品的开发与售卖也是构建文化遗产数字化传承模式中不可缺少的环节，文创产品不仅能传播与推广传统文化，还能满足博物馆持续运作发展的资金需求。虽然在文化遗产数字化的过程中，数字文化的商业性以及资本的介入可能会伤及文化遗产的社会效益，文创产品的销售也会受到市场经济的引导和市场规则的制约，但博物馆必须时刻坚持把社会效益放在首位的原则，不能一味追求文化遗产的经济价值。

博物馆的核心业务始终是知识的生产、管理与传播，数字化技术为传统的博物馆提供了崭新的渠道与方式，让其更能全方位地挖掘与展示文化遗产的内涵与本质，打通艺术与生活的边界，拉近大众与文物的距离。但博物馆不能仅仅满足于让文物“动”起来，通过走网红、娱乐等路线实现经济收益，更重要的是让文物“活”起来，生产出有内涵与格调的文化创意产品，以文物厚重的历史知识与人文魅力作为数字化展现方式的底蕴与支撑。

习近平总书记就文物保护工作曾说道：“让收藏在博物馆里的文物、陈列在广阔大地上的遗产、书写在古籍里的文字都活起来，让中华文明同世界各国文明一道，为人类提供正确的精神指引和强大的精神动力。”① 博物馆的数字世界还有无限的发展空间，面对变幻莫测的数字时代，博物馆要遵循以上三个原则，才能构建出合理完善的数字化传承模式，使拥有千万年历史的文化遗产永续流传，使博物馆成为著名的文化地标与文明灯塔。

(二) 敦煌研究院文化遗产数字化传承模式的优化

数字化技术是把“双刃剑”，一方面，技术的发展为文化遗产的传承工作带来了新的思路方法；另一方面，数字技术的商业性也要求博物馆在坚持文化内涵的前提之下考虑经济效益，开发目的变得不再纯粹。我们在肯定敦煌研究院现有数字化成果的同时，要认识到文化遗产数字化传承过程中出现的问题和潜在的不足，为完善其数字化传承模式提供可行性

---

① 习近平文物保护简史 [EB/OL]. (2015 - 01 - 11) [2021 - 04 - 22]. http://www.xinhuanet.com/politics/2015-01/11/c_1113951139.htm.

建议。

（1）深挖传统文化的丰富内涵。

当人们提起敦煌，最先想到的往往便是莫高窟、月牙泉、九色鹿、飞天神女，这些颇具代表性的文化符号构成了大众对于敦煌文化遗产的印象，难免单一刻板。但对于已经拥有较为成熟的文化遗产数字化传承模式的敦煌研究院而言，仍然有许多宝贵的文化遗产没有得到系统化的保护与传承，如玉门关遗址、敦煌曲子戏、敦煌剪纸等，它们同样是敦煌文化不可或缺的部分，却面临着被埋没甚至消亡的危险。敦煌研究院在文化遗产数字化传承中应该深入挖掘馆藏资源，关注更多日常被忽视的濒危文化遗产，注重丰富数字化产品的文化内涵，促进产品与本土深厚的历史文化内涵相结合，这样才能避免数字化传承内容的单一化与扁平化。文博机构需要明确，文化遗产的数字化研究并不是为了迎合信息化社会，而是要利用数字信息技术，结合传统文化的阶段性特点，为文化遗产的保护与传承寻找肥沃的复兴土壤。

（2）发挥博物馆的主体作用。

在文化遗产数字化传承的过程中，博物馆本应占主导地位，发挥其保护、开发、传扬优秀文化遗产的主体作用。然而，在实际的数字化过程中，资本却占据着更大的优势，使文化遗产的衍生产品价值逐渐向经济效益而非社会效益倾斜。在此背景下，敦煌研究院应更加明确自身在文化遗产数字化开发过程中的主体地位，在与其他机构的合作中掌握话语权与主动权。在文化遗产的数字化保护中，要组建专业团队，积极与拥有高新技术和人才的高校及机构合作；在文化遗产的数字化呈现中，要积极创新，在展示中增加交互性设计，打造沉浸式体验，从而缩短大众与文化遗产的距离；在文化遗产的数字化传播中，要坚持维护文化遗产的原真性，不能一味追求浏览与点击量，要对濒危的文化遗产予以同等的关注；在文化遗产的数字化融通中，要主动参与创意设计过程，为文创产品注入更加深刻的文化内涵。同时，在将社会效益放在首位的前提下，敦煌研究院应适当参与文创产品的研发与宣传工作，积极利用博物馆的各类资源助力文化创意产业的发展，通过加强与产业链中游企业的文化精神互联，积极引导群众了解文创产品背后的文化内涵，突出文化宣传目的。

（3）始终保持文化遗产的本色化及衍生化两个版本。

在文化遗产的数字化传承过程中，必须坚持两个版本，一是文化遗产的本色化版本，二是文化遗产的衍生化版本。真实存在的文化遗产是人们挖掘不尽的创意源泉，但数字化的开发或多或少会溶解文化遗产的本色，就像无论数字技术如何先进发达，它也永远无法代替文化遗产本身，因为亲身接触文化遗产才能带来感染力与震撼力。所以，敦煌研究院必须把高度保护原汁原味的文化遗产这一工作放在首位，再考虑对文化遗产进行数字化衍生创作，通过对文化遗产的艺术形式进行再度创作增强其生命力，延长传统文化在现代信息社会流行文化中的存在时间。文化遗产的衍生化版本不仅是为本色的文化遗产进行代言，更是让其以一种数字形式在信息化时代得以保存与延续。因此，敦煌研究院只有平衡好文化遗产的本色化与衍生化版本，才能让瑰丽古老的敦煌文化走进大众的视野。

（4）设立数字化保护专项资金，拓宽社会捐助渠道。

文化遗产数字化传承中的每一个环节都需要不菲的资金。敦煌研究院是国家二类文化遗产事业单位，其用于建设数字化传承体系的资金一部分来源于门票收入，但长期的主要资金还是依赖于国家的拨款，仅仅靠门票收入难以填补支出的资金缺口。敦煌研究院尚且如此，更不用说那些规模较小的博物馆与艺术机构了。数字化的高昂成本让它们难以与业内明星巨头博物馆竞争，久而久之，博物馆行业内便会出现“竞食效应”，不利于文化遗产的长远传承。因此，国家、政府、社会需要为博物馆的数字化保护设立专项资金，不仅要关注具有知名度的大型博物馆，也要将目光聚焦在数字化进程中处于窘迫地位的小型文博机构，以相对固定的较宽裕的资金投入作为保障，才能与技术、设备、人力等要素共同发挥作用，助推文化遗产数字化传承模式的健康运行。曾任敦煌研究院副院长的张先堂先生在采访中透露：“近年来有很多热心佛教、热爱艺术的社会人士，他们有很高的捐款热情，但我们面向大众的捐助渠道却不够完善。”① 所以，在享

① 管鹍鹏．博物馆“数字化”科技时代下的古代文物保护［J］．科学大观园，2018（15）：74－77.

受政府的资助之外，博物馆自身也要拓宽社会捐助的渠道，积极吸纳资金用于数字化发展。

四、结语

敦煌是中国古代丝绸之路中的咽喉重镇，敦煌的文化遗产是沙土之下所蕴藏的无价明珠。面对着风沙的侵袭，承载着愈来愈重的旅游压力，莫高窟等珍贵的敦煌文化遗产向人们发出悲鸣。令人欣慰的是，数字化时代带来了灿烂的科技之光，突破层层迷雾，映照在敦煌土地之上，为破解文化遗产的保护与传承难题提供了崭新的思路与方法。

敦煌研究院让科技与文化遗产碰撞出火花，建构了独具一格的文化遗产的数字化传承模式，数字化保护、呈现、传播与融通使得优秀的敦煌文化得以创造性转化和创新性发展，让人们看到传统文化的传播手段在信息化时代具有无限可能。但敦煌研究院的数字化传承模式仍有不足与缺陷，应该建立更为完善的标准与原则，才能促进我国优秀传统文化遗产的传承与发展。其他的博物馆也应当向敦煌研究院借鉴经验，积极创新求变，运用数字化技术，使优秀传统文化与文化遗产历久弥新，生生不息。

众所周知，文化遗产是一个民族与国家的灵魂与烙印，是人们的心灵港湾与精神家园，历史与社会发展的惯性和连续性使得历史遗产总能以显著的或潜移默化的方式对后代产生深远的影响。一个民族与国家的历史愈久远、传统愈深厚，文化遗产的作用便愈强烈。

如今，面对多元文化的冲击，很多人都处于信仰迷失的状态。重建信仰体系，必须让其根植于最深厚、最肥沃的土壤，优秀的传统文化遗产无疑是不可忽视的力量，因为人们可以选择现在乃至未来的生活方式与行为准则，却无法篡改与重塑历史。而在信息化时代，数字化成为文化遗产保存与传扬的不二选择。

纵然文化遗产数字化传承模式能够实现文化遗产保护与发展的平衡，保持文化遗产的永续性与传承性，提升文化艺术传播的广度与深度，但博物馆在真正构建数字化传承模式的过程中仍然会遇到诸多问题。文化遗产的数字化不是简单地照搬和呈现传统文化，而是要对传统文化进行现代化解读与重构，如今资金、人才、技术与标准的缺乏仍然困扰着许多欲对文化遗产进行数字化保护的博物馆。

在日后的数字化发展过程中，博物馆也要始终坚持保护与积极开放的原则，兼顾原真性与创新性的原则，坚持文创产品社会效益优先的原则。我们绝不可忽视文化遗产的精神内涵，虽然数字化技术可以极大程度地影响文化遗产的保护与传播方式，但它永远不能代替文化遗产本身。同时，我们不可忽视数字化技术的人性化内涵，技术本身是中性的，但我们可以赋予其人文情怀与文化内涵，正确处理好技术与文化的关系，让数字化技术发挥出其他媒介无法具有的魅力，促使文化遗产焕发出新的生命力，产生深远影响。

（作者黄文可，暨南大学文学院中文系 2017 级本科生）

故宫文物：走向 IP 化的媒介叙事

【案例导读与点评】

互联网与数字文化时代的一个重要特征，就是越来越多的文化对象通过跨媒介叙事建构 IP，以获取媒介的注意力，引发“眼球效益”，寻求粉丝认同，从而最终建设富有效益的内容与产品体系。古老的故宫文物在数字文化时代同样选择以多媒介、跨媒介叙事的方式来进行文物文化的传播。本案例通过分析数字文化时代 IP 化的本质，在此基础上对故宫文物的媒介叙事从纪录片、综艺到漫画进行分类分析，探索不同媒介对故宫文物故事建构的差异化策略，以及故宫文物故事如何被多维度建构，最终形成其故事系统。相比于已有的对故宫文物媒介文化的研究，本案例立足文化 IP 跨媒介叙事建构的系统性，立足不同媒介文物故事的差异类型及其背后的价值内涵进行讨论，具有一定的新意。其研究的结论，也给数字文化时代文化产品的跨媒介故事系统的建构带来了一定的启发。然而，我们也要看到，这一案例在对于跨媒介故事体系的总结以及从更为普遍层面上的理论提升方面，仍显得有些薄弱。

本文将故宫博物院的文物资源作为研究对象，从媒介文化建构的角度去研究故宫如何利用不同媒介的优势挖掘自身文物资源、讲好中国故事，从而实现 IP 化。“媒介文化建构”是故宫进行 IP 化实践的重点体现，故宫博物院通过多元媒介模式讲述文物故事并产生了不同的影响：纪录片《我在故宫修文物》以平凡人的视角展现人与文物的故事，体现了大国工匠精神；综艺节目《上新了 · 故宫》以寓教于乐的方式重现文物背后的历史故事，弘扬中华传统文化；漫画《故宫回声》将文物的迁徙故事与年轻人喜爱的表现形式相结合，展现人文价值。研究多种媒介模式表现文物故事的特质及影响，并比较不同媒介文化建构的差异，探讨文物背后隐藏的历史底蕴与人文价值，探索故宫博物院如何通过IP化更好地传承传统文化、开发故宫文物资源，从而做到了真正意义上的“让文物活起来”。

一、数字文化经济时代IP化的本质

（一）IP化的本质

IP原本是作为“知识产权（Intellectual Property）”的缩写，指一种法律上的权益，而这种权益又可以在当今社会中获取经济价值。但在人们更为广泛的使用中，IP的内涵已经不限于此，这一法律概念除了与经济行为有关外，也与种种文化因素产生联系。于是，伴随着互联网时代的到来，越来越多的主体为了实现经济与文化收益的双丰收开启了IP化的进程。

从经济意义方面来看，IP化实则是一种粉丝经济，它基于该主体自身已有的文化底蕴和忠于这种文化内涵的粉丝群体，依靠自身的情感价值吸引消费者。粉丝经济泛指架构在粉丝和被关注者关系之上的经营性创收行为，是一种通过提升用户黏性并以口碑营销形式获取经济利益与社会效益的商业运作模式①。如果一个主体能够成为具有热度的优质IP，那么必定离不开这个IP所拥有的粉丝群体所发挥的作用。从表面上看，粉丝是某一产品或品牌的消费者和追随者，隐藏其后的却是对产品或品牌的情感认同和忠诚②，粉丝群体往往会对其认同并喜爱的品牌进行连续性、重复性消费，这就带来了巨大的流量和经济效益。而且伴随着当下互联网科技的大力革新，粉丝群体更是打破了传统的时空限制，成为推动IP化发展的主要动力。

事实上，IP化并不仅属于一个单独的领域，而是介于文化和经济间的跨领域行为——从本质上说，IP化是新时代孕育出来的一种独特的文化传

① 陈希，林刚. IP形象重塑视阈下的“北冰洋”品牌传播策略刍议［J］. 国际品牌观察，2021（1）：56－58.

② 刘筠梅.“粉丝经济”与IP舞台剧的可持续发展［J］. 文化软实力研究，2019，4（3）：56－63.

播方式，文化主体通过新型大众媒介的发展，针对文化创意产业的开发、自身的结构优化等，将自己的专属文化通过多元媒介平台宣传到特定的受众群体中，再由该IP的受众群体将相关的文化传播到更广泛的社群中。不过在这种文化传播的过程中，必然会产生不可忽视的经济效益。文化传播是根本，经济获利是延伸，经济方面获得的利益又是为了进行更多更好的文化传播。

（二）IP化与现代媒介的关系

IP化与当今的媒介现状有着密不可分的联系。IP化是借助网络、依靠粉丝进行的一种跨媒介运营模式，它建立在流量的基础上，又依靠互联网大数据时代下大众媒介的兴起与发展。在现代媒介中，多元化的大众媒介不断涌现翻新，这导致信息的传播成本大幅下降，从而让人们有了多样的渠道接收信息，文化的传播变得更加便利与快速。同时，媒介权限的开放使得信息传播向社会底层发展，文化传播越来越贴近普通人并吸引着大众，从而为传播主体带来巨大的流量支持。在这种条件下，人们通过媒介平台关注自己喜爱的IP，并通过不同媒介平台上所展现的不同内容来完善自己对于该IP的认知，最终这群人成为该主体的忠实跟随者。IP化发展过程中最重要的粉丝基础也由此形成。

文化主体想要成功进行IP化，就一定要明晰传播媒介的特点以及媒介中能够为自身带来流量的特定受众群体，同时借助不同媒介的优势去开发并构建优质的内容体系，从而赋予自身不同以往的文化内涵和文化魅力。最终，IP自身的衍生内容以大家喜爱的方式进入人们的日常生活。这不仅能成功激发受众群体产生情感共鸣从而为文化主体带来流量，还能使文化主体得到更广泛的传播。媒介的多样性以及使用人群的庞大性成为推动IP化发展的重要因素，所以在传播媒介中对自身文化进行多元的内容建构能够推动文化主体IP化的成功探索。

（三）故宫博物院发展IP化的初探索

文化创意产业是近几年兴起的以创造力作为核心竞争力的产业。它强调主体的科技性、创意研发和IP的使用经营，依托于创新进行文创产业，如果想变得更具吸引力、更具竞争力，那么就必定离不开对自身所拥有资源进行充分开发。一个 IP 是否具有更好的文化价值直接决定了由此衍生的文创产品能否创造更多的经济价值，所以也不难看出，文创经济的兴盛实则基于 IP 化的繁荣。故宫博物院正是充分运用自身独有的文物资源进行了文创产业与 IP 化的探索。

自从上一任故宫博物院院长单霁翔上任后，他除了继续着眼于文物的清点与修缮工作外，还发现了几个至关重要的问题——故宫虽大，但 70% 的区域都是未开放的；藏品虽多，但 90% 的文物都还尘封在库房中；游客络绎不绝，但大家往往直接从午门走向神武门，忽略了两侧的展览。人们并没有深刻了解到历史文化和文物承载的故事，故宫的魅力也没有真正被挖掘出来。面对这样的现状，单院长认为故宫应该向“年轻化”发展——只有让更多的年青一代爱上故宫文化、爱上文物背后承载的故事，故宫的悠久历史和传统文化才能在真正意义上得到传承，否则文物就只能封存在宫殿内和课本里了。不仅如此，故宫博物院过去一直售卖的纪念品都只是简单地把文物的样式复制了下来，难免过于注重历史性和艺术性，缺乏了趣味性和创新性。其中甚至有 80% 的纪念品都不是故宫博物院自己研发的，而是由外面的工厂包揽制作、加工、运送等环节，故宫博物院仅仅是买下这些产品再转而售卖给游客。这样的销售方式对于故宫自身能够带来的经济收益并不大，年轻人更是不愿意买账。

然而，在 2013 年的夏天，台北故宫博物院设计的文创产品——“朕知道了”胶带全新推出，让北京故宫博物院醍醐灌顶。由于消解了皇权的严肃性和自身所具有的“萌系”风格，胶带一下子拉近了故宫与年轻人的距离，很快便在台湾受到了广大青年群体的追捧，然后一路红到了大陆，成为爆款。台北故宫博物院文物 IP 开发的成功经验给北京故宫博物院带来了启发：简单又不受欢迎的普通纪念品终会被时代潮流所抛弃，故宫博物院要重视创新与变革，只有注重对于故宫的强大文化资源进行有效挖掘，大力发展文物 IP 化，才能创造出更好的文化价值和经济价值。北京故宫博物院因此设立了四个部门具体负责文创产品的研发工作，文创团队在故宫这个文化宝库中不断挖掘文物资源，将众多从珍贵文物、亭台楼阁、历史故事中汲取的灵感融入创作中，设计并生产出了大量有创意、时尚且符合大众审美的文创产品。这些具有故宫文化元素的服饰、文具、工艺品、古风彩妆、生活用品等产品相继问世后都成功登上了各大平台的热销榜。慢慢地，越来越多人热衷于故宫博物院的文物资源，这给故宫博物院带来了巨大的经济效益，同时加大了历史文化宣传。

近几年故宫博物院的文创事业发展得如火如荼，但故宫博物院这样的发展就绝对完美吗？并非如此。随着时间的推移，也逐渐出现了一些问题，如大多数人跟风购买只是因为文创产品款式的新颖有趣，但很少有人是因为受产品中某些文物元素的吸引和想要探寻这些文物背后的故事而选择下单。人们为了追赶潮流而盲目购买这些文创产品，其中蕴含的文化价值就大打折扣了。人们虽然乐于购买故宫文物的衍生产品，但他们大都对于故宫历史和文物故事并不感兴趣，也并不了解，故事性的缺乏使产品赋值匮乏，最终会导致人们逐渐失去购买热情。这种仅有短暂的经济价值而不具有长远的文化传播价值的IP化道路实则是非常畸形，也是难以发展下去的。该以怎样的方式更好地开发文物资源、给人们讲述文物故事，怎样才能让更多的人真正爱上故宫的历史文化呢？经过多年的思考与探索，故宫博物院根据自身文物资源的特色和不同传播媒介的优势，利用多元的媒介平台建构出了现代化、立体化的文化传播模式和故事内容体系，力图讲好每件文物所蕴含的中国故事，从而让文物在IP化过程中鲜活起来，实现更优质、更有效地传承文化。

二、讲好文物故事：故宫故事的多媒介建构

加拿大原创媒介理论家、思想家马歇尔·麦克卢汉曾说“媒介即人的延伸”，媒介的功能就是延伸人类传播和接受信息的能力，任何媒介都不外乎是人的感觉和感官的扩展与延伸。因此想要讲好文物故事，并且让更多受众感受故宫的历史文化内涵，自然离不开现代媒介对其自身资源进行文化构建。媒介文化，就是某一媒介所特有的文化，这是由大众媒介发展和影响下产生的一种独特的文化形态，属于大众文化的范畴。大众文化研究领域理论家与实践者约翰·菲斯克的媒介文化理论以媒介文本为载体，

以媒介受众为核心，以媒介体验为旨趣，通过强调媒介文本的多义性、开放性、互文性，关注媒介受众的主体性、能动性、创造性，推崇媒介体验的狂欢、快感和抵制，开创了媒介文化质朴而审慎的研究路径。[①] 的确如此，想要建构一种极具吸引力的媒介文化，是要针对文本、受众和体验进行多方面综合考量的。而对于故宫博物院来说，馆藏文物背后那些有待挖掘的历史故事都是绝佳的创作文本，对文物故事产生兴趣的庞大粉丝群体也是故宫所要精准指向的受众。那么如何让丰富精彩的故事文本传递到更多的受众中、如何建构一个全面的故事体系让人们获得更好的体验，是故宫博物院需要探索的 IP 化发展新路径。

在当今这样一个融媒时代，新媒体的发展突飞猛进、传播环境日新月异，多种媒介相互影响和渗透，共同推动着传媒产业的发展。因此对于传播主体来说，要想更为广泛地宣传就必须运用多种不同媒介进行协调和互补，创作合适的文本在各自具有优势的领域进行宣传，使跨媒介叙事多维度、全面化。美国学者亨利·詹金斯首次对跨媒介叙事的概念进行了诠释："完整的故事文本借助多种媒介平台，创造出统一、连续的娱乐体验。在理想环境下，每个媒介都对整个文本故事起着不可替代的作用。故事可以首先是一部电影，由它拓展到电视剧、漫画、游戏等，每个媒介平台内容本身都是一个完整的故事。"[②] 跨媒介叙事正是当今信息化时代孕育出来的一种革故鼎新的文化传播方式，是促成 IP 文化内涵广泛传播的有效途径。简言之，跨媒介叙事就是由多种媒介平台承载故事文本进行传播，但各个媒介平台又相互独立、相互补充。[③] 不同媒介之间有着不同的特性和传播方式，因此主体也要根据差异合理地调整叙事形式，形成多样的叙事文本，运用自身资源构建独特的媒介文化。故宫博物院对于文物资源进行跨媒介叙事的实践可以说非常成功。跨媒介叙事不同于传统媒介对故事内容进行连续性、整体性的传播模式，它更强调多种媒介的统筹运用，每一

---

① 赵君香．从多元文本到意义建构——运用媒介文化理论解读《国家宝藏》［J］．青年记者，2018（14）：88－89.

② 詹金斯．融合文化：新媒体和旧媒体的冲突地带［M］．杜永明，译．北京：商务印书馆，2012：182－183.

③ 贺艳，邓桢泓．故宫 IP 的跨媒介叙事策略研究［J］．声屏世界，2019（7）：73－75.

种媒介去展现共同主题下的不同故事，虽然这样使每个故事呈现一种碎片性，但多个故事间却能相互补充，赋予人们一个完整的内容体系。所以在这样的叙事结构下，故宫的文物资源不只是被电影或电视领域青睐，更是受到了纪录片、综艺节目、游戏、公众号推文等多种媒介的追捧，它们在讲述故宫故事的同时吸引了数量庞大的受众群体，为故宫发展 IP 化带来了巨大的流量支持。

（一）纪录片《我在故宫修文物》：讲述人与文物的日常故事

纪录片是以真实生活为素材，以真人真事为表现对象，并对其进行艺术的加工与展现的，以展现真实为本质，并用真实引发人们思考的一种影视艺术形式。[①] 然而，文物故事和历史文化与人们的真实生活之间往往存在一道鸿沟，所以故宫博物院深知，在通过纪实媒介将文物最真实的一面展现出来的同时，还要将最贴近人们生活的故事讲述出来。《我在故宫修文物》是为了庆祝故宫博物院开馆 90 周年而拍摄的一部有关文物修缮和维护的纪录片，特别是在投放到 B 站（即哔哩哔哩，bilibili）后，收视效果非同凡响，观看次数高达几千万，视频点击量直线上升，点赞与话题数量暴增。该纪录片凭借自身优势在网络上迅速走红，深受年轻人追捧。

（1）利用特殊媒介场域，带动庞大粉丝流量。

随着当今青年文化的蓬勃发展，B 站自带的对于文化包容开放的属性使其逐渐成为一个特殊的媒介场域，不仅吸引了众多青少年群体聚集于此，还让许多主流媒体都选择在此开设官方账号。因此，在这样一个公众性强又年轻化的媒介平台中，蕴藏着大量的潜在粉丝群体。中央电视台播出了《我在故宫修文物》后，选择 B 站作为独家平台再次进行播出，收视效果远超预期。其实这也很容易理解，现在的年青一代喜欢的事物虽然看似千奇百怪，但对于平凡又高端的历史故事的关注度出奇的高。大家乐于接受并欣赏《我在故宫修文物》讲述的故事，在感叹工匠精神的同时进行了大量讨论（见图 1）。这为该纪录片带来了热度和流量，也恰好推动了故宫 IP 化的发展。

① 刘洁．纪录片的真实性与故事性探析［J］．电影文学，2013（9）：125－126.

图1　《我在故宫修文物》中的网友弹幕评论

（2）聚焦修复文物的工匠，从平常人的角度展开故事讲述。

经过不断调整，制作组选择将镜头聚焦在文物背后那些普通却鲜活的“人”身上，以一种生活化的平常人视角讲述这些人在每天修复文物时发生的琐事，从这些大国工匠的日常工作着手，讲述他们平常却不平凡的故事。纪录片中文物修复的场景并没有占据全部，时不时还会编排一些生活中常见的情景穿插其中，如在第一集中，师傅们去故宫北院区的途中同样会赶上堵车，钟表组师徒和常人一样出差参与活动，修复师傅之间也会互相调侃、打趣等（见图2）。每一集的故事都在细腻地刻画着人们与文物之间的互动，既表现了他们的工匠精神，也让冰冷的文物带上了一些温暖的人性。

图2　工匠们的日常工作生活

（3）革新故事讲述模式，消除距离感。

不同于以往那种回顾庄严历史、彰显大国威望的纪录片，《我在故宫修文物》为观众带来了一个全新的讲述模式：首先，在时间顺序上，不再按照历史发生前后的固定时间进行线性叙事，而是选择将当下各个时间段发生的修复文物的事情拼贴起来。例如，第三集开头，先是由老工匠正在修复画的场景引出乾隆为其母祝寿的故事，再通过修复书画作品的细节镜头展现老工匠的高超技艺。多条故事线穿插进行，不仅使内容更加丰富全面，还不会让人们在观看时产生疲惫感。另外，在叙事方式上，制作方没有拘泥于追求再现历史场景，而是关注到人们在这栋历史建筑中工作生活的场景。例如，在第二集中，几分钟修复木雕佛像的片段后，突然接上师傅们在修复室外打果子的俏皮画面，然后进入下一件漆器的修复场景，短暂的欢快画面让故宫这一古老的历史建筑不再显得呆板严肃（见图3）。不仅如此，故事的讲述不再配有大气磅礴的音乐，也抛弃了冗长沉重的讲解，反而截取了一段段轻松灵动的音乐，结合口语化的讲述，让人们在真切感受故宫文化时不会产生陌生感。

图 3　文物修复师摘果子的场景

《我在故宫修文物》的成功出圈，在昭示故宫 IP 化成功开发的同时，启示我们挖掘文物资源要实现从回望中国历史到讲好中国故事的转变——重申历史并不是坏事，但一味枯燥沉重的讲述方式难免会让人失去兴趣。人们其实是喜欢了解文物故事的，特别是日后看到熟悉的文物时，会联想起修复它的过程和工匠们的日常趣事。所以，总的来说，注重叙事文本的选择和中国故事的讲述，是历史文化题材纪录片引人注目的先决条件。

（二）综艺节目《上新了·故宫》：讲述文物背后的前尘往事

2018 年初，故宫博物院接受了北京卫视的邀约，双方合作并以“摄像机开进故宫，做一档实地探寻节目，以文创作为主题，讲述文物故事”的新颖理念，开发了我国第一档有关传统文化与现代文创相结合的真人秀综艺——《上新了·故宫》。综艺节目是一种带有鲜明的主题意识，并具有一定娱乐性的艺术形式，真人秀综艺又是近些年热度极高的一种节目形式。不过，像《上新了·故宫》这种深入历史遗迹、挖掘文物故事、主打文创主题的真人秀综艺确实是史无前例的。通过综艺这种媒介平台，故宫博物院正是想依托其受众群体广泛、寓教于乐的特点，带领观众进行沉浸式体验，探寻神秘的历史古迹，挖掘每一件文物背后尘封多年的往事。

（1）设置明星讲解员，带动流量关注。

在策划节目的时候，制作组就已认真考虑，如何让这档全新的文化类综艺节目在刚播出的时候就具有一定的观看量。于是他们选择了一些近几年拥有大量粉丝的流量明星作为每一季的常驻嘉宾。一开始，粉丝只是为了追随自己的偶像而观看节目，但看过几期后深深被故宫的文物故事所吸引，从而慢慢变成故宫文物的稳定粉丝群体。除此之外，节目组为了更加吸引观众，还邀请了与主题相关的飞行嘉宾来共同探索故宫，这些人都演过一些清宫历史剧，同时符合每一期探索的主题。借助明星效应，每一期节目都具有庞大的流量关注，这不仅有利于文物资源的IP化发展，更有利于故宫文化的传播。

（2）展现未公开区域，揭示全新文物故事。

在故事内容的编排上，故宫博物院十分用心，给节目的创作留下了充足空间。故宫将许多未曾开放的区域和未曾现世的珍贵文物展示出来，将它们设计为每一期的叙事线索，从而让更多热爱故宫文化并想要了解文物故事的观众得到满足。例如，在第二季中，一行人要寻找故宫中的虚拟世界，他们进入了从未开放过的竹香馆内部，其中错综复杂的结构让人分不清是虚拟世界还是现实世界。同时节目组还让观众从全知视角变为限知视角，人们不再以宏观的视野俯视全局，而是被镜头带领着跟随嘉宾一起发现新区域、寻找古元素，观众仿佛成为故宫探索小分队中的一员，无形之中对还原每件文物所承载的历史故事产生了兴趣。

（3）精心安排小剧场，进行补充叙事。

时隔百年，文物背后的前尘往事在《上新了·故宫》中揭开了神秘的面纱。然而，由于这些故事距离现在的生活过于遥远，如果按照以往大多文物类综艺那样进行长篇大论的讲述，难免会使观众产生距离感，而如果观众不感兴趣，那么文物故事就算再传奇，最终也变得无趣。所以为了让讲述方式更生动、更吸引人，节目组巧妙设置了小剧场作为探寻文物故事主线的补充，每一期的嘉宾们都会扮演文物故事中的历史人物，然后进行表演。例如，在第三季金瓯永固杯的故事中，提到乾隆皇帝会在每年的新春之际书写吉语，于是节目组便安排聂远饰演乾隆，再现了每个元旦的子夜皇帝在养心殿写字祈愿的场景，让观众深有感触。而且值得一提的是，聂远本人正是2018年大热网剧《延禧攻略》中乾隆皇帝的饰演者，从这一点就可见节目组的良苦用心。细腻精致的小剧场带领观众直观深入到文物背后的历史故事中，观众很容易被故事所触动，以后看到相关的文物时还能回想起关于它的故事，文物也因此变得更有意义和价值。

（4）借助当今文创潮流，推动故宫IP化发展。

《上新了·故宫》与其他文物类综艺最与众不同的地方在于，节目在最初的内容编排上便将探索文物故事与开发文创产品合二为一，让文物的文化价值与经济价值相结合。嘉宾除了明星讲解员的身份外，还有一个重要身份，就是故宫文创的新品开发员。明星嘉宾们在探秘未对外开放的神秘殿堂时，也会不断在所见的精美文物中提取元素、激发灵感，最终联手文创设计师，在每一期的最后都“上新”了好看又实用的故宫文创周边，如宫廷簪花美什件、畅心睡眠系列的仙鹤睡衣、珍熹首饰套装等（见图4）。这些文创周边样样精美绝伦，其中美观实用的睡衣更是获得了许多喜欢宅文化的年轻人的青睐，投放到网店后一度成为热销爆款。这些成功出圈的文创产品为故宫带来了可观的经济收益，同时起到了革新传承传统文化、推动IP化发展的重要作用。粉丝在购买文创周边时，会根据自己喜爱的文物元素进行挑选，这样在未来的每次使用中，文物元素背后的故事能再次勾起消费者的回忆，人们购买了产品，记住了故事、爱上了故宫。我们必须承认，将文物设计成大众喜爱的文创产品，其实是当今各大博物馆有效挖掘文物资源并走向IP化道路的捷径。

图4　节目中以文物元素设计出来的文创产品

正因为在过去，故宫文物的展示离我们很遥远，也让人感到很陌生，《上新了·故宫》才坚定、用心地讲述文物故事并细致编排内容形式，通过文创设计让文物在现代社会再现生机，这样的做法有效拉近了人与文物之间的距离，人们逐渐爱上了文物资源。文物背后的前尘往事或雄壮、或凄美，但那些冰冷的文物在现代的讲述中变得鲜活，再次拥有了人间的温度。事实上，这也是当今大众媒介的传播力量给传统文化带来的一种全新的传承方式。

（三）漫画《故宫回声》：讲述故宫人守护文物的故事

早在2016年，故宫博物院与腾讯开展以“Next Idea 腾讯创新大赛”为主要载体的长期合作，旨在激发青年人创新活力，以故宫博物院所藏经典文物及相关传统文化内容为原型，共同探索传统文化IP的活化模式，并围绕赛事主题开展跨界合作，培养创新型人才。于是在2018年，故宫博物院联手腾讯动漫所打造的国漫《故宫回声》开始连载并获得了一致好评。如今大多数漫画创作出来仅是为了娱乐欣赏，不过也有漫画的内容承载了对于人与事物的歌颂或批判，因此便产生了一定的社会影响和教育意义，《故宫回声》便是一部歌颂前人誓死守护文物的漫画佳作。

（1）选取爱国主题，吸引青年受众群体。

“一座宫，一群人，13 491 箱文物，为避免战火而辗转万里。离家，是为了回家。”这是漫画的简介，虽只言片语却铿锵有力。《故宫回声》共 26 话，以“战乱时期故宫文物南迁”作为故事背景，将文物受到战争威胁、决定文物南迁、文物波折迁移、最终文物回归故宫等事件按照历史时间顺序叙述，环环相扣，向观众展示了那段故宫人守护文物的峥嵘岁月。该漫画在刚连载时就已受到青年群体的热烈追捧，原因有两个：其一，二次元漫画的最主要受众群体一向都是年轻人，这样的媒介形式是他们日常生活中最熟悉的；其二，对于青年群体来说，这种具有爱国情怀的热血番更是他们最容易接受的题材。当然，这群数量庞大的年轻受众群体也为这部漫画带来了不容小觑的流量。

（2）通过爱情故事切入，讲述文物迁移背后的家国大义。

在叙事方式的构思上，《故宫回声》没有从宏观的上帝视角讲述文物迁移的故事，而是在文物迁移的大背景下，以主人公江禾与陆远的爱情故事作为切入点，通过两人几次的分分合合来侧面体现文物迁移的不同方向，推动了整体故事主线的发展。与此同时，漫画还刻画了迁移过程中许多有血有肉的鲜明人物形象，将这些誓死守护文物的故宫人以及他们的壮烈之举呈现在我们眼前，他们身上体现了对中国传统文化的无私奉献，以及坚守中国文明根源的家国情怀。

（3）穿插历史闪回，增加故事厚重感。

为了真实再现文物迁移的细节、还原当时的场景，设计师在漫画绘制过程中，对每一个历史环节的把控都参考了与文物南迁相关的大量史料，并得到了故宫博物院专家学者的专业指导和建议。[1]《故宫回声》中加入了

---

① 李伟．浅谈《故宫回声》表现形式及传播效果［J］．数字传媒研究，2020，37（7）：33－34，42.

许多转运文物时拍摄的历史照片，一张张黑白老照片让本属于娱乐性质的漫画产生了几分沉重的年代感，也让人们真切地感受到了历史中真实的迁移场景其实要比漫画中展现的画面更为坎坷和艰难（见图5）。不仅如此，漫画的安排也非常注重对许多宏大场面的渲染，让读者在观看时仿佛能够产生一种穿越时空、聆听历史的回声之感。

图5　《故宫回声》中展示的真实历史图片

《故宫回声》承载的不仅是故宫文物资源的文化底蕴和艺术价值，更是中国厚重的历史文化。故宫将文物迁移的庄严故事用漫画这种平易近人的媒介形式展现出来，受到了社会各界的广泛关注，尤其满足了青年群体的审美要求，获得了他们的青睐。事实上，故宫博物院也希望通过这种年轻人感兴趣的媒介形式让埋藏已久的故宫文物收获更多关注，当然也更是想要激发低年龄层的受众群体对故宫文物产生热爱之情，以及对峥嵘历史、民族气节产生自豪之感。漫画在讲述文物迁移故事的同时，深厚的中华传统文化以新颖的形式在年青一代中传承下去。

三、让文物“活”起来：新时代文物资源的开发与传承

故宫博物院能成功探索并发展IP化，除了依靠自身雄厚的文化底蕴和丰厚的文物资源外，必然也离不开借助不同媒介平台讲述文物故事所产生的影响。每一件文物都承载着我国几千年的厚重历史，都代表着优秀的传统文化，也都寄托着中华民族的伟大精神，因此将有关文物的历史故事带进当下人们的生活，必然会对当前的中国社会产生积极影响。习近平总书记指出：“文物承载灿烂文明，传承历史文化，维系民族精神，是老祖宗留给我们的宝贵遗产，是加强社会主义精神文明建设的深厚滋养。保护文物功在当代、利在千秋。近年来，我国文物事业取得很大发展，文物保护、管理和利用水平不断提高。但也要清醒看到，我国是世界文物大国，又处在城镇化快速发展的历史进程中，文物保护工作依然任重道远。”因此，我们必须重视文物本身的多重价值以及各大博物馆现有的丰富文物资源，依托现代化、多样化的媒介传播方式进行更好的开发，并且积极进行IP化创新，将文物中蕴藏的历史文化源源不断地传承下来。通过多元媒介叙事构建出独属故宫的媒介文化、讲好文物所承载的中国故事，故宫博物院开展的这种IP化实践就是最好的体现。

事实上，借助多元媒介渠道对自身文物资源进行IP化创新的方式，能够在很大程度上解决当今多数博物馆面临的文物资源闲置、文物宣传不具吸引力的问题。通过现代化的大众媒介为博物馆文物资源进行宣传的同时，还能促进自身的IP化转型，从而带来更多的经济收益，当然更重要的是让那些馆藏文物所蕴含的传统文化得以弘扬和传承。博物馆行业借助新兴媒介对自身文物资源进行IP化开发，并不意味着照搬、照抄，或是对传统文化进行颠覆性改变，而是指像故宫博物院这样通过更贴近现代人的接受方式对传统文化进行解构，并且将文物本身最吸引人的故事内核挖掘出来，再融入多元的现代文化元素进行宣传。这样的发展模式赋予了传统文化全新的文化价值。文物内涵也因此在新时代得到完美诠释，从而变得更加鲜活、更具意义。

四、结语

博物馆自身发展IP化的全新探索，对传统文化保护、文物资源开发、文化价值传承等方面的确存在着许多积极影响，不过我们也要全面客观地看待博物馆行业对自身文物资源开展IP化所产生的结果。即使是成功实践IP化的故宫博物院，在发展的初期同样出现了一些问题，如IP衍生产品的经济价值与文化价值不匹配、文物资源的开发不充分、人们并没有真正对文物本身产生兴趣等。这些都是博物馆行业今后探索IP化发展时应该注意并努力克服的。

不过，在当下这种新兴媒介蓬勃发展的融媒时代，故宫博物院意识到了发展中的问题所在，于是积极调整并尝试采用顺应时代的全新方式来进行更具意义的IP化，即通过多元互补的媒介平台、借助不同媒介的优势，对自身的文物资源进行媒介文化建构，利用众多内容符号搭建出一个庞大又美好的文物故事体系。当越来越多的受众乐于接受文物故事，自然也会通过文物关注故宫本身，他们逐渐成为故宫博物院发展IP化的流量基础，而IP化又能将文物所呈现的文化价值进行弘扬和传承。

（作者李文博，暨南大学文学院中文系2017级本科生）

彩妆文创：博物馆文创开发运营的路径

【案例导读与点评】

博物馆开发文创产品，不仅能借助文化消费让优秀传统文化获得传承与传播，更能推进文化产业与文化事业的融合发展，实现中华优秀传统文化的创造性转化与创新性发展。近年来，国家陆续出台相关政策，推进博物馆试点文创开发，使文博文创成为行业焦点。在这一过程中，国内有一批博物馆勇于创新，探索文创开发运营的路径。围绕文博文创，有很多值得研究的课题。与目前多集中于以博物馆为个案所进行的研究不同，本案例选择文博文创中的一个产品品类——彩妆文创，从国内外文博彩妆文创开发的整体视野和丰富的产品案例出发，归纳分析其开发运营的基本方式，对其存在的质量问题、创意误区与同质化现象进行了较具说服力的剖析，并以之为基础，为其发展提出具体的建议措施。案例选题视角颇为独特，分析视野较为开阔，在小切口中有较为深入的行业问题讨论。当然，该案例也有不足之处，尤其在对开发运营路径的归纳提炼与建议措施的针对性等方面需要进一步加强。

近年来，随着“博物馆热”的兴起，博物馆作为拥有巨量历史文化资源的大 IP，致力于开发文创周边，为博物馆带来了不菲的收入和极高的知名度。与此同时，彩妆产品的热潮也蔓延到了文创领域，国内外众博物馆把握流行趋势，开发运营各式各样的彩妆类文创产品，有的产品大获成功，也有产品销量惨淡。本文将结合具体案例，分析博物馆文创类彩妆产品的开发运营成功之道和面临的困境，并探究其未来的发展。

一、“博物馆热”中的彩妆类文创潮流

博物馆是搜集、保存、陈列和研究代表自然和人类文化遗产实物的场所，与此同时，博物馆还对那些有科学性、历史性或者艺术价值的物品进行分类，为公众提供获取相关知识和欣赏文物的机会。因博物馆藏品丰富、历史悠久、故事性强、群众基础扎实，其本身就是自带资源与热度的“超级IP”。

随着人们对于高雅文化需求的增长以及素质教育的发展，近年出现了一股“博物馆热”，人们纷纷到博物馆中了解文物知识、接受历史熏陶，提升自己的文化素养。不少博物馆借此契机，利用自身的藏品资源，结合文化创意设计与大众消费趋势，开发文创周边，获得了十分可观的经济效益。其中，文物与彩妆的结合引起了广泛关注。2017 年，“故宫淘宝”售卖的纸胶带被美妆爱好者用以缠绕口红，中国风的胶带图案与口红、眼影盒、香水等搭配，吸引了无数眼球，随之走红网络。这个现象也引起了博物馆方面的注意，掀起了博物馆文创与彩妆产品的合作新篇章。

另外，“彩妆热”也是近年来不可忽视的一股潮流。相关报告显示，2015—2019 年，我国彩妆行业渗透率从 31.58% 增长至 48.82%，平均每 2 位女性中就有 1 位使用彩妆，年均复合增长率达到了 9.1%。尽管当前新冠肺炎疫情防控渐趋常态化，口罩仍是出门的必备之物，然而，相比疫情最严重的时期，彩妆市场已经悄然复苏，“口红效应”在彩妆产品上渐渐显现，彩妆成为许多消费者尤其是女性消费者“报复性消费”的一大目标。

“口红效应”是指因经济萧条而导致口红热卖的一种经济现象，也叫“低价产品偏爱趋势”。研究表明，经济不景气的时候，口红的销量反而会大幅上升。因为人们普遍认为口红是一种相对便宜的奢侈品，在经济不景气的情况下，人们进行消费降级，转而购买口红这种“低价的非必要之物”，花不多的钱，来满足自己在审美与使用方面的需求。这种效应同样适用于文创产品、文化产业，在二十世纪二三十年代经济大萧条时期，美

国好莱坞电影业的腾飞就是一个例子。

新冠肺炎疫情期间，因为停工停产，不少小微企业宣布破产，失业率上升，国内经济下行压力较大。而据淘宝官方发布的《淘宝经济暖报》，复工以来，口红成为复工潮的“硬通货”，热门品牌口红销量的增幅在300%～700%，甚至有的热门口红色号四次补货后仍全部售罄。除口红之外，最受欢迎的彩妆产品是眼妆产品，某品牌的九宫格眼影盘销量环比增长近150%。眼妆是“口罩妆”最重要的部分，在戴着口罩不便涂口红的情况下，眼妆产品的热销也就不难理解了。

在上述背景下，如何做好博物馆的彩妆类文创产品开发成了一个难题。彩妆类文创产品，与诸如文具、摆件、服饰等其他文创产品有较大差异。从彩妆产品本身来说，除了需要考虑消费者的审美价值，还要照顾消费者的使用感受，彩妆产品的使用感受相比其他产品来说更加重要。同时，作为文创周边的彩妆产品，则需要设计师运用巧思，将博物馆的藏品元素、文物故事融入彩妆产品的设计当中，为彩妆产品注入附加值。再者，彩妆产品实际上是一种具有一定保质期限的消耗品。一个摆件如果保存得当，十年的寿命不成问题，而对于彩妆来说，大多两年便是一个期限。彩妆产品有开瓶保质期，人们对于彩妆产品的耐用度要求也较低，彩妆市场实际上更新换代的周期极短。因此，设计彩妆类文创产品时，如何把握美感、创意、价格、使用体验、实用性等方面的平衡，以及如何定位彩妆类文创周边，就成为众多有意涉足彩妆领域的博物馆要面对的问题。

二、彩妆类文创产品的开发运营方式

相比其他的彩妆产品，博物馆开发的彩妆类文创产品背后有丰富的历史文化资源的支撑。此类文创产品能够满足人们日益增长的高雅文化需求，在拥有与普通彩妆产品相当的审美价值与使用体验的同时，还拥有非常强的故事性，这为其增加了价值。

以故宫为例，2018年底，“故宫淘宝”发文宣布推出故宫原创彩妆产品。此次故宫上新主要包括仙鹤系列彩妆和螺钿系列彩妆，设计元素分别来自故宫藏品“红漆边架缎地绣山水松鹤围屏”和“黑漆嵌螺钿花鸟罗汉床”。口红、眼影颜色分别取色宫墙、瓷器、盆景、饰品等，不仅外包装上有仙鹤、螺钿等元素，口红顶部、眼影压盘也别出心裁地印上了祥云和仙鹤的浮雕。除此之外，还有取材于“点翠凤吹牡丹纹头面”以及《水图卷》的眼影、高光单品。每一个彩妆产品都与故宫联系紧密。例如，仙鹤系列的口红，分为紫禁城宫墙红、雍正朝瓷器祭红以及钧窑玫瑰紫。虽然据美妆博主测评，同类型的口红在市场上有许多相似的色号可供选择，但是，出于种种原因，如部分消费者未曾参观过故宫，有的消费者曾经参观过故宫想要留念，又或者是想要拥有“紫禁城同款”“雍正同款”等，还是选择此系列的口红，因此可知，口红的颜色、色号名字及其代表的文化符号足以使许多消费者心甘情愿为之买单。再就是点翠眼影，尽管以绝大多数彩妆消费者的眼光来说，眼影的颜色过于艳丽，并不“日常”，然而其包装十分精美，较高地还原了清代饰品“点翠凤吹牡丹纹头面”，华丽富贵、寓意吉庆，点翠工艺仿佛在暗示眼影之精美，再加上价格不高，因此消费者多出于收藏、品玩的目的选择购买。

自 2017 年网友将 TOM FORD 的口红用故宫纸胶带缠绕，将之变成“故宫彩妆”走红网络以来，经过了一年多的等待，众多具有“故宫情怀”的消费者终于等到了故宫的原创彩妆，也由于产品发布时正值“双十二”购物节，人们的消费热情高涨，“故宫淘宝”的原创彩妆系列获得了喜人的销量。第一批预售时，两个系列的口红销量总计两万余支；经过二次预售，两个系列的彩妆产品销量加起来超过了三十万。作为反馈，“故宫淘宝”在微博上发布的名为“久等了 故宫原创彩妆”的长文，阅读量超一千万，不少人在评论中表示自己只是买个情怀，并不考虑使用感，有的消费者因为曾参观过故宫，钟情某件文物、某个历史故事而购买了据之设计的彩妆产品，财力较丰的消费者更是全套购入。甚至还有不少男性消费者表示，将购买以送给女性亲友或是自己收藏留念。

故宫博物院作为我国博物馆界的“大熊猫”，从众多藏品中选取了部分元素融入当下大热的彩妆类文创产品的设计当中，将文化历史、文物故事与彩妆产品结合，实现了“立足于特定背景的历史文化资源的流行转码”①。这既是对“彩妆热”“博物馆热”“文创热”趋势的精准把握，也是对自身资源的有效开发。

“故宫淘宝”推出原创彩妆以后，不少博物馆纷纷效仿。例如，敦煌博物馆联合百雀羚，携手非遗传承人、敦煌彩塑艺术大师杜永卫先生，以“认真造美，匠心比心”为主题，拍摄了一组广告视频。这组视频在展示敦煌雕塑之美的同时，也赞颂了杜永卫先生和像他一样几十年如一日的大国工匠，再加上百雀羚本身为国民老品牌，使得这组兼具公益性质与运营性质的广告视频上线以后广受好评，不仅吸引了众多消费者购买产品，还驱使部分人实地参观敦煌博物馆，可以说是一次成功的跨界尝试。国外的博物馆也开始进军中国市场，2018 年底，世界四大博物馆之一的大英博物馆联手国内先锋彩妆品牌完美日记，以大英博物馆藏品、文艺复兴时期的艺术品代表“马约里卡陶盘”为灵感来源，推出了“文艺复兴”眼影盘，为消费者带来了新奇的体验。大英博物馆和完美日记推出的眼影，既为大英博物馆进军中国文创市场开辟了道路，也为国货彩妆品牌完美日记打下了消费者基础，堪称一次“双赢”合作。

如果说故宫推出彩妆产品靠的是对于藏品的精准选取设计和国民的故宫情怀，敦煌博物院和百雀羚联名的成功，营销广告功不可没，大英博物馆与完美日记联手推出的眼影盘离不开国内消费者对外来文物、历史故事的好奇，那么三峡博物馆推出的穆夏眼影盘则是乘着热门展览和热门 IP 的“东风”。2019 年 4 月，位于重庆的三峡博物馆举行了名为“穆夏——新艺术运动先锋”的展览，展示了穆夏的 244 件文物展品，包括彩色石版画、油画等。穆夏的作品继承了欧洲的传统艺术，同时调和了日本版画等所具有的东方美学，形成了独有的“穆夏风格”，对后世的商业设计和绘画产生了深远影响。

作为人气展览，三峡博物馆设置了专门的文创区销售穆夏周边产品，包括丝巾、明信片、文化衫、背包、笔记本、手机壳、胶带等 150 多种，

① 郑焕钊．历史文化资源的流行转码，能否告别简单粗暴？——从青春历史传奇剧《思美人》说起［N］．上海文汇报，2017－07－05（11）．

价格不高，深受观众喜爱，不少产品展览开始不久便已经售罄。博物馆的工作人员在接受记者的采访时表示："我们发现，观众们不仅喜欢展览，也对展览相关的文创产品喜爱有加。不论是丝巾还是笔记本，或是手机壳、文化衫，都成了观众们争相购买的对象。"

对于穆夏画作，色彩的运用一向是人们注意的焦点，特点为华丽、柔美、清新动人。注意到这一点，三峡博物馆经过数个月的设计与生产，在展览的尾声推出了名为"沐浴夏光"的九色眼影盘，意在通过这个小巧的眼影盘，"让大家一起感受欧洲新艺术先锋的文艺复古和时尚彩妆的相融"。

"沐浴夏光"眼影盘的包装提取了穆夏名画《香槟区日历》《品牌饼干》的局部画面，以穆夏画作中常用的六芒星元素点缀，再加上玫瑰烫金工艺，虽是纸盒，却不失质感。盘内嵌有一枚圆形小镜子，以便使用者化妆、补妆，镜子周围印有类似画框的石榴花纹作为装饰，使用镜子时，仿佛不经意间便成了画作中肩颈修长、优雅动人的女性。除此之外，眼影盘中每一个颜色的灵感都取自穆夏的经典画作，如偏光白来源于《一日时序：苏醒的早晨》；偏光绿来源于《常春藤》和《月桂树》；草莓晶来源于《香槟区日历》；暖黄色来源于四朵花系列中的《百合花》，等等。结合每色眼影下方标注的画作名称，熟悉穆夏的粉丝便不难明白设计师的巧思。

重庆三峡博物馆是继故宫博物院后第二家在国内推出眼妆产品的博物馆。虽然"沐浴夏光"仅限于现场售卖，销量与"故宫淘宝"的彩妆相比并不算高，然而因其诞生于热门的线下展览，事实上与线下展览起到了一种相互促进的作用。穆夏作为新艺术运动的先锋大师，在中国有着一定的粉丝基础，因此，"沐浴夏光"眼影盘的话题度、消费者反馈、产品口碑都十分可观。这也为彩妆类文创产品提供了另外一个思路：博物馆和热门IP强强联手的合作模式。毕竟一个画风独特、深受欢迎的画家，本身就是一个"流量"IP。如果博物馆本身受限于区位、馆藏、品牌等因素，那么不妨联合其他IP进行联动，利用展览等博物馆常见活动的契机，在开拓产品市场的同时提升知名度。

无独有偶，2020年，美国大都会艺术博物馆便联手蜜丝佛陀，从风格派大师蒙德里安的画作中选取元素，设计了九色眼影盘。无论是美国大都会艺术博物馆，还是中国三峡博物馆，都采取了“知名画家与眼影盘”的联动模式，这种模式的巧妙之处在于：通过名画元素的再现，画家手中的调色盘与消费者手中的眼影盘逐渐重合；画家手下逐渐完成的精美绝伦的画，便是镜子中妆容逐渐完整的使用者的脸。这样的心理暗示，不失为彩妆类文创产品迎合美妆市场的另外一种办法。

三、彩妆类文创产品面临的困境

彩妆类文创产品因其独特的故事性、自带的IP热度、粉丝效应和博物馆开发方的营销策略，得以在彩妆市场上占有一席之地。然而，这并不意味着彩妆类文创产品并不存在问题，或是消费者对彩妆类文创产品的要求较低。笔者将从质量问题、创意误区和同质化现象三个方面分析彩妆类文创产品目前主要面临的困境。

（一）质量问题

尽管彩妆类文创产品因其从外包装到色号都比普通彩妆产品更加具有意义，消费者对其包容度也相对较高，然而，如果质量欠佳，消费者信任度将会受到影响，在一次不满意的购物体验之后，消费者二次购买同类产品的可能性便会大大降低。例如，上述提到的2018年底“故宫淘宝”发布了原创彩妆产品，销量喜人，然而在发售仅仅26天后，“故宫淘宝”宣布彩妆系列全线停产，承认产品“从外观到内质”都存在很大的不足。将近一年过去，2019年的“双十一”，“故宫淘宝”发售的“故宫600周年限定”彩妆，虽然颇具纪念意义，然而月销量在四位数上下浮动，再无初次推出原创彩妆产品时的火爆。这和“故宫淘宝”在第一次推出彩妆时因质量问题而使口碑下跌有关。前文提到的“仙鹤”“螺钿”系列彩妆，口碑不佳，不少消费者表示，虽然本身是为了收藏才购买的，但是收到货后发现，确实只能收藏，不便于日常使用，这让他们十分失望。比如眼影，粉质粗糙、飞粉、不显色；口红，倒拔干、不够丝滑；眼影盒和口红壳，质感较差，“塑料感”明显。许多消费者出于支持国货、支持故宫的目的而购买了产品，但是，以同样的价格，可以在彩妆市场上买到使用率更高、使用感更好的同类产品。换言之，许多彩妆类文创产品无法兼顾质量与价格、口碑与销量，导致同一类型产品的黏性较差。许多消费者或许会在情怀和潮流的推动下购买一次，但在有许多同类型的产品可供选择或是资金较为紧张时，他们不会选择回购。

（二）创意误区

博物馆做美妆的潮流起源于2017年，“故宫淘宝”售卖的纸胶带被美妆爱好者用以缠绕TOM FORD口红等彩妆产品。而在2018年底，故宫文创就推出了系列口红，外形细长方正，与TOM FORD的口红十分相似，不少网友吐槽“这和贴了故宫纸胶带的TOM FORD没有什么区别，完全是在卖情怀”。笔者认为，这样的设计反映了博物馆方并没有深入了解消费者的心理，美妆爱好者之所以将故宫售卖的纸胶带缠绕在TOM FORD口红等彩妆产品上，原因再简单不过：一是因为类似这样的产品都是方形、矩形的设计、比起圆形或其他异形的产品，更加方便贴纸胶带；二是因为这些大牌每年都热衷于推出中国风的新春限定，但是往往口碑不佳，被认为是粗制滥造的“伪中国风”。这实际上表达了消费者的一种期待：他们想要看见真正运用中国风元素做中国风设计、讲中国故事的彩妆产品，甚至是本土彩妆品牌来实现他们的期待，而不只是将包装壳涂成中国红。然而，设计方并没有把握好消费者对于此类产品的期待，笼统地按照网络上流传的图片进行类似的设计便推出产品，难免骂声一片。创意设计本应有一定的消费市场定位，需要把握消费者心理，再结合艺术设计的可能性进行操作。可以说，故宫文创设计这一批口红的时候，忽视了文化产业内在的艺术本体逻辑和创意本体逻辑，结果适得其反，陷入抄袭跟风，还陷入了本体创意误区。①

（三）同质化现象

目前，博物馆文创产品开发可以分为三种模式。一是表皮植入型，多是对历史文化资源的简单复制，授权第三方进行产品开发，同质化严重；

---

① 郑焕钊，孟繁泽．文化资源创意开发的价值原则及其误区［J］．杭州师范大学学报（社会科学版），2018（1）：109－115.

二是骨架整合型，提取历史文化资源中的元素整合开发，将授权开发与自主研发相结合；三是智慧融合型，利用先进的科技手段，与第三方合作开发历史文化资源。目前，市面上的博物馆彩妆产品，普遍是用藏品元素装饰彩妆的外壳，或使用某藏品的色彩作为口红色号，绝大多数属于表皮植入型，少部分能达到骨架整合型。这样的开发容易过度消耗消费者的预期和热情。

以中国国家博物馆为例，2018 年初，中国国家博物馆和欧莱雅推出了限量口红礼盒。这套口红礼盒的灵感来源于中国国家博物馆藏品《千秋绝艳图》，五支口红对应五大美人，正合消费者的审美标准。然而，仔细观察不难发现，这五支口红全部是欧莱雅品牌曾经的热销色号，只是将之安上了“燕飞凤舞——赵飞燕”“国色牡丹——杨玉环”等不同名称，配上了中国风的外包装。一方面，可以理解为原创彩妆的开发周期较长，在这方面没有经验的博物馆方难免会遇到问题，如前文提到的，“故宫淘宝”原创彩妆历时将近一年的研发，仍存在不少问题，如果先与品牌合作，利用品牌的产品基础，可避免“翻车”；另一方面，这样类似“贴牌”做彩妆文创的行为，会让消费者觉得创新的诚意不足，难以满足消费者的期待，属于表皮植入型的文创开发，极其容易复制，在彩妆市场和文创市场都将会很快被其他同类产品取代。果不其然，开售后不久，热度渐消，中国国家博物馆此后再也没有推出过彩妆类文创产品。

而前文提到的敦煌博物馆和百雀羚的“认真造美，匠心比心”系列合作，则介乎表皮植入型和骨架整合型之间。敦煌博物馆和百雀羚合作推出的系列产品有两个，其中一个是百雀羚运营了多年的“赋活”系列护肤品——与其说是合作，不如说是百雀羚结合敦煌博物馆的壁画元素出了一套带有敦煌元素的限定包装的护肤品。相比故宫推出的原创彩妆系列，这套护肤品的附加值更低。幸好，敦煌博物馆和百雀羚都意识到了这个问题，同时推出了悦色岩彩系列彩妆，融入敦煌壁画元素，如选取敦煌壁画中的幼虎、九色鹿、孔雀，将壁画矿物颜色开发运用到眼影配色中，再结合工匠精神与品牌文化进行宣传。相比中国国家博物馆和欧莱雅的合作，这可以说是一次比较新颖的彩妆类文创产品开发尝试。然而，同样的模式也并不难效仿，如大英博物馆和完美日记推出的“文艺复兴”眼影盘、三峡博物馆推出的“沐浴夏光”眼影盘，都具有一定的文化内核。同质化的现象依然存在，彩妆类的文化产品大多难以突破骨架整合型，到达智慧融合型。

彩妆类文创产品与普通的彩妆产品相比，除了IP加持，其他优势并不突出。而与其他文创产品相比，彩妆文创受众范围更窄，产品定位需要更加准确。要实现彩妆类文创产品的可持续发展，就需要解决上述的质量问题、创意误区和同质化现象，才能增加消费者黏性、维持品牌口碑，长久地运营下去。

四、对彩妆类文创产品的改进建议

要想实现彩妆类文创产品的长久运营，笔者提出以下三个改进建议：

（1）仔细挑选合作对象，在自主研发乏力的时候，不妨选择在彩妆领域较为成功的品牌进行合作开发。

据笔者观察，这是博物馆开发彩妆类文创周边获得成功的非常重要的一点。例如，“故宫淘宝”的原创彩妆首秀可以说是黯然收场，但是后来与毛戈平的合作有不错的反响。毛戈平是国内著名化妆师创立的同名彩妆品牌，推出的许多彩妆产品都受到了一致好评，被不少人称为“国货之光”。和毛戈平合作的故宫彩妆，即使成本上涨，价格要比之前的原创彩妆略高，但消费者反馈这次合作比之前独立研发的原创彩妆要好。可见，除了文化价值、审美价值，消费者对于使用感也有着一定的要求，使用感佳、性价比高，是彩妆类文创产品的加分项。又如，艾尔米塔什博物馆和凯芙兰合作，取材于著名画家马蒂斯的画作推出的系列彩妆销量惨淡，主要是因为凯芙兰在国内市场的知名度较小，品牌基础较差，而艾尔米塔什博物馆虽同为世界四大博物馆之一，其比大英博物馆等，在知名度上也逊色不少。或许挑选知名度更高、品牌基础较稳定的合作方，更有利于为博物馆的文创产品打开市场。

（2）创意设计要立足历史文化资源，真正将IP内核融入产品设计当中。

例如，可以研究馆内文献、图片，参考古代女子的妆容，将古代女子的妆容搭配、色号选择放进现代的彩妆设计当中。如今，汉文化正流行，汉服、汉妆热度颇高，可掀起一番热潮。

（3）结合新技术如 VR 等，为彩妆类文创产品增加文化内涵、提升消费者的消费体验。

比如，设计 VR 应用程序，消费者购买彩妆产品以后，可以在 VR 应用程序内，探索体验据该彩妆产品来源的文物设计而成的场景，或是玩同系列小游戏。通过 VR 技术，可以更好地将产品设计背后的故事传递至消费者，还能提升彩妆产品的教育意义、公益意义，使消费者足不出户便能接受历史文化的熏陶。

五、结语

随着人们对高雅文化需求的增长和对历史文化认同的逐渐凸显，此类趋势也逐渐延伸到了彩妆产品上。众博物馆各显神通，开发运营各式各样的彩妆类文创产品，通过优质资源进行积极营销。博物馆想要抓住“文创热”“彩妆热”的趋势，实现盈利、打开知名度的行为无可非议。然而，博物馆作为拥有丰富历史文化资源的大 IP，最需要注意的就是不要急于变现。过度消费 IP，不仅会降低消费者的信心，还会砸了 IP 招牌。尤其在当前新冠肺炎疫情防控常态化、经济较为萧条的社会背景下，如何充分利用“口红效应”开发彩妆类文创产品，是许多博物馆都面临着的机遇和挑战。如果要长久盈利，就需要平衡彩妆类文创产品的美感、创意性、附加值与性价比，立足自身的优质历史文化资源，在保证产品质量的同时进行创新性研发，结合新技术，提升消费者的消费体验，满足消费者的心理预期，助力增加文化自信与文化认同，真正实现“智慧融合型”开发。

（作者刘婧童，暨南大学文学院中文系 2018 级本科生）

解谜游戏书：探索文创产品沉浸式体验的新方式

【案例导读与点评】

在新时代，随着文化、技术与商业跨界联动速度的加快，各种形式的新文创得到快速发展，带来了文化产品体验方式的提升与服务方式的丰富，创意对于推动社会经济与文化发展的作用愈来愈突出。探索文创开发设计的理念与思路，归纳文创发展的路径与方式，评估文创产品的成效与问题，都有益于文化产业工作的开展。案例以一款新型的文创产品“解谜游戏书”为个案，对现有市场上该类型产品的特点及其运营方式进行梳理描述，并在此基础上分析其存在的问题并提出改进建议。“解谜游戏书”作为以游戏式思维将线下场景与线上互动相融合的一款新型的沉浸式文创产品，具有广阔的应用前景，体现了当下数字文化发展中具有融合性和创新性探索的一个方向。本案例立足事实描述基础上的分析，对于了解此方向的发展具有一定的参考价值。不过，目前案例的探讨相对局限于案例自身，如果能将研究视域放宽，从实体经济与创意产业融合的更大视野来讨论评价这一个案对象的经验与问题，则更可彰显案例的意义。

一、解谜游戏书的产品分析

（一）游戏模式及内容

解谜游戏书是一种可由单人完成，不受地点限制，结合线上端和线下实物进行游戏的文创周边产品。它突破了传统纸质书的阅读方式，颠覆了以往桌游或密室逃脱游戏的单一游戏模式，形成了一种跨媒介的游戏模式，更加灵活和多样化。玩家主要利用“主体书 + 各种实物道具 + App 或小程序”实现解谜。其中主体书的存在形式以立体书、人物笔记（如侦探笔记、记者笔记、考察笔记）、人物日志、各类档案为主。实物道具数量一般在20～40件，最常用的道具有地图、书信、卡牌等，其余则根据主题的不同有多种搭配。例如，与中华传统文化相关的“谜宫”系列、《古董局中局：无尽藏》等配置了毛笔、抄经帖、铜币、科举试卷、罗盘、针灸图等；以动物保护为主题的《天行鉴》则包括了天行长臂猿的头骨手绘稿、《玄猿赋》、木版画等道具。

在App或小程序中，玩家可以随时了解和储存游戏进度，寻找和发现线索、验证答案和获得提示，还可以通过所提供的文字、图片、语音、视频、漫画等享受沉浸式体验。其中部分解谜书还配置了音效为解谜过程营造气氛，如《唐人街探案2》相对应的侦探笔记解谜书邀请知名乐队的主唱为其量身配乐，既可以作为背景音乐，还可以作为关键线索的提示音，丰富了游戏体验感。侦探笔记解谜书还可以利用App进行3D实景搜证，代入感强；参与系统排名，与其他玩家一较高下，提高玩家的成就感。在App内，玩家还可以和虚拟NPC进行对话，获得新线索，或者选择通过不同的剧情分支，左右人物命运，有机会开启隐藏剧情和篇章，解锁不同的解谜成就和人物结局，增加了趣味性。另外，一些文化类解谜书还有科普小贴士、历史卡片、知识词条等配置，不仅为玩家提供文物资料简介、建筑的细节及背后的历史故事等，还大大拓展了解谜书的知识容量。

此外，部分解谜书还实现了实地解谜功能，玩家可以在现实中寻找线索，或在线下与NPC互动。《谜宫·金榜题名》的玩家在探寻故宫和完成隐藏任务后，还可以在线装书上加盖“金榜题名”印；《江城攻略·星图》的玩家可以到武汉实地获取线索，到博物馆感受文化氛围，并且在线下NPC处兑换额外道具包。

解谜游戏书是一种融合游戏进行文化传播的移动数字出版物，实现了线下实物与线上游戏端的结合，为玩家提供视觉、听觉、触觉等多方位的感官体验，带给玩家更丰富、更新颖、更真实的沉浸式游戏体验。“游戏化传播是一种新的传播形态，传播并不是信息的单向流动，随着受众觉醒、媒介技术的革新，把信息与游戏相结合体现了传播中传者向受者的转向。它能最大程度地激发起受众的兴趣、提升参与度和忠诚度，让受者由过去被动接受转为主动接入，这是融媒体时代传播的演变趋势，也正是游戏化思维的题中之义。"①

解谜书的故事主要来源于博物馆、电影、原创故事、游戏等，目前的解谜书以博物馆和电影为主要合作 IP。在博物馆方面，已有故宫博物院推出的"谜宫"系列，苏州博物馆推出的《贝聿铭的建筑密码》，陕西历史博物馆推出的《古董局中局：无尽藏》；在电影方面，已有与《唐人街探案 2》《唐人街探案 3》合作推出的两部侦探笔记；在原创故事方面，已有"惊人院"系列的三部作品；在游戏方面，已有《第五人格》推出的《消失的玩家》。而在 2020 年，解谜书也有了一定的突破，首先是《博物》杂志推出的《天行鉴》以"公益"为主题，力图呈现天行长臂猿的生存困境，呼吁人们关注濒危动物；其次是《吾皇万睡——谁动了我的猫粮》，联合了高热度漫画《吾皇万睡》，拓展了解谜书新的合作领域。由此看来，国内解谜书还有不断探索和发展的空间。

官方发布的预计解谜时间为 4 ~ 8 小时不等，达成完美结局需要再花费 2 ~ 3 小时，线下模式则需要 1 ~ 2 天的时间。玩家通常会在游戏中扮演一个角色，如在"惊人院"系列中分别扮演偷出档案的记者、犯罪嫌疑人助手和一桩悬案的家人，或是化身侦探、某家族的传人在故事中一探究竟，查清某人身份和某件疑案的真相，找出凶手和破解谜底，体验别样的人生故事和实现主人公的人生抱负。在"谜宫"系列中，玩家有可能解锁"名垂青史""柳暗花明"等好结局，也有可能触发"默默无法""流放边疆"等坏结局。

解谜模式常分为线性解谜和非线性解谜，线性解谜可以从主要线索中层层深入或在嵌套结构中分散归纳，难度一般由简单到困难，逻辑思路比较清晰；在非线性解谜中则没有固定的顺序和思路，玩家可以从任何细节和线索中找到谜题的突破口，比较灵活自由。谜题任务数量通常在 30 ~ 50 个不等，在解谜内容上涉及了物理现象、历史文化、生活常识等多领域多

---

① 陈秋璇．融媒时代移动数字出版游戏化论析——以《谜宫·如意琳琅图籍》为例 [J]．新闻世界，2020 (3)：69 - 74.

元化的内容。《贝聿铭的建筑密码》中融入了几何学、材料学、光学等知识，《天行鉴》中则融入了植物学、动物学、天文学、宗教学以及民族语言和民族风俗等知识，两者符合各自的主题，表现出了独特性。

解谜书的玩法是多样的，并且需要玩家去发现使用哪种道具、如何使用该道具。解谜技巧需要运用图形观察、信息对照、拼图折叠、分散归纳等方式进行综合推理，玩家可能需要利用红蓝双色卡片在地图上找出隐藏信息，又可能需要用毛笔蘸清水写字发现谜底，还可能需要转动罗盘、移动光影、解读藏头诗或在真实的邮箱、微博账号和网盘中寻找线索。

（二）售卖方式、价格及销量

国内解谜游戏书主要采用的是先众筹再发布的售卖模式，主要合作平台是摩点网及其 App。摩点网是一个专注文化创意领域的众筹平台，创作者可以为自己的项目筹集资金，支持者可根据自己所选择的项目获得相应的实体或虚拟的产品回馈。

售卖模式有多种，提前预订且在一定购买数量内的支持者可以享受早鸟价，即优惠价，部分项目还有额外赠品。不同项目所回馈的产品在内容上有一定差距，项目方还会根据众筹总金额解锁专属福利，主要是额外谜题和剧情或实物奖励，实物以书签、明信片、贴纸、冰箱贴、纸胶带等文创产品最为常见。

据统计，标准版价格多在 168 元、188 元两个价位，最低价格是《江城攻略·触摸一九三八》推出时的 99 元回馈价，此外也有 128 元、138 元、149 元等价位。早鸟价一般比标准价便宜 10～30 元，除此之外，还有合订版（与前作一同购买）、双人版（一般增加双人版专属谜题）、豪华版或珍藏版（包含专属礼盒和其他文化周边）等可供选择，其中价格最高的为 599 元的双人豪华版《唐人街探案 2》侦探笔记。一般同公司出品的解谜书，在价格方面，第二部比前一部价格提高的同时，其难度和内容量也随之增加。虽众筹之后的通贩价格有所提高，但众筹平台仍为解谜书首发且最优惠的购买渠道。

摩点网众筹总榜单前五名中，第一、三、五名均为解谜游戏书，其中第一名为“谜宫”系列首部作品《谜宫·如意琳琅图籍》，预售金额达

2 020万元。第二部《谜宫·金榜题名》也达到了1 414万元。其余解谜书中，有2部在50万元以下，6部在50万~100万，4部在100万元以上且最高为153万元。与其他解谜书的金额相比，“谜宫”系列实现了断层式的成功。而从系列产品上看，除“谜宫”系列外，其余解谜游戏设计方发布的第二部解谜书销量都要高于第一部，因为前作为其积累了口碑和许多玩家。

众筹的方式大大降低了解谜书发售的风险。“针对此类高配类型的出版物，如果通过传统出版模式出版，一方面，由于售价偏高，可能陷入‘叫好不叫座’的尴尬境地；另一方面，由于出版成本较高，一旦受众购买意愿不强，就有可能造成亏损，不利于出版社与作者之间的关系维护，而众筹出版恰好能够解决这类问题。”① 众筹结束前项目负责人可以在众筹平台上披露相关信息，根据用户的反馈进行数据分析、产品修改、调整生产进度和售价；众筹结束后有1~3个月的准备时间让项目方进行生产再发货；在发货之前有更充裕的金钱投入到产品制作及其他环节中，又能借众筹平台扩大宣传面，让更多符合产品消费群体的人参与进来，从而实现内容创新变现和其生态的可持续发展。

（三）特点及价值

与其他文创周边相比，解谜书具有投入成本高、文化内涵丰富、兼具益智性和游戏性的特点。

产品前期需要进行选题确定、美术设计、道具开发、内容创作（故事编写、人物小传及立绘设计等）、谜题及玩法设计等环节。解谜书的选题在很大程度上影响着玩家的购买意愿，《古董局中局：无尽藏》设计团队根据守护国宝的主题，查阅众多资料后选中了《溪山无尽图》，以其在战乱年代辗转多方的传奇故事为基础而创作。解谜书的内容和玩法还需要借助多方专业团队进行设计，如《国宝谜盒》在设计时邀请了知名的解谜设计品牌奥秘之家为其设计互动玩法，又邀请了泛悬疑类内容创作团队惊人院设计剧情。

① 莫慧怡．互动解谜游戏书众筹出版业态初探［J］．出版广角，2020（11）：46－48.

在文化内容的设计上，博物馆相关方有着天然的资源优势，如“谜宫”系列借助了大量馆藏的珍贵历史文化资料，对现存文献和历史档案进行梳理，参考故宫的建筑和文物，还原真实的历史物件。其道具“乾隆通宝”就是根据乾隆三十六年（1771）北京地区流传的实物进行的一比一仿制。此外，还还原了咸丰元宝、大清宝钞、北京地图，使其产品具有一定的收藏价值。《贝聿铭的建筑密码》邀请贝聿铭的弟子林兵先生、苏州博物馆专家和青年建筑学者组成项目团队，并查阅海量研究资料，以呈现贝聿铭的人生故事和其建筑作品的奥秘。同样是内容设计，《天行鉴》团队借助的是实地考察的方法，到“云山保护”进行取材和采访，了解“云山保护”工作人员的日常情况和工作困难，力图还原真实的天行长臂猿的生存环境，也引入了云南省的傈僳族、纳西族和四川凉山彝族的传说和文字。无论是哪种方法，都是为了确保内容的专业性，是为了传播文化。

此外，设计团队还需要和纸艺师、印刷厂联系沟通，进行产品的反复调试，以呈现更高质量的产品。配套 App 需要开发费用，以及后续的维护和优化，相比 H5 页面，App 的优点明显：系统更加稳定，玩法更加丰富，玩家的体验也会更加流畅。有前作的设计方需要收集前作反馈并进行修改，《江城攻略·星图》就根据玩家反馈网页频出程序错误的情况重新制作了 UI 体系，优化了游戏程序；设计方还可以在前作中留下后作的相关提示，在后作中体现前作主人公的后续命运，以实现系列产品的成功。在产品成功制作出来之后，还需要做好发货工作，以及客服售后和相关补偿工作等。解谜书可谓是程序复杂的一项文化周边。

承载着文化传播和知识普及的作用，解谜书依托故事和谜题进行单个或多个方面的知识科普，揭示城市、文物、历史故事背后不为人知的秘密，还能让玩家体会到解谜游戏的乐趣，激发玩家的创造力，锻炼智力，可谓寓教于乐。如今，博物馆教育在我国方兴未艾，故宫博物院、苏州博物馆将故宫文化、江南文化分别融入文创产品中，不断探索让大众离博物馆更近的新方式。解谜书产品是一次全新的尝试，它使博物馆变得年轻有趣，以贴近年轻人的生活，带领各位玩家探索历史文化。

二、解谜游戏书与盲盒的比较及其启示

近几年来，人们对盲盒的热度有增无减，我们可从其中的佼佼者泡泡玛特探知一二。2020 年 6 月 1 日，泡泡玛特向港交所递交招股书。招股书显示，2017—2019 年，泡泡玛特营收分别为 1.581 亿元、5.145 亿元、16.834 亿元，公司净利润分别为 156 万元、9 952 万元、4.51 亿元，净利润 3 年暴涨近 300 倍。“盲盒热”背后的秘密能否对解谜游戏书的发展有所帮助呢？我们以泡泡玛特为研究对象，从盲盒和解谜书在文化产业中的相同之处入手。

（一）产品特点

“运用万能 IP，联通情感。如果没有超凡的想象力和洞察力，找到完美契合的联名方，也可以考虑大众喜闻乐见的大 IP，借 IP 已有的人气，融合自身品牌特色进行营销。……通过故宫这一广泛认可的 IP 进行品牌营销，能够迅速获得国内消费者共鸣。”① 上文提到的“谜宫”系列正是联合故宫 IP 的优秀例子，而在盲盒方面，我们可以发现，哈利 · 波特魔法世界系列盲盒长期位居泡泡玛特天猫旗舰店销量的第二名。故宫和哈利 · 波特拥有的一大批粉丝为 IP 合作产品带来了疯狂的购买力和天然的传播渠道，部分解谜书和盲盒正是借助了 IP 的热度实现了销售的火爆，并且由此扩大知名度，形成品牌效应。

解谜书本身就是线上和线下模式相结合的产物，而盲盒也不例外，虽然消费者收到的是实体手办，但是泡泡玛特在消费者的体验过程中也加入了线上的元素。泡泡玛特与天猫抽盒机合作，玩家可以在线购买抽盒机次数，在线抽盒，再通过邮寄使玩家收到实物。这种类似线上娃娃机的开盲盒方式也着实是一种创新的销售方式。

（二）消费心理

从消费心理来看，可以分为以下三个方面。

---

① 邓美 . 2019 年营销事倍功半？一定少了这五种惊喜［J］. 企业研究，2020（2）：32 – 35.

第一个方面是不确定性带来的刺激感及消费者的“收集”心理。

盲盒和解谜书都为消费者营造出了神秘感和惊喜感，内容物的不确定性以及谜题答案的未知都吸引着消费者，盲盒使消费者投入更多的钱，解谜书使玩家投入更多的精力。集齐全套款式和开出隐藏款的盲盒，与在解谜书中解锁所有谜题和结局而达成 100% 的成就收集，是有相似之处的，盲盒是在款式和稀有度上，解谜书是在情节和关卡上，满足了消费者的“收集”心理，使其在产品的购买和体验中产生了成就感。

第二个方面是成年人的童稚心理。

“成年人童稚化”现象最早是指成年人的一种外表打扮的表征或充满童趣的消费行为，但随着孩童化的社会价值开始逐渐成为风尚，传统的成人观念受到调侃，“成年人童稚化”现象现已逐渐深入至一种内心的追求，成为当前的流行文化现象之一。在某种程度上，“成年人童稚化”已成为一种社会潜意识。“成年人童稚化”现多指有童心的成年人，多数有收藏癖，部分表现为痴迷玩耍和收藏玩具。[①]“盲盒热”在潮流玩具领域取得了巨大的成功，而解谜书也具有很强的游戏性。它们满足了消费者的好奇心，两种产品代表的就是童年的“玩具”和“游戏”。想要在盲盒中拆出自己喜欢的款式或者是隐藏款，想要通过自己的智慧和动手能力去解开解谜书中的谜题，获得真相，都来源于人类本性中那种出于童心的好奇心，而对某种事物的探索实际上也是对这个世界的探索。消费者完成购买行为的首要目的绝非出于想从手办盲盒中学习到色彩搭配和人物设计的相关知识，也并非出于想通过解谜书学习到更多知识。有趣、好玩才是让消费者产生购买意愿的重要因素。

第三个方面是满足了消费者的情感需要。

玩具和游戏是满足消费者情感需要的有效物质和方式。一方面，两者都给消费者带来了心理上的满足感。体验经济下，人们对于情感的需求增多，消费者在完整款式的收集和隐藏款、限量款的获得中，在对一个个谜题的攻破和真相的获取的同时，获得了快感和成就感，舒缓了工作和生活

① 卢玉环．亚文化视角下“盲盒热”的消费心理与投资心理研究［J］．商场现代化，2020（8）：17－18.

等各方面带来的压力。另一方面，作为社交货币的盲盒，为消费者带来了群体认同。盲盒爱好者会在葩趣、闲鱼等 App 上进行分享、交换和聊天交友；解谜书爱好者也会在 QQ 群、微信群等群组中进行游戏攻略的讨论交流和游戏体验的分享，从而达到社交目的。群体聚集后的各种分享行为，拉近了消费者之间的距离，容易对群体产生归属感和认同感，同时在某种程度上满足了自己的情感需求。

（三）启示

如今，盲盒的内容已经从潮玩模型扩展到书籍、化妆品等，如单向空间联合先锋书店、乌托邦书店等五家书店，通过直播间以 99 元的价格售卖图书盲盒，最终售出 7 000 多份，总金额超过 70 万元。这个例子对于解谜书的启示有两点。第一是营销方式，众筹平台的用户始终有限，我国许多互联网用户并不信任或还未接触众筹这一方式，而直播带货是近几年来十分有效的营销手段，知名主播利用其业务水平和带货能力，可以使原本不出名的品牌迅速进入大众的视野。解谜书的销售渠道若是能更加多样化，其消费者数量也会逐渐增加。第二是内容的拓展，解谜书产品种类还比较少，从时间上看，与传统文化相关的解谜书大多局限在清朝、民国时期，之后可以向其他年代渗透，挖掘独特文化资源进行故事创作；从地域上看，多是苏州、武汉、北京地区的相关历史文化得以呈现，设计方在市场调研后也可以推出其他的城市系列；从故事来源上看，解谜书设计方还可以从名人、文学作品、纪录片等方面去挖掘可以写进故事的资源。

另外，设计产品的关键是要研究市场，要根据目标顾客对产品进行分类和创新，这对容易更新换代的潮流玩具盲盒来说尤为重要。而解谜书的内容是比较固定的，很难使消费者对同一产品进行重复性消费，设计方需要不断推出新的作品来吸引消费者。在这一情况下，作品的定位就显得格外重要，目标顾客定位的阶层、年龄段、需求会影响设计方的生产。比如在难度设计上，是设计出难度较低的谜题吸引年龄较小的消费者，借此推出少儿教育系列；或是设计出难度中等的谜题满足大众需求，吸引更多新玩家；还是设计出难度较高的谜题满足对解谜有较大兴趣的“老客户”，是设计方必须考虑的问题。

泡泡玛特公布的五大销售渠道有零售店、线上渠道、机器人商店、批发、展会，其中线上渠道有电商和官网。其产业也依靠潮玩社区和二手交易 App 进行社区培育，提升了消费者对盲盒的购买热度。相比起来，解谜书的销售渠道比较单一，一般先众筹再登录其他平台进行通贩，而目前我国众筹出版的影响力还比较弱。如果能有主题集中的展会和与文化周边相关的实体门店进行解谜书的展销，形成线上线下全渠道销售，其销量也会有所增长，当然还需要更多的营销手段提高产品在大众面前的曝光量，泡泡玛特前期就在市场营销上投入了大量金额。

解谜书消费群体的交流分享并没有一个官方的聚集地。"《琳琅图籍》作为一款游戏化的移动数字出版物，单纯依靠解谜道具和内容进行虚拟与现实场景交互，没有在 App 中设置社交化体验，缺少社交关系的联动，参与者无法进行在线沟通交流，只能转投于其他网络社交媒体中如微博、微信对该产品进行社交化讨论，而在这个'漂移'的过程中，基于该产品内容的社交再一次被削弱，如此的传播方式只是基于点对点的出版社对参与者单个的传统文化传播，如果在产品设计中契合网络的社交化特点，则可以实现点对面的去中心化传播。"① 解谜书方可以向盲盒方学习，利用现有 App，有意识地引导消费者进行分享，通过社区培育提升产品和品牌的话题度，把消费者的分享行为变为产品销量增长的新途径。

三、解谜书存在的问题及改进建议

目前，市场上已经推出的解谜书数量还不够多，但是根据玩家的反馈，解谜书还存在以下问题需要解决和改进。

（一）产品品质问题及改进建议

部分解谜书在产品质量上存在印刷错误、纸张工艺相同、周边质量差等问题。例如，《谜宫·金榜题名》的玩家反馈道具升官图上将"吏目"

---

① 陈秋璇. 融媒时代移动数字出版游戏化论析——以《谜宫·如意琳琅图籍》为例［J］. 新闻世界，2020（3）：69－74.

印成了“吏司”，都察院都御史并非道具上所标明的“从三品”；《江城攻略·触摸一九三八》和《国宝谜盒》的玩家也反馈存在印刷错误，这些质量问题会引起玩家对该产品专业性的怀疑。关于《唐人街探案2》的侦探笔记，玩家反馈报纸、账单和小票用同种纸张很“出戏”，降低了解谜体验的真实感。相比之下，《惊人院·怪物回收档案》多次打样核定装帧工艺与纸张品类，对记者笔记进行做旧处理；“谜宫”系列采用四孔线装书的仿古工艺，符合主题和道具质感，得到了一致好评。不少玩家还反馈一些道具质感差、显得廉价、不耐用，像一次性消耗品，而做工精致的解谜书明显好评率更高。因此，设计方应该把控好产品质量，保证产品的整体性和美感，在第一印象上留住消费者。

作为解谜书的内核，玩家自然十分注重故事方面的逻辑合理性，道具、谜题与故事的关联性以及谜题的难度和多样化等。不少玩家反馈《江城攻略·触摸一九三八》的逻辑不通或多处重复；《国宝谜盒》剧情生硬，故事烂尾；“惊人院”系列解谜书前两部则收到了关注人性和社会热点但流于形式，故事较为俗套，部分过于牵强，谜题及答案与剧情的贴合度太低的评价。其中，《国宝谜盒》为玩家发放了补偿包，增加了额外的独立故事，改变了一部分消费者对产品的负面印象。但总体上看，这种先将就后补偿的做法提高了产品的成本，也影响了产品的口碑。因此，设计方需要聘请专业人员和团队打造好故事内容，也可以通过邀请玩家试玩，根据反馈意见进行内容的修改。“内容为王”的观念不会过时，能够满足消费者消费预期的优质内容才能为产品和品牌积累好口碑，解谜书产业也才能有长久的发展。

同样，产品本身的定价也受到消费者的关注。对于解谜书来说，定价过高会使部分目标客户流失。众筹是解谜书最优惠的购买方式，但销售方为了盈利也会推出较为优惠的合订版以增加销量。如果没有把握好价格尺度，就会引起老顾客的不满。从另一个角度来说，产品的定价在一定程度上反映了商家的市场调查能力和营销能力。在有关如何设置合理的价格以达到利润最大化的问题上，销售方需要遵循市场规律，做好产品规划。

（二）线上线下的失衡及其服务的提升

配套 App 及 H5 页面需要考虑线上端与实物之间的平衡、阅读观察与实践操作之间的平衡、App使用感受这三点。关于第一点，《谜宫·如意琳琅图籍》的玩家反映解谜过程中需将大部分时间花费在使用App上，感觉更像购买了解谜App而获赠实物。解谜书作为实物内容丰富的产品，并不适宜将过多解谜时间放在线上端。关于第二点，《谜宫·金榜题名》的玩家反馈纸模的加入虽增加了可玩性，但对动手能力的要求较高，需要折叠裁剪，难度较大。《惊人院·怪物回收档案》的玩家则反馈每个谜题阅读量太大，阅读观察题占比太多，谜题类型单一。虽然大量的故事内容可以丰富背景和人物特征，提高玩家提取关键信息的能力，纸模部分可以解释建筑结构，拓展知识，但设计方也应考虑阅读时间和实操时间在整个解谜过程中的占比。过多的文字和烦琐的手工步骤会引起玩家的厌烦情绪。关于第三点，相比H5页面，App虽然比较稳定流畅，但仍然存在着闪退和卡顿等问题，加上这些问题的解决并非一时半刻，极大地影响了玩家的解谜体验，让玩家容易对产品产生不良印象。

几乎每一部解谜书在发货、物流和客服问题上都会被消费者所诟病。首先，产品的包装差劲，快递时效长给了消费者一个较为负面的产品体验初印象。其次，客服长时间的不回复，并且需要消费者添加其QQ和微信好友获取售后服务，不像其他购物软件可以直接在平台上处理，也是消费者对众筹解谜书望而却步的原因之一。因此，设计方不仅要在外包装上进行合理设计，并保证产品的完好，还要和正规快递公司进行合作，安排人员做好售后服务，让消费者有一个完整又完美的消费体验。

（三）践行绿色环保的理念

如今，商业领域逐渐认同并践行绿色环保的理念，消费者也越来越注重绿色消费。解谜书也应把握这个趋势，实现产品的可持续发展。在满足消费者对做工精致、实物精美的需求的同时，出品方可以在材料、内容、道具的用途等方面践行绿色理念。首先，我们应该肯定《天行鉴》团队的战略眼光。设计团队考虑到加入环保材料，他们向消费者保证，在条件允许的情况下会使用可自然降解的材料和可循环利用的纸张。这种考虑实在难能可贵，和其动物保护主题一脉相承，为其他出品方做出了一个好的尝试。其次，在内容上，解谜书不可避免地在内容中会涉及价值观层面的输出，公益保护、减少污染和浪费、低碳经济等也可以成为其内容的一部分，并且作为拓展知识向玩家输出。再者，在用途上，可以增强道具的实用性，实现道具的多次重复利用，解谜后也可以在日常生活中使用。如《唐人街探案2》的侦探笔记，解谜后可以自由更换替芯页作为日常使用；《江城攻略·星图》的天文球戒指可以日常佩戴，这些都是非常好的设计。在绿色环保的理念中纳入新奇创意，让道具不仅成为解谜的一部分，也成为大众日常生活中的一部分。

四、结语

解谜书的发展是文化传播新形态的发展，它的使用价值较高，内容有益，兼具益智和游戏功能，目前其产品和市场还有广阔的发展空间。但是，解谜书的设计和销售团队还需要在产品设计、营销传播和服务质量等方面多费心思，这样才能实现整个产业的可持续发展。表1为14部解谜书的相关信息（按销量排列）。

表1　14部解谜书的相关信息

解谜书	众筹总额（万元）	众筹结束时间	标准版价格（元）	能否实地解谜
《谜宫·如意琳琅图籍》	2 020	2018年11月30日	168	能
《谜宫·金榜题名》	1 414	2020年2月22日	188	能
《贝聿铭的建筑密码》	153	2020年6月30日	149	能
《唐人街探案3》侦探笔记	132	2020年3月31日	168	否
《唐人街探案2》侦探笔记	123	2018年3月9日	128	否
《国宝谜盒》	114	2019年2月28日	188	能
《惊人院·少女说明书》	89	2020年2月1日	188	否
《江城攻略·星图》	76	2020年3月21日	169	能
《惊人院·怪物回收档案》	72	2019年6月23日	138	否

（续上表）

解谜书	众筹总额（万元）	众筹结束时间	标准版价格（元）	能否实地解谜
《古董局中局：无尽藏》	67	2019 年 4 月 8 日	168	否
《天行鉴》	66	2020 年 5 月 31 日	188	否
《第五人格 · 消失的玩家》	57	2019 年 12 月 5 日	188	否
《惊人院 · 兰亭迷阵》	75	2020 年 7 月 25 日	188	否
《江城攻略 · 触摸一九三八》	20	2019 年 5 月 31 日	99	能

（作者吴嘉梦，暨南大学文学院中文系 2018 级本科生）

第二编

内容生产：网络综艺、影视动画的创新与反思

《明星大侦探》："综 N 代"的困境与突围之路

【案例导读与点评】

综艺节目作为我国影视文化的一种重要类型，随着其类型、模式的不断创新，以及与公众日常生活多维度的联动，逐渐形成以综艺节目为中心的产业链条，产生愈来愈广泛的文化与经济影响，日益成为数字文娱产业中颇受关注的领域。在综艺节目的发展中，一个综艺节目能否持续以系列的方式不断生产，是衡量其节目模式与市场反应的重要标准，因此"综 N 代"一词既代表着综艺类型化发展不断探索实践的过程，也作为综艺优质内容获得持续生产的标志。其间，如何处理节目模式的"常"与"变"，寻找节目创新发展的动力，是业界在实践中遭遇的主要问题。本案例以口碑和收视率俱佳的国产"综 N 代"的代表——《明星大侦探》这一档节目的探索经验为研究对象，从节目理念、内容制作、价值维度与传播路径等多个方面讨论其 N 代发展的问题、难题与突破的方式，以之为国内综艺的可持续发展提供思路。对国产综艺节目而言，从模式引进到自主原创，对"综 N 代"问题的研究，正是探讨国产综艺模式创新规律的一个有效视角。

"综 N 代"一词是由季播综艺的诞生而出现的词汇，早期在欧美国家流行，国内则是在 2007 年由湖南卫视首次引入了这个概念。它主要是指对一些市场热度高、观众口碑好的节目进行第二次、三次，乃至 N 次的持续制作的一种形式。由于前代节目积累下来的热度，使得其后续 N 代的节目往往都会受到原观众群体的热捧，关注度颇高。但是与前期的高热度相比，目前国内的"综 N 代"普遍面临口碑下降、创新乏力、观众流失等诸多具有挑战性的问题。《明星大侦探》作为一档口碑极佳并连续播出五季的 N 代节目，具有很强的代表性。本文通过剖析《明星大侦探》节目所面临的问题和节目组所采取的创新与突围方式，以期对当前国内综艺 *N* 代的生存与发展提供一个可以借鉴的思考方向。

一、当代“综 *N* 代”的生存现状

（一）宝刀未老：热度依旧

据笔者不完全统计，截至 2019 年底，在已经完结的热度较高的综艺节目中，有数十档都带着“综 *N* 代”的身份，这些综艺中大多数不管是在播放量、收视率还是话题度等方面都表现不俗，热度依旧。如《奇葩说》第六季只播出了三期，上榜的微博热搜就达到 16 个，总阅读量 9.8 亿，总互动量 30.34 万。《明星大侦探》第一季上线播出后，截至 2019 年 5 月，播放量已经突破了十几亿，第二、三、四季的播放量也屡创新高，翻倍增长；第五季开播仅一小时，播放量便达到了 612.3 万。2019 年，《明星大侦探》第五季的社交平台粉丝数和评论数进入了年度综艺排行榜前十，评论数更是高达 41 万。相比前几季，节目的评分虽然有所下降，但《明星大侦探》第五季仍以 8.8 的高分位居综艺节目评分排行榜榜首。《明星大侦探》不断的迭代与更新，吸引了人们的眼球，斩获了庞大的粉丝群体，成为网络综艺行业的标杆。可见“姜还是老的辣”，“综 *N* 代”之所以还能够以一年一季的速度推陈出新，一定有其道理，正是热度至上、以粉丝需求为中心的原则，使众多 *N* 代节目仍然备受青睐。

（二）众口难调：口碑下降

热度与口碑只增不减的网络综艺毕竟只占少数，通过“豆瓣”App 看 2019 年以来已播放完结的“综 *N* 代”的评分，我们就会发现对比历季评分，几乎所有节目的评分都出现了不同程度的下降，只是降幅有所差别，个别综艺节目口碑稳定，部分综艺节目口碑则出现了不断下降的情况。如《中国好声音》这档曾经风靡全国的音乐选秀类综艺节目，第一季后，口碑和收视率便开始逐年下降，此后更是逐渐淡出了人们的视野。刚播出时，它凭借着“先闻其声，再观其人”的公平选拔方式而受到观众的追捧，但往后的几季节目不过是导师、道具的变动，七年之久，依旧是起初

那种一成不变的节目模式，观众很难不产生审美疲劳和视觉疲劳。由于科技的高速发展和人们审美水平的提高，审美取向的差异产生了，也使得“综 N 代”在维持节目良好口碑这条道路上举步维艰。国产“综 N 代”历季口碑情况如表 1 所示。

表 1　国产“综 N 代”历季口碑情况

节目名称	播放平台	当季豆瓣评分	历季豆瓣评分
《明星大侦探》5	芒果 TV	8.3	9.3/9.0/9.1/8.6/8.3
《吐槽大会》4	腾讯视频	6.1	7.6/6.8/6.2/6.1
《奇葩说》6	爱奇艺	7.4	9.0/无（第二季未显示评分）/8.6/7.7/7.3/7.4
《极限挑战》6	东方卫视	4.6	9.3/9.4/8.3/7.6/4.1/4.6
《非正式会谈》6	湖北卫视	8.8	9.3/9.6/9.1/9.1/8.7/8.8
《蒙面唱将猜猜猜》4	江苏卫视	5.3	7.2/5.8/5.8/5.3
《梦想的声音》3	浙江卫视	6.3	6.8/6.6/6.3
《中国好声音》6	浙江卫视	6.0	7.9/6.5/6.9/6.1/6.1/4.5
《拜托了冰箱》6	腾讯视频	7.0	7.9/7.9/6.8/6.9/7.3/7.0
《火星情报局》4	优酷	4.5	7.5/7.3/6.6/4.5
《妈妈是超人》3	芒果 TV	6.9	6.7/6.8/6.9
《向往的生活》4	芒果 TV	6.9	7.5/8.0/7.3/6.9

（三）生存宝典：创新不止

对于“综 N 代”而言，怎样让节目既保留原有特色和标志性记忆点，又不使观众产生审美疲劳，这是值得整个制作团队不断思考的问题。《拜托了冰箱》这个典型的“综 N 代”也已经走过了第五季，最新一季节目在保留原有特色的基础上，对嘉宾阵容、演播厅装饰及舞美、内容环节等方面都进行了全新调整。除此之外，还通过社会议题引发观众共鸣，使年轻人更有代入感，从而使节目的年轻化内核深度升级。再如《奇葩说》，通过对节目的内容与形式进行创新增添了不少看点，如“1v1 生存战”“大魔王（即节目每期邀请的嘉宾）下场辩论”等，一度成为网友热议的话题。而对于《明星大侦探》而言，从粉丝的反馈来看，在原有节目的基础上不断根据热点事件创新剧本、调整嘉宾、改变探案模式和视角，都是非常成功的突破方式。所以“综 *N* 代”如何“青出于蓝而胜于蓝”，相信通过创新会得出答案。

二、《明星大侦探》*N* 代面临的困境

（一）开播即爆火：高起点增加后续创新难度

《明星大侦探》的创意来自韩国 JTBC 台的《犯罪现场》，通过上海金禾影视传播有限公司引进版权至芒果 TV，是国内首档明星推理真人秀节目。在如今众多购买日韩版权的综艺节目中，《明星大侦探》是为数不多的在模仿与创新之间找到了最佳平衡点的节目。原版节目《犯罪现场》是一档更注重案情分析，营造惊悚氛围的“纯推理”类节目，而芒果 TV 在引进其基本结构时结合了中国国情及受众需求，在逻辑推理的基础上增添了不少本土化的娱乐元素。这样的创新，使节目一开播便一跃晋升成少有的超越原版口碑的综艺，在豆瓣上获得了 9. 3 的高分评价。并且，在 2016 年《明星大侦探》第一季开播之时，便开启了中国国内推理类综艺的元年，这也给节目笼罩了一层与众不同的“非典型性综艺”光环。以上这些因素都将《明星大侦探》第一季推向了一个崭新的高度。开播之际便站在了网络综艺节目金字塔的顶端——这样的高起点一方面是对节目组无限的肯定与鼓舞；而从另一方面来看，它表现出来的独特与出色给后续 N 代的发展带来了很大的挑战性，需要更多的努力来挖掘自我突破的方法。

（二）剧本难题：核心内容决定剧本的命运

在《明星大侦探》节目中，玩家们的活动围绕着“寻找真凶”展开。在节目给定的范围和场景中，玩家们在“第一现场”找到“受害者”，之后由“侦探”领导“有嫌疑”的玩家们开展在场证明阐述、两轮现场搜证、两轮案件讨论、共享找到的证据、侦探和玩家投票等环节，再由导演组公布最终结果找出真正的“杀人凶手”。而剧本，就是这一切的布置和

有张力的逻辑背后的支撑，起着核心作用。《明星大侦探》节目从多重叙述角度出发，每一个参与其中的玩家都可以站在自己的角度寻找线索，探索案件的真相。同样的事实可能会因玩家的视角和立场不同而叙述出完全相反的观点。这种不确定性与开放性正是节目的魅力所在。因而在这种节目形式中，优质剧本的重要性不言而喻。纵观《明星大侦探》五季以来的节目，其在剧本方面存在以下问题：

（1）剧情设置重复。

《明星大侦探》的剧本里，经常使用时间重塑的手法。如第一季第七案“请回答 1998”中，剧本背景被设计穿越到 1998 年；第三季第七案“又冲不上的云霄”中，“凶手”是穿越而来的，在时间上形成了循环；第五季第四案“盘丝餐厅”中，剧本借用“月光宝盒”重置时间的概念推动剧情；第五季第十一案“北方慢车谜案”中，也涉及了穿越因素和蝴蝶效应原理。但这种重塑手法在某种程度上的吻合和逻辑思路的相似，也容易使观众产生审美疲劳。同时，一些推进剧情的形式也有些僵硬，纸条线索和开锁等情节的重复在某种程度上降低了剧情的吸引力和观众期待值。

（2）剧本漏洞有待填补。

作为一个推理剧本，剧本本身的完善性是推理顺利的基础。在《明星大侦探》每一个案件的原始阶段，没有玩家可以知悉剧本的所有内容，就算是“幕后真凶”，也只知道自己的作案过程。而观众在这一模式下对剧本情节和走向的讨论便是支撑节目热度的一个重要来源。但部分剧本在这一层面上出现了逻辑不够完善的问题。例如，“网红校花的坠落”一案中，乔学长违背了节目中“不是凶手不能说谎”的原则，否认与被害人的暧昧关系；“天台上的罪恶”一案中，对于凶手杀人过程的叙述有违常理；“NZND 破冰演唱会”一案中，凶手的不在场证明以一整天没线索为理由不免有些牵强。这些大大小小的逻辑漏洞，在一定程度上增加了观众参与推理的难度，有待完善。

（3）部分剧集立意僵化。

《明星大侦探》每一案都有自己的固定主旨，向节目受众传递相关的价值内涵。《明星大侦探》第一季第九案的“决战欧冠之巅”，案件背景就与欧冠比赛有关，而且在第十二案的“命运的巨轮”中，节目也有对《泰坦尼克号》有所借鉴。在“2046”“周五见”“恐怖童谣”等案件中，节目借对案件的整理与探讨，引导观众关注校园暴力、家庭暴力、网络暴力等一系列热点问题。然而，部分剧集出现过于强调立意的问题，反而会弄巧成拙。例如，在“探案唐人街”一案中，玩家过于重视综艺效果，反而忽略了逻辑推理，立意的抒发显得有些生硬。剧本需要更加自然合理地融入相关立意，实现立意与案情的良好结合。

（三）明星化叙事模式：距离感与角色单一

明星角色扮演会使观众产生距离感。《明星大侦探》作为一档推理类真人秀节目，其叙事模式是将明星放置在设定好的剧本场景中，由他们扮演各具特殊身份的人物并进行推理破案。同时，节目组会根据明星自身的特质给他们制定人设。明星角色扮演固然能吸引一批粉丝观看节目，但是以明星所扮演角色的视角进行案情推理，在一定程度上会降低观众的沉浸式体验感。并且，随着节目播出期数的增加，嘉宾人设的固定和僵化容易引发观众的审美疲劳。比如节目组刻意塑造吴映洁的“搜证犬”人设，在一些普通的搜证环节仍然突出强调她的搜证能力；有观众指出节目组过分强调撒贝宁的“狗头侦探”人设，容易使观众过度关注其在节目中的推理失误。人设僵化容易造成一种“出戏”的感官体验，更进一步加剧了《明星大侦探》“全明星”推理过程给观众带来的距离感。

另外，明星的单一角色降低了推理专业性。在《明星大侦探》中，除了基本的剧本和人物设定，明星本人的能力对节目的推进有很大的影响。而剧本本身设计复杂，其中常涉及心理学、法学、社会学等专业学科知识。《明星大侦探》前三季中仅出现了由明星扮演的单一角色，以他们的知识储备难以向观众展示出全面、准确的专业知识。由于缺乏专业知识的支撑，由明星这单一角色完成的推理容易出现知识性错误以及逻辑悖论，在一定程度上降低了推理过程的真实性和技术性。

（四）价值引导：过度娱乐性

《明星大侦探》第一季将节目内容定位为“30%跌宕剧情+40%综艺搞笑+30%智能推理”。错综复杂的案情推理以及诙谐幽默的综艺氛围一度成为《明星大侦探》“圈粉”的关键因素。且当时网络综艺尚未发展成熟，各种产业细则仍然不规范。因此网络综艺的娱乐尺度比传统电视综艺更大。但是随着节目的后续播出，节目的娱乐性占比呈现逐渐升高的趋势，有的案件中出现了具有低俗趣味的过度娱乐化倾向。仅 2017 年和 2018 年，国家广播电视主管部门就发布了《关于进一步加强网络视听节目创作播出管理的通知》《网络视听节目内容审核通则》《关于进一步规范网络视听节目传播秩序的通知》《关于做好暑期网络视听节目播出工作的通知》《国家广播电视总局关于进一步加强广播电视和网络视听文艺节目管理的通知》等规范网络综艺产业的相关文件。在对网络综艺行业的不断规范化管理下，《明星大侦探》第三季第一案“酒店惊魂”在上线不到一小时后遭遇紧急下架。如何在严肃性与娱乐性之间找到平衡点，建立正确的价值引导方式，成为《明星大侦探》*N* 代发展的难题。

（五）营销困境：小众心理阻碍节目“出圈”

不同于偏重娱乐性的传统类型综艺，《明星大侦探》本质上是一个“烧脑”的推理类综艺。这决定了它的受众面不像其他类型的综艺一样宽泛，而是要求粉丝受众具备一定的知识素养与逻辑推理能力。这就让节目最初的一批粉丝产生了一种“慧眼识珠”的自我满足意识。并且，自节目第一季播出以来，元老级玩家何炅、撒贝宁、王鸥、白敬亭、吴映洁等在节目中的出色表现加强了老粉丝对坚守最初嘉宾阵容的执念。部分老粉丝间形成了一个相对闭塞的圈子，他们不希望新人加入而破坏了节目最初的“情怀”以及原班人马间的“团魂”。《明星大侦探》作为中国推理类综艺的新苗，除思考如何留住忠实老粉丝之外，也要考虑如何破除他们“敝帚自珍”的小众心理，吸引更多的新观众，这也是 *N* 代发展需要解决的困境。

三、《明星大侦探》*N* 代的突围之路

（一）坚守核心：变与不变

的同时《明星大侦探》通过创新与变革，使这档引进的节目在中国本土焕发出蓬勃的生命力。如今已经走过了五季，节目本身的日趋专业化和

精准化为避免内容同质化、过度娱乐化提供了创新思路。五季以来，节目的整体框架依然注重对以下领域的传承：

(1) 内容为先，深挖正确价值观引人深思。

作为一档角色扮演和逻辑推理紧密融合的现象级综艺，《明星大侦探》一直以来对剧本和制作内容的要求极高，目的就是避免同质化，增加剧本故事的丰富性。同时《明星大侦探》还自觉地承担起了传播媒介唱响主旋律、传播正能量的责任，从第一季开始就透露出强烈的社会责任意识，通过“沉浸式体验”让观众去感受和体悟当下社会热点事件，在巧妙的情节设计中引导和传播正确的价值观，往往能让观众拥有更强烈的体验感，并激发观众的深层思考。

(2) 精细制作，注重质量。

除了内容策划上的坚持创新，节目组在场地的选择到物品的布置，以及整体剧本的时空营造到线索的环环相扣，再到后期的叙述角度和方式选择及原创表情动画剪辑设计等方面，都一直坚持精细制作。节目组不断精心打磨与长期积累的口碑，也成为《明星大侦探》吸引观众的重要因素。与此同时，《明星大侦探》也不断在各方面进行创新，从而提升节目效果，如节目嘉宾的选择尝试：节目从开始的明星玩家到专业人士的参与，再到素人玩家的加入，体现了节目组对“突围”的尝试。再如对深度互动，提升观众参与度的探索：灵活地运用大数据精确定位受众需求，再通过受众反应及时开辟新的互动方式，如开通直播通道，开发推理社交 App“我是谜”，创新互动微剧等线上与线下联动的传播方式都增强了受众的黏性。另外，在微博、豆瓣、知乎等平台上的热烈讨论，各种表情包甚至话题的“出圈”也带动了潜在用户的不断出现，扩大了节目的影响力。

从以上可以看到，《明星大侦探》通过立足于内外的精细制作，关切社会现实、引导正确价值观的节目内核与“互联网思维”的创新运用，成长为如今网络自制综艺中的佼佼者。

(二) 内容创新：突破审美疲劳的束缚

作为推理类综艺，打破“长寿”综艺困境的方法之一就是创新脚本故事，增加故事的丰富性，从而有效避免同质化，提升被模仿和超越的难度。尽管每一个剧本的创作周期长，选拔严苛，但我们依然可以看到五季以来《明星大侦探》在各种案件设计、故事安排、角色设定等方面都有着不小的突破：

（1）剧本案件中的人物联系设定更为错综复杂。

为避免走向单一的故事链条，《明星大侦探》剧本中人物的联系变得更为紧密。以案件为主体，各人物之间呈现出蛛网式密集结构，如第五季第一案“海上钢琴师”中穿越半个世纪的“父与子”的关系，第十二案“北方慢车谜案”中“三生三世”的时空交错及人物重合等，这种故事立意宏达且结构严谨、线索密切交织的剧本，不仅更有利于呈现当前社会热点，也让故事中的扮演者随着剧情的深入发现意外的惊喜，增强故事的戏剧性。

（2）剧本借鉴更加灵活多样。

各种侦探小说、悬疑故事和推理类影视中的情节更加灵活地出现在剧本设计当中。比如第四季第五案“天堂公寓”类似韩剧《W 两个世界》从现实穿越到漫画中再穿越回现实的剧情，设计了被害人身份不明和嫌疑人利用穿越闭环借刀杀人的复杂情节。第四季第一案“逃出无名岛”类似《盗梦空间》中筑梦师概念的出现，《楚门的世界》的寓意又让整个案件全程高能。更为重要的是，我们看到，节目组除了通过对影视剧情的合理改编，还进行了更为成熟的突破，在第五季第一案“海上钢琴师”中只是单纯地运用了一些设定，但整体的故事框架是新鲜缜密的，使剧情更加环环相扣、充满悬念。

（3）剧本打破原有的思维定式。

创新剧本模式，跳脱出普通思维，如两案连续超时长播出，再如无脚本模式在第四季第十一案“头号玩家”中的创新运用，让观众产生了“看明星现场如何玩剧本杀”的观剧心理；凶手指向不明的“逃出无名岛”中，每个人都为杀人递刀。案件注重反转性，如死亡过程的反转，以第四季第六案“巨想谈恋爱”中死者在搜证过程中死亡为典型。再如探案思维上纯逻辑的反转，如第四季第七案“魔法学校的秘密”中除了死者有多种可能的致死原因设定外，更重要的是在回归实际的基础上对于作案手法、案发地点、案发时间纯逻辑的反转。

正是这些在内容上的各个细节的突破才让《明星大侦探》始终魅力不减，内容创新也才成为 N 代节目传承的根本源泉和动力。

（三）制作创新：真实与破界

（1）原创实景营造极强氛围感。

《明星大侦探》实景拍摄手法的应用让我们看到了大制作、精细化的前期投入，实景搭建更增强了氛围的真实感，使观众有极强的参与体验感。节目中所有的实景拍摄都是在原创场景中完成的，所有的场景、时空设置以及道具、灯光、舞美等布置均由道具组全权负责，如耗费巨大、令人惊叹的第三季中的“玫瑰酒店”一案在4 000平方米的场地进行实景搭建；“逃出无名岛”一案中，节目组包下一整个岛，花了一个月时间打造“无名艺术馆”的“案中案”现场；“海上钢琴师”一案中斥巨资搭建的豪华游轮场景，等等。为观众制造了视觉上的新体验。

（2）传统棚景新思路突破。

棚景下的制作也突破了很多的“不可能”，如“逃出无名岛”一案中利用镜子制作了一座迷宫密室，使场景更加符合剧情的设定，增加了奇幻感。再如在传统棚景的实景拍摄下，“奇幻游乐园”一案在搜证环节中发现了密道和密室，这实在是让人感到惊喜。与此同时，作为破案重头的密室设计在五季那么多案件里却没有重复，甚至越来越“脑洞大开”，如“北方慢车谜案”中密室出现在列车上的狭小卫生间里，仅利用卷纸筒、冷冻剂、鱼线就营造了密室。再如“木偶复仇记”一案中所营造的木偶将尸体垂直吊起的假象等，正是这样意料之外的设计制作，才使观众们始终充满好奇去参与互动。

（3）后期制作充满闪光点。

节目组的后期制作一直是决定节目效果的一个重要因素，而《明星大侦探》中原创表情包和动画的设计绘制不仅增强了娱乐效果，同时成为节目的一大亮点。“通过‘明星实时动漫图像加心理活动文字’的情绪类花字设计、兼具倒计时作用的‘尔康卡通表情包’、适时出现的自制弹幕等内容衍生的运用，使游戏嘉宾在节目中的心理活动以搞怪的表情包来呈现，快速击中受众。”① 节目的案件还原形式也可以体现节目组的用心。正片中展示主线故事，同时在解密篇中以微电影的形式讲述凶手和死者线的故事，而其他参与者的故事线也通过微博和豆瓣以完整文字帖的形式辅助讲述，甚至小说和漫画的形式都在节目组的规划之中，足见节目与观众的互动参与度之高。

（四）角色创新：出圈与平衡

（1）“星素”结合的角色创新。

《明星大侦探》以明星角色扮演作为自身节目的核心卖点，自第一季以来，老玩家阵容外加飞行嘉宾，带动了话题热度和粉丝效应，但是由明星角色所带来的局限性也初步显现。因此，自第三季以来，《明星大侦探》便尝试在节目中融入素人嘉宾这一新的角色。早期的素人嘉宾主要参与节目的相关性人物扮演以推进剧本发展，如“玫瑰酒店”一案中齐思钧就参与了 NPC 的扮演，并有相关的出演镜头，而后节目中案件复原的演员均由素人参演。在获得较好的舆论反响之后，自第四季开始，节目设置“侦探助理”这一角色，完全由素人担任，如蒲熠星、唐九洲、周峻纬等人均以直接身份参与全期节目的录制。这些素人嘉宾均具有高颜值、高综艺感、较强的推理能力等特点，不仅在节目中对案情的发展起到了推进作用，也能够使节目更加贴近大众，产生共鸣，消除由单纯的明星角色扮演所带来的距离感。第五季更是在素人嘉宾上大做文章，推出衍生综艺《名侦探学院》，继续增加节目热度，也为素人嘉宾提供了一个更大的展示舞台，从弹幕的反响来看，多数观众对素人嘉宾的认同度和关注度颇高，这也为《明星大侦探》节目本身带来了更高的受众黏性。因此，素人嘉宾的加入为节目本身带来了更大的角色拓展空间。

（2）专业角色的融入。

《明星大侦探》以“凶杀案 + 社会热点”为模式进行内容创作，其中许多案件涉及法学、心理学、社会学等专业性学科问题，因此自第四季开始，节目加入“外援”这一角色，其独立于故事之外，主要方式是邀请相

① 牛玥．网络自制综艺的传播策略及其优势特色探析——以《明星大侦探》为例［J］．新媒体研究，2018，4（5）：129－131.

关行业的专业人士，从技术、学术等角度解析和梳理故事中涉及的专业性问题。尤其是第四季第一期，专家更是全程以上帝视角观察案件进程，实时解析，从而使这一角色的功用更加显现，对观众理解剧情也起到了辅助作用。从节目创作角度分析，这一身份的加入使《明星大侦探》的角色设置实现了有力突破，达到了更专业化的内容生产，使得节目本身的现实性和技术性都有较大幅度的提升，从而能在对受众进行以故事为主的情感教化的同时，科普法律、心理方面的知识。并且，在相当程度上对冲了综艺节目本身“娱乐至上”的消极影响，使节目能够在更专业的领域获得青睐，从而实现出圈的目标，吸引更多以获取知识为目的的综艺受众，丰富受众层次、提升受众品位。

（五）价值与立意创新：契合社会价值，创新表达方式

（1）现实批判性立意的加深。

面对当今综艺市场同质化、低劣化、泛娱乐化的倾向，以及“综 N 代”核心价值不明、片面化创新等弊病，《明星大侦探》一直是以“优等生”的形象屹立在市场迭代和竞争之中的。《明星大侦探》往往以凶杀案的形式展开，我们可以这样理解，即每一起凶杀案背后都蕴藏着社会的一种恶，在节目中这个恶以最残忍的方式——凶杀得以揭露。《明星大侦探》便是通过剖析每一种“恶”中人物所展现出的悲剧性和人性的丑陋面来实现它的立意价值的。可以说，《明星大侦探》的现实批判性立意才是其真正的立身之本，是其区别于其他综艺节目的本质特征和保持旺盛生命力的关键所在。尤其是第四季以来，《明星大侦探》的创作尺度不断增大，杀人的手段也更加残忍，我们看到，案件不断将矛头指向娱乐圈自身，如明星的不和主题、人设主题等都是对当前演艺圈乱象的辛辣讽刺，再如网络暴力主题、家庭暴力主题、基因编辑主题等，都是对当前社会热点的密切跟踪。节目通过一个个悲剧性的故事警醒每一位受众，进而不断深化其现实批判性的功用，而不是像前几季个别案件一味地制造恐怖气氛、悬疑场景和架空结构，反而是将节目的立意更加坚实地扎根于社会现实，收获了“明侦式”的正能量，让我们看到正能量也是有受大众欢迎的表达模式的。就像习近平总书记所说的：“广大文艺工作者要把社会主义核心价值观生

动活泼、活灵活现地体现在文艺创作之中，用栩栩如生的作品形象告诉人们什么是应该肯定和赞扬的，什么是必须反对和否定的。”① 再加上上文提到的专业角色的加入，也对节目本身的立意起到了升华和加深的作用。

（2）适度娱乐化价值叙述的强化。

就综艺节目的发展来看，往往会出现趣味性与严肃性，或者是价值性与娱乐性的冲突，如果节目过于看重综艺效果，就有可能出现空洞化、低俗化、恶趣味等倾向；但如果一个节目过于强调价值性和功用性，往往又会陷入古板、严肃、不接地气等困境。有很多“综*N*代”在创新的过程中都会陷入两难境地，如何做到两者的统一很值得思考。而《明星大侦探》就给出了它的解决之道，即适度娱乐化的价值叙述。《明星大侦探》虽一开始便定位于“30%跌宕剧情+40%综艺搞笑+30%智能推理”，但前几季节目还是出现了过度玩梗的现象。鉴于节目本身的创新以及新角色的加入，第五季《明星大侦探》的内容公式修改为“10%角色扮演+20%跌宕剧情+30%综艺效果+30%高能推理+10%专业价值”，我们可以明显看到《明星大侦探》的核心要素中，随着新元素的加入，娱乐性的比例持续下降，这就是“适度娱乐化”。而且节目嘉宾的场务职责更加明显和突出，如何炅是控场职责、撒贝宁是搞笑和知识普及职责、白敬亭是推理职责和颜值担当等，这样的明确分工，进一步保证了节目娱乐性的适度和可控，实现比例合理调节，摆脱了无厘头式的娱乐狂欢。

（六）传播路径创新：以受众为中心

（1）衍生板块，增加热度。

作为一部高口碑、高制作的网络综艺节目，《明星大侦探》也一直在探索如何利用节目热度，打造衍生板块，同时将衍生产品反作用于节目，保持后续热度，增加观众黏性。《明星大侦探》第四季斥巨资赞助官方合作社交推理App“我是谜”，玩家下载后便可享受与节目中明星玩家同样的游戏体验，自行选择故事进行身份扮演、搜索证据和推理凶手。该App保持了《明星大侦探》同等剧本的制作水平，签约近500位作者为平台提

① 中共中央宣传部．习近平总书记在文艺工作座谈会上的重要讲话学习读本［M］．北京：学习出版社，2015.

供剧本服务，代入感强，体验感好，为节目观众以及喜好专业类游戏的玩家提供了一个交流的平台。由于《明星大侦探》为季播节目，该软件就在空窗期为观众提供了多样化的选择，同时延续了节目的热度，让受众在游戏体验的过程中加深对节目本身的好感度和参与度，有效地保证了受众群体的稳定性，甚至还能为原生综艺带来新的观众群体。《明星大侦探》第五季播出期间，芒果 TV 推出《名侦探学院》与其交叉播出，该节目以素人嘉宾为主，嘉宾将以“名侦探学院学员”的身份，通过高能推理游戏决定每一期的侦探助理，参加《明星大侦探》节目录制。该节目一经播出便好评不断，其中蒲熠星、周峻纬还曾在节目播出期间登上微博热搜，引发关注，颇有出圈之势。这一衍生节目与第五季《明星大侦探》相互贯穿，流量度、话题度均有较大提升，再加上芒果 TV 全平台推介，更是进一步拓宽了受众群体，原本的观众也能够获得新的节目体验。

（2）加深用户参与度，提升沉浸效果。

在综艺 VR 技术尚未成熟的情况下，如何使观众摆脱 2D 平面下产生的距离感，能够深度参与节目，这的确是摆在综艺制作传播方面前的一个大问题。实景搭建拍摄，观众融入性强，一直以来是《明星大侦探》的原生优势，但是随着综艺节目的发展和观众体验需求的增多，《明星大侦探》*N* 代也在不断寻求突破。自第四季以来，《明星大侦探》深耕知乎、豆瓣、贴吧和超话，以弹幕为即时互动，以其他空间为讨论核心，形成了独特的社群文化，他们甚至对节目制作和后续案件起到了很强的影响。而节目制作方也以此为契机，向广大网友征集案件素材，更是大大激发了受众的节目参与感和互动感。同时第四季节目还通过创新微剧，采用电影画面和叙事手法，将复杂的人物关系与悬疑的故事情节、繁杂线索铺陈完备，等待观众发现，从而引领线下观众在荧幕外互动。在观看结束之后，可以通过客户端界面的“明侦专区”对怀疑对象投票、提交案件分析报告①。第五季更是开设《名侦探俱乐部》，会员专享未播剧情、案件还原、侦探票选等独家内容，给观众提供了丰富的选择和深度的参与空间。这些方式无疑

① 方亭，鲁哲．网络综艺节目创新路径解析——以《明星大侦探》为例［J］．当代传播，2020（1）：69－72.

大大提升了观众的参与度和沉浸感，实现了新技术应用前的过渡性探索，使得《明星大侦探》这档节目在网络综艺领域中独树一帜，形成了自己的创新模式。

四、对当前“综 *N* 代”创新的启示

在电视综艺和网络综艺井喷式发展的当下，“综 *N* 代”不仅要面对众多“后浪”节目的挑战，还要承受观众审美变化、市场营销乏力等各方面的压力。就算是作为现象级网络综艺的《明星大侦探》也不能保证自己永立潮头，这也是很多“综 *N* 代”所面临的瓶颈。“综 *N* 代”节目要想获得进一步的发展，就必须客观地审视自身存在的问题，勇于踏出舒适圈。所以《明星大侦探》的有益尝试和创新，给了许多综艺节目以新的启发：

首先，节目的核心价值观必须符合社会主流意识形态，要针对节目面向的观众群体进行积极的、正面的价值引导，同时要注意采取观众接受的、喜闻乐见的方式进行，避免出现走向“假大空”的极端情况。

其次，要深耕节目内容，积极自我创新。作为“综 *N* 代”，“内容为王”是创新的立足点，节目内容与形式的创新和发展是节目得以生存的手段，唯有创新才能使略显疲软的“综 *N* 代”再次焕发出新的能量，在网综大爆炸时代立于不败之地。

最后，要以受众为中心。“观众缘”是关乎综艺节目发展的核心竞争力，对于节目的制作，既要在内容上迎合观众的需要，尽量贴近大众生活，又要创新节目形式与传播思路，将“受众”作为节目所围绕的核心，并采用多种方式，将其纳入节目良性发展体系。只有这样的节目，才能真正洞察市场和受众的需求，指导自我的革新，得以健康稳定成长。

（作者胡满、万嘉琪、刘可莹、张云琪、陈薇，暨南大学文学院中文系 2018 级本科生）

学者介入：提升网络综艺思想性的探索

【案例导读与点评】

在当下综艺节目的平台格局中，网络综艺由于其敢于创新、具备“网感”以及互动性强等特点，无论从节目产量还是影响力等方面，已经日益盖过电视综艺，成为深受年轻受众欢迎的文化类型之一。与早期网络综艺的“野蛮生长”不同，随着网络综艺的不断“破圈”，以及监管政策的规范，提升内容品质和文化内涵已成为网络综艺进一步发展的内在要求，为此需开展各种形式的创新与探索。其中，既包括类型题材层面的融合，也包括产业边界的拓展。而学者的媒介介入与内容参与，作为其中的一种探索方式，其对网络综艺节目的内容形态究竟带来了什么样的影响？本案例正是立足这一新趋势，在辨析学者对网络的介入不同于传统文化类电视综艺新特征的前提下，通过其对节目的话题延展、对话关系的构建以及思想价值的提升三个维度，分析了其介入的功能与意义，同时清醒地分析了学者介入节目类型的限制性。案例对网络综艺的介入，立足于网络综艺从娱乐性向思想性提升转型这一语境，切入点比较独特。当然，综艺节目的娱乐性是否同化了学者的思想性？学者介入节目的限制性是什么？如何平衡好节目娱乐性与思想性的关系，使网络综艺在点播量与口碑层面都取得突破？对于这些问题还可以更加深入地思考。

据《2019 艺恩文娱数据白皮书》，我国 2019 年电视综艺益智类节目播出时长为 1 305 022 小时，2020 年为 1 159 168 小时。国产季播综艺中，2018 年电视综艺数量为 193 档，2019 年为 151 档，整体呈现下降的趋势。电视综艺的回落与当下传播媒介的丰富发展息息相关，尤其是具备内容新奇、形式丰富、观看便捷等特点的网络综艺对观众具有越来越大的吸引力。近年来，网络综艺的题材和形式更是取得了多元化发展，如情感类《女儿们的恋爱》《心动的信号》、选秀竞演类《创造营》《青春有你》《乘风破浪的姐姐》、脱口秀类《拜托了冰箱》《吐槽大会》《奇葩说》《脱口秀大会》等，在很大程度上满足了受众差异化的娱乐需求。但与此同时，在发展快车道上的网络综艺由于对娱乐化和资本的过度追求，出现了模式类同化、内容低俗化等问题，网络综艺作为内容产业的性质逐渐被忽视。

思想内容的不足限制了网络综艺留住观众、融入主流文化和独特的价值引领作用。如何运用好自身媒介优势，以足够的思想内容支撑节目核心的创意价值，成为当下网络综艺亟须面对的问题。各网络综艺也进行了不少新尝试，如"综艺+生活""综艺+文化""综艺+情怀"等[①]，以生活经验、情感体验相似等让观众感同身受，由此获得观众的喜爱。而在近期的网络综艺中出现了主体的新变。综艺嘉宾在明星偶像的基础上，加入了不少学者，出现"综艺+学者"的新形式。如哲学教授刘擎在《奇葩说》第七季取得了广泛的社会影响后参加了《仅三天可见》以及《角落的夜晚》《十三邀》等节目录制；《奇葩说》第五、六、七季有经济学教授薛兆丰；刑法学教授罗翔参加《脱口秀反跨年》；作家许知远参加《吐槽大会》；眼科医生陶勇参加《令人心动的 offer》第三季等。学者参与传播类节目早期发端于《百家讲坛》《中国诗词大会》，但近期多位学者介入各网络综艺所带来的影响及社会大众对于学者的讨论远超从前，为网络综艺增添了可探讨的思想性空间，这对破解网络综艺发展困境起到了重要的作用。

关于网络综艺的相关研究有：郑焕钊的《反思网络综艺内容生产的三个维度》，迟婧婧的《选秀网综爆款的"反套路"——〈中国有嘻哈〉的破局之法》，朱传欣的《融合与抵牾——网络直播综艺节目的转型升级》，张宁、唐嘉仪的《商业逻辑与青年亚文化生产：网综节目的批判话语分析》，王浩的《中国网络综艺节目现状、问题与原因研究》，等等。

---

① 不少综艺从"综艺+"入手，探索转型的可能性，如"综艺+亲子=《爸爸去哪儿》""综艺+情怀=《大湾仔的夜》""综艺+文化=《上新了·故宫》""综艺+生活=《向往的生活》"，等等。

关于学者与传媒的相关研究有：杨桂荣的《“主持人明星化”与“电视学者化”——试探“舆论领袖”理论在我国电视传播中之运用模式》，吴学安的《“学者明星化”与“娱乐至死”》，齐琦的《〈百家讲坛〉：电视媒体塑造的学术文化大餐》，生舒、韩彦超的《从学者明星化看当代中国社会娱乐至死》，龚丽文的《当学者步出象牙塔——浅析学者“明星化”》，沈佳翼的《反躬自省：论专家明星化的“轴心迷障”效应》，等等。由此可见，现有关于学者与传媒的研究多是围绕早期学者本身被“明星化”“娱乐化”进行负面批判。

总之，学者参与综艺给综艺主体带来的影响尚存在研究空间。随着知识消费、知识产业的兴起，学者介入公共传媒顺应了消费大众的需求，成为时代的趋势。

一、延展话题：填补意义感的匮乏

话题作为网络综艺的内容支撑，往往反映着节目及其制作者的思想性。近年网络综艺主体多为纯明星艺人，围绕明星本身的流量效应和粉丝基础制造话题，如选秀竞演类网络综艺《青春有你》和《创造营》，多以艺人本身的“梦想”“拼搏”作为主要话题。但后续出道的团体作为“概念团”，期限仅一到两年，粉丝打榜等模式化的节目形式和空洞的话题背后难掩商业利益的本质。《火星情报局》以火星特工观察人类的视角，以“奇幻科技”为话题，节目实际效果却是以打擦边球的“污”段子引发“集体狂欢”，节目本身表达的理念在喧嚣之下变得模糊不清。话题流于表面，泛娱乐化的倾向往往造成综艺节目思想性不足，从而导致意义感的匮乏，既没有承担网络文艺价值引领的责任，也不利于网络综艺自身的可持续发展。因而当下综艺出现了不少“跨界”的形式①，力图在不同领域的交织碰撞下寻找更值得探讨的话题，从“全娱乐”“全综艺”向思想性探索。

① 例如，《跨界歌王》《跨界喜剧王》《二十四道锋味》等，《跨界歌王》目前已推出五季，受到的评价较高。跨界有利于明星潜力的发挥，价值展现多样化。

具有专业知识的学者的介入就为节目赋予了思想性的特点。《奇葩说》在第五季时首邀经济学教授薛兆丰参与节目话题讨论。经济学以数字、计算为基础，与日常生活还是有着一定的距离。因此当学者参与网络综艺时，其无形中扮演的是专业知识与大众之间的桥梁，承担“翻译”的功能。例如，薛兆丰以专业名词“沉没成本”解读生活中买到不喜欢的东西等具体情境，为节目话题增添了可阐释性。在第五、六季取得了正向影响的基础上，《奇葩说》第七季又邀请了哲学教授刘擎作为常驻嘉宾。邀请两位分别是经济学与哲学领域的学者共同参与目前年轻人所面对的、关心的日常问题的讨论，将话题客观化、理性化，有助于为观众提供多样化的理解角度，丰富并延展节目的话题，从而更凸显《奇葩说》作为辩论综艺本身想传达的思想价值，即多元的可能性。

不同学科的学者受到既有专业研究的影响，对同一个话题有不同的解读。而《奇葩说》节目组也巧妙地利用了学科性质的特点，在一开始就设置了让刘擎和薛兆丰一对一辩论的环节，让双方阐述对对方学科的理解。在节目过程中，两人面对辩题也往往各持一方，如关于“下班后的工作消息该不该回”，两位学者分别代表了“实然”和“应然”两种状态，薛兆丰注重现实与机会，而刘擎则强调理想与可能性。在不同的学科视角下，一个日常普遍的话题被赋予了多重理解的角度，观众可以通过两位学者的辩论在其中寻找到自我认同。同时，两个存在差异的学科又都能在节目中回归到对“人的关怀”的共同点上，如在第六期关于“前任点评”App的辩题中，虽然薛兆丰是以数据为依据，刘擎则以否定数据作为立论点，但两人最终都以“人与情感不能被数量化”作为结论。不同的学者从自身学科认知出发，最终共同抵达同一个意义层面，从而营造知识观点输出后的和谐感，有力地传达了《奇葩说》多元包容、和而不同的节目理念。而刑法学教授罗翔参加《脱口秀反跨年》时，将法律形式融入了脱口秀，并以自嘲的方式叙述自己遭到微博网络暴力的经历，将严肃的话题娱乐化，却能够引发观众对于娱乐背后更深层次的社会公共问题的思考。许知远参加《吐槽大会》时以犀利的语言抨击了他者的质疑，传达出知识分子在当代社会仍然保有的一种不入流俗的精神态度，在“吐槽”中对社会消费主义、流量文化等进行了批判和反思。

综艺节目独特竞争力的形成在于“创造独特的话题内涵、角色特征和价值表达，形成具有差异化的节目品牌”[①]。不同领域的学者参与网络综艺，为不同网络综艺背后的文化增添了辨识度，同时拓展和深化了节目中所涉及的话题。学者参与综艺所带来的不仅是身份的跨界，更是内容与思维的跨界。[②] 正如刘擎在《仅三天可见》中坦言明星嘉宾本身具有形象价值，而学者则需要通过观点、内容的表达为节目增添意义才具有价值。“综艺+学者”从不同的学术角度出发面对大众，让学术成果通过综艺实践转化为公众知识，一方面扩大了学术成果的影响力，提高了社会价值，另一方面强化了网络综艺自身的理念和态度。所涉及的话题往往与当下观众的现实情境相关，让观众在综艺中得到回应，有所认同，有所收获，提供良好观感的同时创造了意义感，有效地平衡了节目的娱乐性和思想性。

二、故事讲述：建构观众对话关系

学者早期参与电视节目的录制有《百家讲坛》《中国诗词大会》，这些节目均属于文化传播类型。在节目中，学者对某一文化知识进行讲解，以“讲”作为主要形式，进行单方面纯知识的输出，与观众的互动略显不足。而网络综艺依托网络技术、新媒体融合等背景，具有不受时间、地点限制，能够即时互动、流动性强等特点，拉近了与观众的距离。以往的网络综艺多采用弹幕评论、话题讨论参与等方式实现节目与观众之间的联系。而在近期学者参与的综艺中，节目与观众的关系有了新的变化，具体表现在通过特定情境中的故事讲述引发观众的“共鸣感”。在《仅三天可见》中，节目组邀请了刘擎与陶虹进行了为期三天的相处，其中呈现了四个主要情境：一是刘擎观看陶虹担任“白玉兰奖”评委；二是陶虹参与刘擎课

---

① 郑焕钊．网络综艺节目的三个问题：内容创意 价值尺度 明星消费［N］．文艺报，2017－06－14（4）．

② 王鑫钰．网络访谈节目的创新探索——以《十三邀》为例［J］．戏剧之家，2021（27）：163－164．

堂讨论；三是刘擎、陶虹与老友相聚；四是刘擎与陶虹共同排练戏剧。不同的情境有共同的表达方式，即嘉宾自身的故事叙述。学者刘擎在节目中讲述了自己在青海的童年时光及读书经历、大学以后从理工科转向人文学科的思路历程，以及青年时期对于戏剧表演的热爱。嘉宾从当下的现实情境出发，以回忆作为故事叙述形式。节目组还设计了上海剧院的场景，找出刘擎当年演出的视频记录，以1990年的上海剧院为具体背景，为刘擎的故事创造出一个关联时空，将故事具体化、现时化，使其生命形象得以在情境中绵延，并构建了过往的他、现在的他与观众交流联系的共同平台。

“真正的创意需要在具体节目虚拟的、假定的语境中来重新建构话题讨论的角度和深度，形成具有整体差异性的角色类型和价值表述的方式。”① 对于观众而言，以往网络综艺的明星相对熟悉，个人特性固定，不同网络综艺的叙述方式及内容易出现类同化。特别是当明星资源不足，同一明星辗转于不同的综艺时，如何炅、大张伟、杨迪等人在芒果TV的《向往的生活》《拜托了冰箱》《火星情报局》等节目中反复出现，节目可以展示的故事内容空间就会趋向单薄。而学者相对于明星使观众更具陌生感，其作为故事讲述的主体就会对观众有着更大的吸引力，刘擎在节目中表示学者不同于以前观众接触到的公众人物，可以为观众提供新鲜感，而观众也更愿意倾听。此外，《仅三天可见》中刘擎的故事不仅具有个人的意义，还在讲述中将过去的时代与当下，将已成长的一代与正在迷茫的一代相联系，使得故事具有深度与普遍性价值。例如，在讲述过程中，刘擎提到当代人对于意义的追寻与意义感的匮乏，从政治哲学的角度提出“远方的暴政”所带来的不确定性对于社会个体的影响。以及在老友相聚的情境中，刘擎、陶虹与共同的学者朋友追忆过往，畅聊生命意义与梦想追求。而刘擎与陶虹在相处的过程中更是不断地讨论节目想要表达的根本问题：人与人之间应该如何相处？在急速前进的社会语境中探讨人与人之间的“得体”，对当下盛行的“吐槽”“怼”文化等进行反思。

故事是节目与观众的连接点。一方面缩小学者与观众的距离感，另一

① 郑焕钊．网络综艺节目的三个问题：内容创意　价值尺度　明星消费［N］．文艺报，2017－06－14（4）．

方面以日常的话题为观众提供更多的代入感，并在观看的过程中形成参与感，对节目产生共鸣。节目中的故事不仅是叙述，更是对话。对话意味着主体客体的存在，节目的对话既存在于嘉宾之间，也由于内容涉及大部分观众的真实体验，因此同样存在于嘉宾与观众之间。通过对观众心理的捕捉与关注，对观众可能面临的困境进行理论与现实的剖析，从而形成多方对话关系，为观众的记忆和情感需求提供可安放的位置。《仅三天可见》(特别实验季) 的第三期上、下集分别有 2 480.8 万次与 2 504.1 万次的播放量，但相比于《青春有你》《创造营》播出时的刷屏式弹幕而言，《仅三天可见》的弹幕数量并不多。弹幕关键词有“深度”“认真”“舒服”等，作为即时情感的反映，弹幕数量的减少一定程度上说明观众沉浸在节目所讲述的故事中，沉淀式的情绪置换了激情宣泄。《仅三天可见》通过故事叙述建立与观众的对话关系，在情境中以“真诚”重新定义真人秀网络综艺的真实维度，使得网络综艺所呈现的故事更具有思想意义和生活价值。

三、节目转型：丰富节目思想价值

网络综艺产业的迅速发展意味着保留现有的娱乐模式并非长久之计。各节目需要具备核心的价值观念，才能提高自身的辨识度与竞争力。自 2014 年爱奇艺推出自制综艺《奇葩说》获得强烈反响后，近几年以爱奇艺、腾讯视频、芒果 TV、优酷为代表的网络传播平台不断推出新的网络综艺。统计显示，2019 年腾讯视频推出 68 档网络综艺，占领四个平台之首；爱奇艺推出 31 档；芒果 TV 推出 27 档。网络综艺主题的开拓者往往形成了具有辨识度的 IP，并且依托已有粉丝基础和打造“综 *N* 代”，具有延续价值，但这也给之后出现的网络综艺带来了创新压力。不少网络综艺因此陷入模式化、类型化，2020 年与 2021 年就扎堆出现了多档恋爱综艺节目，如《心动的信号》《女儿们的恋爱》《机智的恋爱》《喜欢你我也是》等。类型化的网络综艺容易造成观众审美疲劳，节目组在坚持迎合受众的类同题材下只能通过邀请不同的明星参与来创造话题，但这加剧了对明星消费的依赖性，模糊了对内容价值的思考。如何在现有题材基础上进行创新？如何进行创造性转型？无论是“综一代”还是“综 N 代”都需要直面思想性不足的问题，突破空洞的娱乐性限制。根据上述，当学者介入多档不同类型的综艺，综艺的语言文化与公共意义较前期综艺才有了创新性的转变。

（一）综艺语言文化塑造

网络综艺是视听结合的融媒体网络文艺形态。网络综艺的语言既在屏幕上有视觉呈现，给观众留下直观印象，又在听觉上影响观众的观感，是节目风格和思想理念的承载形式。不同的网络综艺由于自身定位与表达的理念不同，具有不同的语言风格。如《吐槽大会》和《脱口秀大会》的“吐槽”语言和幽默语言；《奇葩说》的辩论、个性化语言；《十三邀》的深沉、思考式语言；《创造营》的激励式语言等。而之所以一档综艺节目能够打动观众，“综 N 代”的发展能够留住观众，在于其语言对节目理念的恰当表达。

但在主题类同和个人表达内容有限的情况下，节目与其中嘉宾的语言表达也容易出现话语单调与内容空洞的情况。《火星情报局》第一季的豆瓣评分是 7.5 分，第二季为 7.3 分，到第四季仅有 4.5 分，这与节目的语言风格有密切的联系。《火星情报局》的主持人多来自《天天向上》，节目语言风格与后者相似，并把“污”文化作为节目“网感”的标志与噱头，“将互联网视为激发欲望的场所，过度凸显欲望化修辞在综艺内容表达中的作用”①，因此其语言不仅没有传达出“火星特工对话人类”的理念，也没有带来正向的节目效果。反观《奇葩说》，近几季学者介入《奇葩说》后，与原有嘉宾形成了多元包容的对话关系，如传播学教授陈铭、谈判学教授熊浩、律师詹青云、经济学教授薛兆丰、哲学教授刘擎。在连续几季的播出中，《奇葩说》都留下了一些经典性的话语，如陈铭的“站在宇宙中心呼唤爱”、熊浩的“微光会吸引微光，微光会照亮微光，我们相互找到，然后我们一起发光”、詹青云的“没有伤悲，就不会有慈悲”，而刘擎

① 郑焕钊．从“小清新”到“污文化”，不是蜕变是退化［N］．中国艺术报，2017-07-03（2）．

在第七季中说的“这个世界应该让不好的选择消失”“人类的内在精神现实包含了我们想成为谁”，以及在半决赛辩题“收到30年后的自己发来的人生建议，你要不要看?”中的发言，即“如果我足够爱自己的话，我会等到30年后的那天打开那封信，然后在上面写着‘你是如此热爱你自己，以至于在今天你打开，写下了同样的话，祝贺你’”等，不仅在当期获得了全场的认可，更是“出圈”在互联网平台上被广泛传播。刘擎在网络综艺中的发言具有哲学学科对人普遍关怀的特点，唤醒了观众心中曾经对理想、情感与未来的期待。《奇葩说》向来以追求个性与自我为宗旨，以往几季多聚焦于如马薇薇、范恬恬、肖骁等几位选手的激烈辩论，而在第六至第七季逐步放缓了节奏，增加了抒情和思考的节目时刻，如节目在刘擎发言时采用温和、平缓的背景音乐，加强语言表达的效果，带给处于急性文化环境中的观众以温情，而这种具有钝感的温情留住了观众思考的时间。与同类型的语言类脱口秀节目相比，《奇葩说》的语言文化被赋予了更多的思考意义，从降速的维度实现了自身的转型。

（二）提升综艺主流价值呈现方式，促进综艺文化与主流文化的融合

综艺的娱乐性在资本的驱使下易出现迎合流量、过度商业化的现象，不利于建构健康形态的互联网青年文化以及主流价值的良性互动①。如《青春有你》第三季因导向问题，被北京广播电视局停播。节目中投票助力、打榜机制提高了粉丝群体在偶像成长过程中的参与感，“饭圈文化”让粉丝观众进入集体，却难以让观众获得归属感和认同感，同时急剧的竞争、排名无形中加剧了参与者的精神压力。过度娱乐的背后存在着对公共意义的忽视与对个体思想的压迫，最终将限制网络综艺自身的可持续发展。

自觉提升节目的价值意义有利于网络综艺将自身的独特价值与主流文化相融合。《仅三天可见》和《角落的夜晚》引入学者的观察视角，对当下社会急性文化进行探讨。例如，《仅三天可见》中刘擎用“意识形态将瘦变成了当下流行的一种美学标准”与陶虹交流年轻人“一味求瘦”的现象，同时表达了综艺作为大众文化的载体需要有及格线的观点。这使得网

---

① 郑焕钊．从媒介融合到文化融合：网络文艺的发展路径［J］．中国文艺评论，2020（4）：82－91.

络综艺在制作、播放的过程中进行自我反思、获得更新的意识。《角落的夜晚》作为一档文化清谈节目，主持人梁文道携手刘擎、周濂、陈丹青等多位学者围绕社会性别、焦虑、爱情、成功等主题进行畅聊，在 bilibili 平台上的片段播放量均已破万。《奇葩说》在学者的参与中，将以往关注个人、自我的辩题拓展到更多关于思考人与他人、人与社会的层面，如“全人类带着记忆重启 2020，你支持吗”“从明天开始，奇葩星球一切社交媒体都显示真名，你支持吗”“下班后的工作消息该不该回”“奇葩星球新科技，人们可以自由买卖生命时间，你支持吗”等，从“想象可能性”出发，探索人与大于自身的存在的关系。《令人心动的 offer》第三季突破前两季的全明星阵容，邀请眼科医生陶勇参与观察。学者以专业的视角引领观众思考医疗行业的现状，呼唤医务人员与社会公众之间的相互关怀。以观众情感为基础，将综艺的纯娱乐效果转化为对思想意义的探讨。

综艺嘉宾对学者的引入顺应了主流文化的发展要求。一方面表现出网络综艺减少对明星消费的依赖，转向关注更多非明星的素人群体；另一方面消解学者不同于普通素人的距离感，以其知识背景满足观众对于专业知识的求知欲，促进综艺创新。此外，国家广电总局于 2021 年 9 月召开网络视听文艺节目及人员管理工作座谈会，提出加强对网络文艺的管理，整治行业追星炒星、泛娱乐化和高价片酬等突出问题，强调打造文艺精品的重要性。综艺与学者的结合正是网络文艺在新的时代形势下实现转型的范例。马东与许知远在《十三邀》中的对话提到，社会存在由 5% 的知识分子所代表的精英文化与 95% 的大众文化，这两种文化之间往往存在隔阂。而学者介入综艺在丰富网络综艺价值功能的同时，促进了圈层之间的“破壁”，使综艺节目成为价值表达、知识传播的平台。提升综艺节目的公共意义，也在主流价值观和大众文化之间为网络综艺寻找到了发展的平衡点。

四、结语

网络综艺作为融媒体时代背景下的新型文艺形态，需要具备相应的话题讨论度与思想价值才能打造独特 IP，提升节目竞争力。当下网络综艺正在从泛娱乐形式向"综艺+"的方向探索。而学者的介入更新了综艺的主体，为网络综艺从"娱乐"到"思想"的转型发展提供了借鉴意义。在《奇葩说》《仅三天可见》《令人心动的offer》等网络综艺中，学者凭借专业的知识素养与独具特色的个人魅力成功"出圈"。学者在互联网平台上取得的广泛影响及网络综艺讨论热度的提升也证明了观众对网络综艺新模式的认同。"思想与表达"是综艺节目能否延续内在价值的关键所在。学者介入网络综艺以延展话题，创造意义，回答了综艺节目"表达什么"的问题；以特定情境中的故事讲述，构建新型对话关系回答了"如何表达"的问题；以塑造语言文化，与主流文化相融合，实现自身转型，展现了"表达效果"，成为网络综艺表达的新范式。

但当下参与网络综艺的学者多集中于语言类、观察类的几档综艺，其他类型的网络综艺存在着与学者融合的限制性。且学者参与综艺需要兼顾娱乐效果和思想融合，在表达时需要与观众进行情感互动，才更能凸显网络综艺的思想内容与价值引领功能。日后如何邀请更多元的学者共同参与网络综艺建设，如何创新学者与综艺、娱乐与思想的关系，避免类同化问题的再次出现，对网络综艺自身打造仍具有挑战性，还需要进一步探索。

（作者林思仪，暨南大学文学院中文系2019级本科生）

《疾速追杀》系列电影：动作片的创新与突围

【案例导读与点评】

对电影类型学的分析，是文化产业深入具体行业领域进行研究工作的一部分。类型的重要性在于一方面关联着产业（市场、观众与资本），另一方面关联着艺术的本体（叙事、情节与情境）。动作片作为全球共享的最重要的电影类型之一，在当下的发展中遭遇了怎样的困境？又该如何进行类型的创新与突围？本案例以《疾速追杀》系列动作片的具体创作为研究对象，立足好莱坞动作电影史的发展脉络与创作实践，从电影叙事与电影美学的角度进行了较为深入细致的分析与讨论，从中探索其创新的启示。对文化内容的创新研究，有不同的展开维度：既可以从市场的层面讨论其产业模式与营销方式的创新，也可以从内容的层面分析其创作、设计与策划的创新。对文化内容从艺术本体上进行分析，是文化内容创新研究的基础。只有建立在艺术本体基础上的创新分析，才能使产业的发展符合文化艺术发展的规律，实现真正的文化创新。

一、引言

动作片对于绝大多数人而言并不陌生，惊险刺激的动作场面往往能带来强烈的视听冲击感，且内容题材广泛，在世界范围有很大的影响力，西部片、警匪片、战争片、武侠片、功夫片、谍战片、超级英雄片等都可以列入动作片的范畴，本案例所探究的动作片特指围绕人与人之间展开对抗、搏击、格斗的一系列动作题材电影。

以《火车大劫案》《人猿泰山》《侠盗罗宾汉》等经典动作片为先驱，暴力元素成功进入了电影，并逐渐成为一个特有的类别，以“历险”为主；美苏冷战时期，改编自伊恩·弗莱明小说的《007》系列电影的出现拓展了动作片的领域，特工元素、谍战元素以及爱情元素相融合，催化出了票房上的突破，这一系列经久不衰，直到2012年的《007：大破天幕杀机》仍能斩获11亿美元的票房。

二十世纪七八十年代，特效技术的推广让暴力元素得以进一步发挥，以史泰龙、施瓦辛格为代表的一系列美式硬汉形象出现在荧幕前，动作片与其他类型片存在着一定的融合，如《终结者》系列电影便是科幻片与动作片的经典结合，同一时期，东方的动作元素崛起，以李小龙为代表的香港功夫片精彩华丽的格斗动作场面带来了动作片发展的重要转折点，其主演的《龙争虎斗》《精武门》《猛龙过江》《死亡游戏》等电影风靡全球，将东方武术理念与现代搏击技法相融合，独创截拳道以及相应的哲学理念，对动作片产业产生了巨大的冲击。暴力美学在世界范围内也逐渐成为风潮，吴宇森指导的《喋血双雄》《英雄本色》等片对于当代动作片仍有较大的冲击，意大利导演昆汀也是暴力美学的代表人，其《杀死比尔》《罪恶之城》以大量血腥场面予以观众视觉冲击。

20世纪90年代至今，越来越多的动作片涌出，以东西方为分界。东方以华语动作片为主力，功夫/武侠和都市犯罪是两大主要题材，警匪/犯罪片有《警察故事》系列、《杀破狼》系列等。2007年甄子丹主演的《导火线》成为影视界MMA综合格斗的"教科书"，而后很长一段时间里都没有足够优秀的动作片出现，香港电影也走向了没落。吴京的《战狼》系列凭借爱国主义情怀、好莱坞模式，获得了可观的票房成绩，而《红海行动》《湄公河行动》等也走着主旋律的道路，但后劲不足。甄子丹主演的《肥龙过江》走向了成龙式的戏剧动作片，原汁原味的暴力元素已经慢慢淡化。此外，一些亚洲的动作片虽然有较为高超的动作设计，但仍抵不住观众的审美疲劳，如泰国托尼·贾主演的《拳霸》、日本坂口拓主演的《重生》等。功夫/武侠片有《少年黄飞鸿之铁马骝》《卧虎藏龙》《英雄》《功夫》《十面埋伏》《精武英雄》等。2008年开始的《叶问》系列逐渐成为一代经典，2019年的《叶问4》已被称为"功夫片的绝唱"，其实战化的武打动作设计、亲情与自信的双重内核、完善的"叶问宇宙"以及爱国主义核心价值观的流露，成为影片的亮点。

西方动作片“教科书”《黑客帝国》是“科幻 + 动作”经典模式的完美融合，结合超前的特效技术成为一代经典，“科幻 + 动作”的模式也成为好莱坞电影的重要模式，美式个人英雄主义开始上天下地拯救世界。而由漫画原型改编而来的DC与漫威的超级英雄更是占据了大众视野，如诺兰执导的《蝙蝠侠黑暗骑士三部曲》将“蝙蝠侠”这一超级英雄的形象塑造得极具深度和广度，扎克·施奈德执导的《超人：钢铁之躯》以宏大震撼的战斗场景与压抑的人物形象开创了“超级英雄”题材的新高度，漫威则以娱乐化为切入点，构建了“复仇者联盟”电影宇宙，成功斩获超高票房。

《谍影重重》的横空出世引发了谍战题材电影乃至于动作片的新格局，不同于《007》系列中的英伦浮夸特工与《碟中谍》系列中的高科技美式特工，《谍影重重》塑造的杰森·伯恩走的是现实主义的路线，是一个普通人，没有高科技的加持，没有爱情元素的泛滥，其沉默寡言、朴实无华、有情有义的形象迎来了高度的好评，而《谍影重重》对动作片的最大创新和影响力在于“以色列马伽术的现实主义格斗风格 + 晃动镜头 + 快速剪辑”的完美融合，予以观众超强的代入感。而后，好莱坞动作大片基本上离不开“手持镜头 + 快速剪辑”的拍摄技法与炫酷特效和宏大场景的视觉效果相结合的模式，久而久之，观众逐渐产生审美疲劳。而《疾速追杀》三部曲的出现使这种情况得到了逆转，纯动作片回归到真实性，莫桑比克射击法、战术走位、CAR射击法等经得起考究的动作设计使其获得了高度的好评，而一向薄弱的动作片剧情设计也被赋予了古希腊神话的内核，结合其特有的古典与现代融合的视听效果，不失为西方动作片中一次相当成功的突破。

动作片一直以来以强烈的视听张力为其核心竞争力，满足了观众对于暴力、犯罪、杀戮等无法在现实世界中合法实现的欲望，是对被压抑的欲望的满足，容易被评价为“爽片”。而相比之下，动作片一直被诟病的是其薄弱的剧情设计与经不起推敲的主题思想，主角被赋予了各种各样的光环，总能带来大团圆的结局，邪恶终究会被正义战胜，硬汉形象的主人公也总能凭借头脑与力量克服重重难关。此外，人物设计的单一化、平面化更是让观赏变得直白而无力，观众更倾向于被主人公各种各样的战斗场景吸引，而对于角色本身基本离不开脸谱化的倾向，动作片也培养了一批明星，但利用明星 IP 延伸拍摄的动作片只能成为“爽片”，适应了商业化的审美倾向，却经不起推敲。

以杰森·斯坦森为例，他参演的各种各样的动作片，从《非常人贩》系列以及《怒火攻心》《家园防线》《蜂鸟特攻》，到《敢死队》系列、《机械师》系列、《速度与激情》系列，引发了网络上对于“杰森·斯坦森大战全世界”的调侃——他所扮演的正派角色大都具备“被动施暴”的行为动机、“冷冰冰”的性格特点与几乎没有悬念的“胜利者”的人设，逐渐同质化，除了《速度与激情》系列，其他的电影都很难获得较高的口碑。

近年来，动作片越发走向僵局，很多想要讲述新故事的动作片都以失败告终，即便是以“好莱坞的特效 + 范·迪塞尔的动作明星 IP”为支撑的“超级英雄”题材作品《喋血战士》也面临着票房口碑惨败的现状，上映后第一个周末的票房成绩仅为 930 万美元，烂番茄新鲜度 30%，IMDB 评分 5.7，相比起 4 500 万美元的成本可谓是惨痛失败，被评论为“标准的好莱坞烂片”。而华语动作片也面临着“炒冷饭”的僵局，在经典的《导火线》之后，除了《战狼 2》与《红海行动》的胜利，近两年能细细品味的也就只剩下周润发加持的《无双》与刘德华加持的《扫毒 2》了，但其更倾向于犯罪片的性质，而诸如徒手格斗的原始搏击的戏份远不敌经典的《导火线》和《杀破狼》系列等。功夫片方面，诸如《火云邪神之降龙十八掌》这样的“炒冷饭”作品早已变味，只剩下《叶问 4》一枝独秀，可谓基本走向了没落。

针对动作片在当下日益走向“泥潭”的现象，结合近年文化产业跨领域研究的现状，我们可以发现，动作片并不是一个在文化创新层面常常被探讨的问题，甚至关于动作片的分析批评作品也寥寥无几，最主要的原因在于其无法脱离简单的情节设计与千篇一律的主题思想。从《疾速追杀》系列仍能看到动作片作为一种商业类型片所具备的艺术审美价值与分析价值，本文选择《疾速追杀》系列作为分析对象，对其代表的西方好莱坞枪战题材动作片的突围进行探索，尝试从中思考动作片走出“爽片”泥潭的出路。

二、《疾速追杀》系列对于传统好莱坞式动作片的超越

由基努·里维斯主演的《疾速追杀》系列最早在2014年上映，讲述了退休杀手约翰·威克复仇的故事，专业化、真实的打斗动作使得其他依靠剪辑的“花架子”枪战片与动作片黯然失色，主演基努·里维斯精湛的演技也赢得了一致好评，作为一部2 000万美元的小成本动作片，取得了8 876万美元的总票房成绩，烂番茄新鲜度86%；尔后的续集《疾速追杀2：疾速特攻》讲述约翰·威克在复仇完成后，迫不得已完成了一项刺杀任务并被反咬，经受追杀，最后不惜打破组织的规矩杀死了罪魁祸首的人，而引来了全世界的围剿，第二部作品相比第一部而言，除了专业化的动作戏与细腻的人物性格表现，更为重要的是拓展了世界观，构建了一个非常完整的杀手世界，也不断暗示着古希腊神话的内核，投资成本4 000万美元，全球总票房1.71亿美元，烂番茄新鲜度89%；而目前最为成功的是第三部，即上映于2019年的《疾速追杀3：疾速备战》，讲述了上一部中被全世界追杀的约翰·威克绝地反击而最终堕落的故事，打斗动作同前两部一样十分专业，除了《谍影重重》系列以外，其他电影都无法匹敌，而空间格局从城市到沙漠，进入了全球的范围，探究了约翰·威克的起源故事，进一步完善了故事背后的世界观格局，以6 000万美元的低成本获得了3.2亿美元的全球总票房成绩，可谓是狮门影业的巨大成功，烂番茄新鲜度高达90%，票房与口碑双赢。本部分将针对《疾速追杀》系列的故事原型与内在矛盾、动作指导、艺术效果三个维度展开分析，探究其相较于一般好莱坞动作大片的超越之处。

（一）故事原型与内在矛盾：建构于当代时空环境的古希腊神话

在这个角色IP泛滥的时代，面对耳熟能详的一个又一个系列，如何让一个全新的原创角色走入大众的内心之中？约翰·威克给出了他的答案：古典神话的现代化转型。

如果说《疾速追杀》第一部作为开山作品并不具备完善的世界观，一些世界观的设定只能管中窥豹，更多依靠高度专业化的战术战斗与优雅的古典美吸引观众，那么，从《疾速追杀 2：疾速特攻》开始，导演就已经暗暗透露出约翰·威克背后的神话原型：赫拉克勒斯。赫拉克勒斯是古希腊神话中的大力神，为主神宙斯与阿尔克墨涅的儿子，完成了十二项“不可能完成”的任务，被古希腊十二主神玩弄在股掌之中，充满了英雄的悲剧性色彩。赫拉克勒斯的一生是被众神踩在脚下的一生，一如约翰·威克被杀手组织踩在脚下，而赫拉克勒斯的妻子的惨死也与约翰·威克相似，赫拉克勒斯在挣扎之中所完成的十二项“不可能完成”的任务正好对应约翰·威克在早年被赋予的“不可能完成的任务”。此外，赫拉克勒斯战斗前所披的刀枪不入的尼米亚猛狮的皮正好对应约翰·威克所穿的防弹西装。如果说上述特征不足以证明约翰·威克的原型，那么在《疾速追杀 2：疾速特攻》中的最后一战被安排在了博物馆之中，其背景正好是赫拉克勒斯与十二主神的雕像。而约翰·威克退休前所在的杀手组织正好有 12 名长老，暗示着赫拉克勒斯与奥林匹亚十二主神的关系。导演查德·斯塔尔斯基也曾在幕后访谈中表示，片中帮助杀手们庇护追杀的“大陆酒店”的灵感就来源于希腊神话里的冥界，酒店前台名为“Charon”，对应的是古希腊神话中将死者引渡到冥界的船夫。上述种种表明，《疾速追杀》系列不仅仅是“爆米花爽片”，其在动作片的外壳下，以古希腊神话故事为原型，展开现代化改造，予以影片一定的文化认同感与文化内涵。

然而，《疾速追杀》系列并不是单纯地将古希腊神话的人物与设定套用在现代时空环境下，而是在古希腊神话的基础上根据现代审美进行创新与突破。

主人公约翰·威克与大力神赫拉克勒斯具有一定的相似性，而约翰·威克并不是赫拉克勒斯，他是一个独立而完整的人物，他身上兼备了杀手的雷厉风行与冷酷无情、朋友的重情重义以及爱人的温暖体贴等特征。

从《疾速追杀》系列的矛盾看——第一部，约翰·威克原本是退休杀手，妻子不幸去世，妻子临死前嘱托他养一条狗作为对妻子的爱的寄托，而后黑帮花花公子公然杀死约翰·威克的狗并抢夺其爱车，引发了约翰·

威克的一系列复仇行动；第二部，约翰·威克被迫接受一项刺杀任务，任务完成后被反咬，引发了他的复仇，出于愤怒，约翰·威克公然打破大陆酒店的规则，引发全球追杀；第三部，约翰·威克面对全球追杀，出于自保与求生心理，最后堕落并决定反扑杀手组织。可见约翰·威克的行动一直处于从被动到主动的过程之中，其最初的行为动机是妻子的情感寄托（小狗）被杀死，推动约翰·威克的一场又一场的追杀都是出于“生存”与“复仇”。

从人物行为看，约翰·威克的手段相当残暴，从枪击爆头到铅笔戳进耳朵致死，一次又一次干净利落的杀敌行为是他作为一个杀手冷血与无情的呈现；在夺回自己的爱车后，他并没有杀死黑帮老大，而是用一杯伏特加致敬了对方；而对内，他在妻子离开后就崩溃落泪，在为小狗完成复仇后，他疲倦地坐在破损的车子里，看着与妻子的合照，闭上眼睛轻吻照片，流露出一个温暖丈夫的心酸之情，让观众看到了冷血杀手背后的柔情、疲倦与无助。

除了真实的人物性格以外，约翰·威克最大的突破还在于对“规则”的挑战。他公然打破杀手的规矩，甚至在打破了“大陆酒店内不能杀人”的规矩后直言“告诉他们，无论是何方神圣，我都会赶尽杀绝”。“规矩”一词是约翰·威克所在的杀手世界中最为核心的部分，杀手组织的规矩高于一切，约翰·威克在影片中一次又一次陷入了两难选择，他被杀手组织的规则束缚，服从规则意味着要杀死一位组织高层，会引来自身的毁灭，而拒绝规则会引发组织的追杀，同样是自身的毁灭。约翰·威克在两难选择中做出了自己的选择——服从规则、挑战规则，从而获得暂时幸存的可能性，他的决定必然会导致其悲剧性的结局，我们基本可以推断约翰·威克最后的命运是死亡，而且很可能是一种古希腊悲剧式的死亡，在《疾速追杀3：疾速备战》的结尾，约翰·威克彻底将自己的愤怒流露出来，他即将回到过去的自己，冷酷无情，这一次他不再被规则推动，而是将杀手组织视作自己的敌人，超越了赫拉克勒斯，如同普罗米修斯一般与神灵对峙，挑战诸神的权威。

但也正是因为约翰·威克在规矩面前的绝望，使得其慢慢认定了自己命运的悲剧性，角色自我认知的动态过程呈现在电影中每一次的反击，不断推动着故事发展情节，也予以了观众一个逐渐代入的可能性。约翰·威克的反击从被动转向主动，一步一步被逼向自己的底线、徘徊挣扎在自己的底线边缘，最终在重重压力下，做出了破釜沉舟的抉择，化身为暴力与愤怒，展开复仇。

当然，《疾速追杀》系列美中不足的固然还是第一个矛盾触发点，即约翰·威克为小狗复仇的行为，但是瑕不掩瑜，相比动作片常规的正义、复仇等触发点，妻子过世后的寄托被夺走，命运重重负压，最后孤注一掷主动出击的退休杀手的故事也未尝不让人感到新奇。此外，还得益于专业的动作设计与优雅的艺术效果，这在下文将着重分析。

（二）动作指导：动作设计的实战价值

作为一部以枪战为题材的纯动作片，枪战与徒手格斗自然是最重要的动作要素，《疾速追杀》系列对于观众最直接的吸引力就来源于其真实的打斗。

影视作品中的打斗与现实相比存在着相当大的出入，现实中的打斗不可能如同影视作品中一般一招接一招，很多时候并没有一些特定招式的使用，诸如拳击、散打、泰拳等直截了当的攻击方式也很难完全施展，绝大多数时间两个搏击者都在试探，一旦触发了攻击就是混乱的缠斗，在观看上并没有足够的观赏性。影视作品为了追求视觉冲击力与观赏性，往往会设计较为华丽的打斗动作从而吸引观众的注意力，但有时也容易带来虚假感，如《终极斗士》系列中斯科特·阿特金斯花哨的空中腿法在带来视觉冲击力的同时引来了不少批评。如何在影视与现实之间找到平衡点，是所有动作片不可回避的一个问题。《疾速追杀》系列呈现给大众的答案是——以莫桑比克射击法与 CAR 射击法作为枪械技法，摒弃花哨的站立格斗，用大量柔术获取观赏性，以最大程度探求真实性。

进行近距离枪击战斗是约翰·威克的重要特色，他采取了莫桑比克射击法与 CAR 射击法，一扫好莱坞原本的浮夸花架子。莫桑比克射击法是一种近距离的射击技术，通过两枪击打躯干使对方失去行动力后，最后一枪爆头确认死亡，这一射击法由麦克·卢梭在莫桑比克执行任务时获得灵感而产生，麦克在执行任务时击倒了敌人后，发现敌人在被击中倒地后仍有短暂的行动能力，麦克迅速向敌人的头部开枪，才彻底击毙敌人。这一射击法被推广使用至近距离室内作战领域，因环境的错综复杂，躯干更容易被击中，采取两枪攻击对方躯干，使对方短暂失去作战能力，紧接着爆头，确认对方死亡。莫桑比克射击法的进一步演化是接触式射击技术，其思路是在短兵相接时不采取直接射击，而是将枪支用在格斗中，一只手控制住对手，另一只手在腰间快速开枪命中对方，最后射击头部确认死亡，这一技术可有效防止缠斗，以最快的速度处决对方。而 CAR 射击法则是一个理论体系，最为显著的是其倾斜的、靠近身体的持枪姿势，其持枪姿势所形成的三角形结构与拳击的姿势相似，能达到重心相对稳定的持枪效果，配合灵活的步法可有效适应复杂多变的室内环境，避免枪支被夺走，通过不断切换角度和攻击方向实现室内近距离的快速击杀。莫桑比克射击法与 CAR 射击法的结合让约翰·威克的动作充满考究性，也是《疾速追杀》系列动作设计中最大的特色。

而在徒手格斗中，约翰·威克并没有出现高位腿法、腾空腿法等浮夸的动作，而是以基本的拳法和低位腿法为主，攻击部位多为对手的脆弱区域如关节、肋骨、喉咙和胯下，融合了多种格斗技术，以巴西柔术、合气道摔跤法以及地面技术为主。巴西柔术就是针对地面控制的技法，以控制为主，利用人体关节的单向弯曲性实施反关节锁死和压迫来控制对方，也包含了绞杀，即压迫气道和主动脉导致对手供氧不足。而合气道属于摔跤技法，利用人体作为杠杆，将对手由站立姿势拖入地面状态，进一步结合巴西柔术的锁法实施控制，有效的击杀包含关节的折断（废除行动能力）与死亡（脊椎骨折断、气道封死或主动脉压迫）。地面技术相比于站立技术更具技巧性和实战价值，在许多格斗比赛中也常常被使用。从观赏的角度看，因为地面技术复杂多变，四肢的配合能带来较为独特的观赏体验，一般在女性的格斗中用得比较多，如漫威的“黑寡妇”这一角色的打斗模式就是以地面技术为主，从而体现出女性肢体的美感。这一思路在约翰·威克身上变成了男性阳刚与古希腊摔跤相结合的呈现，高超的技巧性与一次又一次予以敌人重创的动作，所带来的视觉冲击效果远远超过了常规的拳击、踢腿等带来的视觉感。此外，约翰·威克的徒手格斗服务于持枪杀敌，他常常以巴西柔术将对方制服后再枪杀，此外，与对手缠绕在一起的过程也可以有效降低自身被击中的可能性，而这种动作的结合也成为约翰·威克的一种特色格斗技术，成为一个角色标签，具有相当良好的观赏性。

综上，《疾速追杀》系列的动作设计具备了相当高的实战价值与考究性，其呈现出了动作片应有的原汁原味的打斗过程，且全程酣畅淋漓，充分做到了真实性与艺术性的有机统一。

（三）艺术效果：古典美与现代美的和谐

优雅，是《疾速追杀》系列在艺术效果层面上展现出的重要特色。《疾速追杀》的优雅是古典美与现代美的完美融合，给观众带来了独特的审美体验。

所谓古典美，即《疾速追杀》系列整体所呈现出的严肃、理性、典雅与华美的艺术风格，与 17 世纪的古典主义有一定的相似之处；所谓现代美，指《疾速追杀》系列中的大量现代性元素所呈现出的绚丽、抽象、前卫的艺术风格，具体体现在建筑结构、配乐等方面。综合来看，《疾速追杀》系列中古典美占据着主导地位，现代美仅仅作为点缀，具体表现在以下几个方面：

（1）人物台词与行为。

人物的台词与行为是推动故事发展的重要因素，在大量好莱坞动作爽片娱乐化、通俗化的审美情趣下，粗俗的台词、浮夸的行为与调侃式的幽默也许能赢得一时的欢迎，但从长期的口碑评价来说并不是一个可取的方式，久而久之会不可避免地走向低俗审美，引发观众的审美疲劳。如《极线杀手》中的世界顶级杀手与老板的对峙，抛开老套的人物身份单看对白与行为，前者是退休老刺客形象，带着浓烈的高冷气质，泛白的台词、浮夸的动作设计与虚幻的高科技不免使观众感到十分尴尬，即便是著名演员麦斯·米科尔森的形象与演技也难以驾驭；后者是黑心的胖老板形象，一身黄色西装与大量的粗俗对白给人带来强烈的厌恶感，使人产生对反派角色特有的审美疲劳。

反观《疾速追杀》系列，杀手组织成员所独有的古典色彩与周围的环境格格不入，却形成了独特的审美效果。以《疾速追杀》第一部为例，反派雨果拥有双重身份，一边是黑帮帮派的领导，另一边是杀手组织的高层。我们可以根据雨果在儿子面前所说的话与雨果在约翰·威克面前所说的话看出来，

雨果与儿子的对话：

It's not what you did, son, that angers me so. It's who you did to.

That "fucking nobody", is John Wick.

He was the one you sent to kill the fucking boogeyman.

John is a man of focus, commitment, sheer will. Something you know very little about.

I once saw him kill three man in a bar with a pencil. A fucking pencil.

And my son, a few days after his wife died, you steel his car. And kill his fucking dog.

Did you hear a fucking word i sad?

So get the fuck out of my sight.

雨果与约翰·威克的对话：

Hello John, I heard about your wife, and I'm sorry. My condolences.

It seem to be fate, or happenstance or just bad fucking luck caused our paths to cross once again.

Let us not resort to our basic instincts and handle this like civilized men to move on.

说话的人是同一个人，其强烈的世俗气息却在不同的人身上有不同的呈现，用语习惯也有不同。在与儿子的对话中，短短的一段话就包含了六个“fuck”，而与组织成员约翰·威克的对话中，仍有一个“fuck”，但明

显增加了如"happenstance"的生僻词，句式方面也有所调整。结合全片不难看出雨果的惯用语中有"fuck"一词，他所代表的是黑帮的世俗气息，但在与杀手组织成员交涉时也会尽可能地避免粗俗词汇的使用，而是换之以相对高级的词汇和句式。

再来看杀手组织内部的对话，以《疾速追杀2：疾速特攻》《疾速追杀3：疾速备战》中的大陆酒店负责人温斯顿为例。

以下这段话出自《疾速追杀2：疾速特攻》的结局，语境背景为约翰·威克在大陆酒店杀死了仇人，负责人温斯顿说道：

The Camorra doubles Santinos open contract is going international.

You kill a man in company ground, Jonathan. You leave me no choice but to declare you excommunicado.

The doors to any service or provider in connection with the Continental are now closed to you.

《疾速追杀3：疾速备战》中温斯顿与审裁员的对话：

审裁员：Santino D'Antonio, a newly instated member of the High Table, slain by Mr. Wick while seeking sanctuary in the Continental. With a 45 ACP, it appears.

温斯顿：I have no control over Mr. Wick's actions.

审裁员：And yet, he lives because you deemed it so, yes?

温斯顿：Yes.

审裁员：You know Mr. Wick for many years. It even be fair to call you friends, yes? Instead of stopping him, instead of killing him. You stood by and let him walk away after he shot Santino D'Antonio in front of you.

杀手组织内部高级成员的对话用词具有明显的古典化特征。如"excommunicado"一词，根据在句子的宾语位置判断是名词，虽在字典中并没有找到直接的释义，但找到了“excommunicate”一词，意为逐出教会（特指天主教），常规的名词形式是“excommunication”，因此，要么可理解为是《疾速追杀》系列杀手组织独创的用词规则，要么可理解为是“excommunication”的中古英语的拼写，总之，结合杀手组织悠远的历史背景都具有一定的合理性，体现出其用词方面的讲究。

句式的应用也非常讲究，如果单从语言表达的直接性来看，温斯顿的那句“you leave me no choice but...”完全可以用“I have to declare you excommunicado，sorry”代替，相比之下更为直白、干脆、有效。此外，“sth. are closed to you”的被动句也可以改为更符合快捷思维的常规的主谓宾句式，如“You don't have access to any service in the Continental”。杀手组织成员的对话单从句子表达意思的直接性而言并不符合现代人高效率的对话方式，很明显是有意为之，这种有意为之，注重句式的精雕细琢，注重陌生化的塑造，结合杀手组织悠远的历史，呈现出的是浓烈的古典美。

配合古典的台词，人物的行为举止同样讲究。杀手组织的成员在执行任务时充满了仪式感，《疾速追杀 2：疾速特攻》中有一段约翰·威克抵达罗马开展刺杀任务前的“购物环节”，负责人的意大利口音与优雅的礼节给观众留下了深刻印象；约翰·威克在《疾速追杀》第一部中执行第一次杀戮前，进行了一次彻底的沐浴，随后充满仪式感地穿上黑色西装，其镜头语言背后所表达的是“沐浴”“洗涤”“重生”“整装待发”，细致的动作与专注的神情给观众相当舒适的审美体验；《疾速追杀 3：疾速备战》中审裁员的出场，随着镜头从高跟长靴向上移动，观众看到了一位打着伞的女性背影逐渐走远，她整齐的步伐不由得让观众留下“规矩”“方圆”等第一印象；《疾速追杀 2：疾速特攻》中约翰·威克在与敌人持刀格斗时，将刀刃插入对方的主动脉后没有拔出放血，给了对方生还的机会，自称这是对敌人最大的“职业美德”；《疾速追杀 3：疾速备战》里的武士刀对决，约翰·威克扔下枪支，予以对方公平对决的机会，这是武德的体现，是对“胜之不武”的特工式格斗的一定程度上的否定，带着一丝古典意味的浪漫主义色彩。

（2）道具与服饰。

道具和服饰直接反映了一部电影的制作是否足够精良。在这一点上，一如绝大多数制作精良的优质电影，《疾速追杀》系列也在道具和服饰上投入了大量精力，颇具古典美感。

道具层面，杀手组织的复古色彩浓重，如以诺基亚770手机作为杀手的标志，通过老式电脑、广播频道传播信息等，这种落后于时代科技的设定，让《疾速追杀》系列不同于《杀手：代号47》《极限特工：眼镜蛇的崛起》《特种部队》等以高科技为卖点的电影，也不同于《谍影重重》的写实感，它呈现出一种时间的落差感，具有复古色彩。

此外，主人公约翰·威克的爱车是1969年版的福特野马，是美式肌肉车的代表车型之一，是老一辈美国人对于肌肉车黄金时代的怀念的映射，这一点在《速度与激情》系列中反映得最明显，《疾速追杀》系列中也有所呈现。在20世纪70年代的石油危机爆发前，排量和马力出众的肌肉车风靡美国，以道奇挑战者、福特野马和雪佛兰科迈罗为三巨头，400英里直线加速赛也应运而生，肌肉车所代表的是力量、粗暴、直接等品质，深受老一辈美国人的欢迎。约翰·威克的爱车选用了20世纪60年代末的代表车型，是肌肉车最后的绝唱，同样呈现出古典色彩。

服饰方面，西装是《疾速追杀》系列的标志，也是区分不同人群的标准。“西装暴徒”这一概念对于绝大多数人而言并不陌生，约翰·威克就是其中的代表之一。约翰·威克在《疾速追杀》第一部中所穿西装，最开始的是纯黑色的三件套，包含黑色衬衫、黑色马甲与黑色外套，最为正式也最为厚重，中间的夜店杀戮所穿的是轻便的两件套，白色衬衫与黑色外套，再是黑色高领毛衣与黑色外套的搭配，而结局又回归到了黑色三件套的模式。黑色西装使约翰·威克看起来更加稳重成熟，在《疾速追杀2：疾速特攻》中，专门安排了他选购西装的情节，并将诸如意大利风格、两颗纽扣、锥形裤脚等要求逐一列出。

除了约翰·威克以外，杀手组织的其他成员也不同程度地拥有属于自己风格的西装。如大陆酒店负责人温斯顿的西装就以条纹或纯色中长款燕尾服为主，佩戴胸针和丝巾，是高贵的象征；黑帮则是多穿着格子或条纹西装，内衬为红色等。

西装作为绅士、优雅的代表，与暴力相融合所形成的反差感是“西装暴徒”独特的魅力所在，这一点在《王牌特工》中大量呈现，但与之不同的是，《王牌特工》中并没有强调西装作为一个独立的文化符号所具备的古典美感，而是将西装单纯作为一种工具，服务于娱乐化的主题之中，浮夸而躁动。再如《非常人贩》《007》系列等电影中也有不少西装的元素，但都仅仅是作为主人公身上的一种外在的服饰形象，我们可以看到杰森·斯坦森很讲究地穿着西装打架，却掩盖不了他本人狂野的气质，因此，西装对于杰森·斯坦森而言只是一个外在的形象，重在“暴徒”而非“西装”，我们无时无刻不在揣测他下一秒会不会握紧拳头；我们也能看到詹姆斯·邦德穿上西装，但印象远没有基努·里维斯穿上西装深刻，邦德与西装之间的联系只是一个外在的关系，是他身份的呈现。《疾速追杀》系列则将西装作为独立的文化符号去表现，不仅仅是因为西装与刀枪不入的尼米亚猛狮的皮有一定的联系，还因为主人公对于西装的执着非同一般，西装的意义超过了服饰本身所赋予的优雅感，而是几乎等同于暴力本身，换言之，如果基努·里维斯没有穿上西装，那么他所扮演的也就不是约翰·威克了，杀手不需要西装，约翰·威克也不需要西装，但他选择了西装。从另一个角度来说，西装也是暴力的外在形态，它是优雅的暴力的呈现，在观看时，甚至给人一种是西装在杀人而非约翰·威克在杀人的错觉，这种独特的感觉不刻意张扬，也不刻意收敛，自然、由内而外地散发出古典美感。

（3）空间环境。

此处的空间环境即角色所处的客观场景。《疾速追杀》系列的空间格局相当庞大，遍及全世界，此处主要分析战斗场景。

《疾速追杀》系列的战斗场景丰富多样，第一部包含了“家”“高级夜店”“酒店房间”“教堂”“仓库”“工厂”“码头”，第二部包含了“汽修厂—公路”“古典音乐会—地下墓室”“古罗马街区”“纽约地铁、街道、广场、地下通道”“博物馆”“玻璃房”，第三部包含了“图书馆”“武器店”“马厩—公路”“伊斯坦布尔地道”“殿堂”“酒店大堂”“玻璃会展厅”。其中，第二部与第三部逐渐形成了自身的风格，第一部可以说是迎合商业化的作品，仍有大量好莱坞传统商业片的影子，如有仓库、工厂、码头等要素，整体看还是比较迎合观众口味的，不作为主要分析例子。

《疾速追杀》系列在整体空间选择上兼顾了古典美与现代美，以古典美为主。古典场景有如教堂、罗马地下墓室、博物馆、图书馆、伊斯坦布尔地道、殿堂和酒店大堂，它们共同的特点是具有一定的文化底蕴或者说文化属性，建筑结构与风格较为古典、华丽，并非人们常规认知中的可以打斗的地方，即便在一些作品里的相似场景出现了战斗（如《王牌特工》里的教堂百人斩、《007：大破天幕杀机》里的教堂飞刀等），也很少会用大量的篇幅去设计这种空间格局。带有文化底蕴与文化属性的空间格局一般会被设计为文戏居多的地方，因其自身是人与自然的早期融合或人存在于自然的和谐符号，具有“和平”“安静”“文明”等特质，与暴力这种反叛性、颠覆性的行为截然相反。此外，一些带有宗教色彩的地区还有一定的禁忌，不单是对暴力的反对，还有对种种行为的控制，它们所注重的是神圣性。《疾速追杀》系列在空间格局上的突破，就在于打破了常规认知中对“文化属性”空间的定义，将“神圣”“高洁”的地方作为人原始本能的表现空间，给观众带来了超越于常规观念的审美体验。然而，这种“暴力”的介入却不是夸张、带有强烈戏剧性色彩的，而是严肃、认真、专注的，又与古典的场景形成了共鸣，强化了古典美。

现代场景一般存在于约翰·威克的逃亡或移动的过程中，如“汽修厂—公路”代表了约翰·威克将自己的爱车夺回并展开追击的过程，“纽约地铁、街道、广场、地下通道”代表了约翰·威克被全球通缉并逃亡的过程，“武器店”“马厩—公路”同样代表了在逃亡。现代场景并不多运用于《疾速追杀》系列的战斗过程，但也发挥了至关重要的作用。

《疾速追杀》系列中的现代场景具有一定的科技感和未来感，以刚硬的线条和绚丽的色彩为主，体现出一种对于常规视觉的颠覆性、反叛性，带有一定的赛博朋克色彩。如果说古典建筑是人文与自然的融合，工业场景（仓库、工厂等）是人与自然的对峙，那么《疾速追杀》系列中的现代场景则是将人与人的不信任、对峙、矛盾最大化。“逃亡＋反杀”这一行为举动本质上是约翰·威克在寻求生存的过程，这一过程中的最大威胁是“人”，而这里的“人”指藏在纽约市的每一个市民，他们都有可能具有杀手的身份，约翰不能信任任何人，也不能掉以轻心，这种环境上的绚丽、前卫与人心的冰冷、危险相结合，塑造出了独特的现代美。

古典空间与现代空间的动态融合、服务于剧情也是《疾速追杀》系列一大重要的特色，如《疾速追杀2：疾速特攻》中地下墓室与电子音乐会的结合、博物馆与玻璃房的结合；《疾速追杀3：疾速备战》中骑马与骑摩托车的结合、大陆酒店中古典的大堂与前卫的玻璃会展厅的结合。这种融合，最终是为了达到“典雅”的效果，而非表现通俗娱乐性的炫酷华丽感。前者是严肃的审美体验，并通过空间的动态转变暗示着剧情走向，而后者是更倾向于通俗的、爽片式的审美体验，如《王牌特工》中的教堂、西装、皇家建筑等古典元素是服务于其炫酷的打斗与通俗的审美的。《疾速追杀2：疾速特攻》地下墓室的狂欢与《疾速追杀》第一部中夜总会杀戮有着异曲同工之妙，都是在人群中展开枪战，体现出了疯狂、宣泄、混乱的情绪表达，最终却是回归到静谧的古罗马街道，通过现代元素与古典元素的相互穿插，带来了强烈的矛盾感，塑造张力形成审美冲击，始终保持着严肃审美的主调，正好与故事中“暂时平静，主人公休息调整”的情节对照。《疾速追杀3：疾速备战》的结局中，大陆酒店的大厅与玻璃会展厅则是风格完全相反的布置，大厅是古典风格的，玻璃会展厅则是现代风格的，整体的空间风格由古典向现代转变，大厅所面对的敌人是身着厚重防弹护甲的大量持枪士兵，是现代元素对于古典环境的中和，玻璃会展厅所面对的敌人则是手持短刀的日本刺客，是古典元素对于现代环境的中和，二者相辅相成，共同推进，塑造典雅的美感，这种古典到现代的空间设计也对应着“主人公最后被陷害，彻底堕落”的剧情。

（4）视听效果。

电影不仅仅是文学文本的影视化阐释，还具有其独特的视听语言，视觉和听觉元素的传递也十分重要，即一个好的故事很重要，而如何讲好这个故事也会影响到观众对于故事的接受与评价。在动作片领域，动作带来的视觉冲击力本身已经很强，占据了观众视觉接受的主要内容，导演倾向于将其放大，将暴力美化，即一般所称的“暴力美学”，如昆汀的《杀死比尔》通过升格（慢动作）、黑白色调与独特的剪辑美化暴力，而当动作电影发展到《疾速追杀》系列时，观众对于血脉偾张的动作场景产生了审美疲劳，升格被尴尬地滥用、色彩过度写实的画面失去了审美吸引力，因此，《疾速追杀》系列跳出了“暴力美学”，制造出了“超写实暴力”的视觉效果，具体表现为暴力的典雅化。

在画面构图上，《疾速追杀》系列从第一部开始，每一个镜头的构图都相当考究，其最常用的构图方式是居中构图与三分构图。

居中构图很容易理解，角色或场景处于画面正中央，画面主体非常明显，观众的注意力也很容易聚焦于画面的主体或其所处的环境，具有较为舒适的、直观的视觉接受体验。

《疾速追杀》系列对于居中构图的使用大致有两类，一类是正面强调主人公，通过中长焦镜头，以近景或特写等形式，让观众最直接地建立对主人公的第一印象，直观地感知主人公的情绪变化等，如图 1 至图 3 所示：

图 1　《疾速追杀 2：疾速特攻》中约翰·威克的标志性出场特写

图 2 《疾速追杀 2：疾速特攻》中约翰·威克对于拒绝“契约”后的情绪特写

图 3 《疾速追杀 2：疾速特攻》中约翰·威克被袭击后的情绪特写

另一类是强调主人公所处的环境，一般采取广角镜头拍摄，以全景或中景为主，如图 4 至图 6 所示：

图 4 《疾速追杀 2：疾速特攻》中的罗马电音节枪战场景

图 5　《疾速追杀 2：疾速特攻》中约翰·威克金盆洗手场景

图 6　《疾速追杀 3：疾速备战》中大陆酒店枪战场景

相比居中构图，三分构图在《疾速追杀》系列中的应用更为普遍，几乎贯穿全片。三分构图指的是将画面元素分为三个部分，主人公处于三分线的切点，另一切点留白或放置第二元素（如对话者、入侵者等），具有引导的作用。《疾速追杀》系列中的几乎所有对话都以三分构图呈现，动作场面也常采用位于主人公后侧方的跟拍模式，同样为三分构图，以加强视觉引导效果，如图 7 所示。

图7 《疾速追杀》系列随处可见的三分构图

该片基本上采用居中构图与三分构图，没有各种花哨的引导线构图、螺旋构图等，十分简单纯粹，经典构图方式的透彻使用也让画面干净舒适，给观众带来了简洁大方的审美体验。

色调也是《疾速追杀》系列的重要特色，《疾速追杀》系列采取的并非好莱坞常用的“teal&orange”青橙色调，而是扎克·施奈德式的油画质感与《银翼杀手》的赛博朋克风格的融合。

近年来，好莱坞将teal&orange青橙色调用到极致，其特征是常规的红、蓝、绿被替换为青色与橙色为主的色调，一般亮部以橙色为主，暗部以青色为主，形成青橙色对比，对人的肤色影响小，基本建构于现实，不会有溢色的现象，风格化较弱，在很多好莱坞动作片中都能见到（见图8）。

图8　《速度与激情3：东京漂移》截图（左）与《美国队长2：冬日战士》截图（右）

扎克·施奈德是热衷于油画色调的代表性导演，其作品《斯巴达300勇士》《超人：钢铁之躯》《蝙蝠侠大战超人：正义黎明》等在视觉效果尤其在色调上都有很大的特色。扎克·施奈德的油画色调重在将人眼所见的色温放大，形成对比，增加色彩饱和度，以黄色和蓝色为两个极端，具有非常强的色调对比性与明暗对比性，体现出了高度的风格化（见图9）。

图9　扎克·施奈德作品中的油画色调

赛博朋克风格是科幻作品常用的风格，具体为由紫色、天蓝色、绿色、红色等现实生活中较为少见的色调结合硬线条形成的风格，具有“未来感”，因人眼所见的日常冷暖对比色为黄色与蓝色，对冷暖色的颠覆则是实现“未来感”的关键。以《银翼杀手》为代表，许多好莱坞的科幻电影都具有这一特征。

《疾速追杀》系列采取了合理的扬弃，形成了自己的色调风格——油画色调与赛博朋克色调相结合。具体表现为在一些叙事性场景中采取大面积的暖色或大面积的冷色，在打斗场景中加入大量赛博朋克元素（见图10、图11）。

图 10　《疾速追杀》系列中的油画色调

图 11　《疾速追杀》系列中的赛博朋克色调

《疾速追杀》系列在色彩上取得了非常大的突破，将一般好莱坞动作片中的“teal&orange”青橙色调改为颇具艺术风格的油画色调，并将具有“未来感”的赛博朋克色调用在现代时空的战斗场景中，形成了自己的色彩系统，前者呈现出了古典色彩的美感，后者则将现代甚至未来的科技感呈现出来，形成了独具一格的现代美。古典美与现代美相融合，是一种别样的审美体验。

除了构图、色调以外，视觉元素还离不开拍摄的技巧。通常来说，在动作片的拍摄中，一些格挡和闪避会真实拍摄，而一些较为致命的攻击并不会真正使演员受到伤害，而是利用借位来达到效果，如拍摄一记右勾拳时，因攻击轨道是由右往左的弧形攻击，可以从攻击者后侧或被攻击者后侧拍摄，一方演攻击，一方演被攻击，二者之间实际上是有空隙的，但因为拍摄视角的遮掩，结合相应的音效和表演技术能实现非常真实的击打效果。在此基础上再进一步选择拍摄视角和拍摄风格，如香港的动作电影喜欢采取广角拍摄，避免剪辑和花哨的机位移动，结合一定的升格效果，追求真实清晰的动作，以成龙的电影为例，进一步发展到《叶问》系列最为完备；而好莱坞模式中常常采用手持长焦的拍摄手法，通过快速的镜头运动和剪辑塑造强烈的代入感，以《谍影重重》为先驱，发展至今基本成为动作片拍摄的常态。《疾速追杀》系列则将二者结合，拍摄较为平稳，通过手持广角或者中焦段镜头带来的自然的抖动和机位的动态移动塑造视觉冲击力，结合剪辑，尽可能保留动作的完整性，不影响动作的真实展示。

此外，除了视觉元素，配乐也是重要的一环。一般的动作片配乐讲求的是节奏感，打击乐元素是必不可少的，如《谍影重重》中的追击片段通过“管弦乐＋打击乐”的配乐模式塑造紧张感，电影配乐家汉斯·季默更是将古典的“管弦乐＋打击乐”模式使用在许多的好莱坞大片中，追求气势恢宏的“史诗感”。此外，随着娱乐化和商业化的加强，一些流行元素也融入动作片中，如摇滚、嘻哈、电子音乐的使用，《暴力街区》系列就是以跑酷为主题的犯罪类型片，其配乐采用的就是嘻哈说唱元素；《速度与激情》系列以赛车文化与犯罪主题为主打，摇滚乐被大量使用。《疾速追杀》系列的配乐充满了现代特征，用以中和影片其他古典元素的介质，为配合现代枪战的主题，《疾速追杀》系列的配乐以旋律新奇的电子音乐和传统的摇滚音乐为主，从整体风格来看，《疾速追杀》第一部与第二部和第三部的风格具有较大的差异，《疾速追杀》第一部走的还是传统的好莱坞配乐风格，即追求“史诗感”，以管弦乐和打击乐相结合，辅以电子音乐作为气氛渲染，震撼之中又有独特之处。到了第二部和第三部风格有所转变，以沉重严肃的打击乐为主要风格，在战斗高潮中加入了电子音乐元素。

综上所述，《疾速追杀》系列的艺术效果以古典美为核心，融合了一定的现代元素，与其“现代时空下的希腊神话”的内核相对应，具体呈现于人物台词与行为、道具与服饰、空间环境以及视听效果，形成了独特的风格。

三、由《疾速追杀》系列引发的关于动作片创新的启发

约瑟夫·熊彼特曾提出“创新理论”，他在《经济周期循环论》中表示“生产意味着把我们能支配的原材料和力量组合起来。生产其他的东

西，或者用不同的方法生产相同的东西，意味着以不同的方式把这些原材料和力量组合起来"①，他认为创新是要素的调整与重新组合所形成的"新的组合"。《疾速追杀》系列的突破与创新也在于将传统动作片的要素与其他领域的要素重新组合。从《疾速追杀》系列可得出关于动作片创新的启发——在写实的基础上尽可能地增加观赏性。

（一）动作设计方面

一部动作片首先离不开动作设计，好的动作设计能有效吸引观众多次观看。如何平衡动作设计的艺术性与真实性，是动作片创新中第一个需要解决的问题。过于真实的打斗很难具有观赏性，而过于艺术的打斗又脱离现实。《疾速追杀》系列走的是写实的路线，并不会过分夸大动作的华丽性，但也不会脱离艺术性。《疾速追杀》系列巧妙地弱化了徒手格斗中的腿法，放弃了腿法所带来的视觉冲击，而选择巴西柔术作为视觉吸引的手段，让原本枯燥的缠斗充满了技巧性与观赏性。《疾速追杀》系列刻意放大近距离的枪战场景，CAR 射击法与莫桑比克射击法的融合让观众的观赏体验上升到极致，主人公随处可见的换弹夹、检查枪支、切换姿势在非常自然的情况下给予观众极强的视觉冲击力。此外，弱化徒手格斗、强化枪械的设定也更为真实可靠，符合现实性。

《疾速追杀》系列所走的动作设计的路线，归根到底就是追求真实性，它的真实体现在任何人都可以学习，而并不是上天入地、无所不能的英雄们的乌托邦，是真真实实的、很可能发生在这个世界的打斗场面。《疾速追杀》系列就是一个从观赏、喜爱到情不自禁开始模仿的过程，这种满足观众期待视野并实现共鸣的动作设计，是《疾速追杀》系列获得类型片成功的重要因素。

（二）人物形象方面

基努·里维斯饰演的约翰·威克是《疾速追杀》系列的核心，《疾速追杀》系列的原名是"John Wick"（第一部）、"John Wick：Chapter 2"（第二部）、"John Wick：Chapter3"（第三部），整个系列可以看作是"约

① 约瑟夫·熊彼特. 经济周期循环论［M］. 叶华，编译. 北京：中国长安出版社，2009：101－102.

翰·威克传”。《疾速追杀》系列构建了一个建立于现代时空的古希腊神话——杀手世界，而约翰·威克的人格魅力撑起了《疾速追杀》系列的半边天，“专注”“言出必果”“意志坚定”这三个词在第一部与第二部中形成标志性的台词，第三部甚至更是有大量表示“很荣幸能与你对决，威克先生”的人，从街头巷角到殿堂高楼，在四处都是杀手的世界，约翰·威克所受到的大众敬仰完全不亚于其IP原型赫拉克勒斯。但同时，约翰·威克讲信义与超强战斗能力的背后，是一颗脆弱的心灵，在第一部的开头，观众就看到了一个常落泪和被欺负，无时无刻不挂念着妻子的脆弱男人，约翰·威克一无所有，他失去了一切，其命运的悲惨、落魄，与其光鲜亮丽的外表形成了强烈的反差，丰富而真实。

《疾速追杀》系列对约翰·威克的塑造非常成功，当中也离不开基努·里维斯个人的精彩演绎，但归根到底，《疾速追杀》系列将传统认知中冰冷的杀手构建为一个脆弱的人，一个能走入人心的人，告诉观众英雄也是凡人，这迎合了当下人们寻找自我的潮流，也是《疾速追杀》系列成功的一大因素。

（三）艺术效果方面

艺术效果是《疾速追杀》系列最大的亮点，古典美与现代美的融合，让其充满独特的观赏性，与同样采取了近距离枪战、主人公寻找自我的《惊天营救》进行对比，《惊天营救》脏乱的视觉效果与《疾速追杀》系列镜头中的冷静典雅之风形成了强烈的反差，前者给观众带来的印象是汗臭与脏乱，而后者带来的是典雅与高贵的印象，因而也带来了口碑上的差异。

古典色彩与现代色彩的融合，是《疾速追杀》系列的突破，将动作片的艺术效果上升到了一个独特的高度，让动作片合理地优雅，为动作片领域注入了新鲜血液。

四、结语

文化创新是一个经久不衰的话题，一定时期的文化潮流固然会受到欢迎，但大量同质化的作品又阻碍了文化创新的发展。继《谍影重重》后，好莱坞动作片在很长一段时间里都处于“爽片”的范畴，好的剧本、好的动作设计与好的视觉效果相辅相成的电影已经相当稀少。《疾速追杀》系列就角色塑造、动作设计及艺术效果而言，具有相当高的成就，对于动作片的发展具有一定的参考价值，但文化的创新并不等于复制，适用于《疾速追杀》系列的元素未必适用于所有动作片，生搬硬套只会带来一个新的泥潭，我们需要从《疾速追杀》系列中看到动作片创新的可能性，更需要结合影片的实际情况，结合艺术与审美的规律进行合理的创新突破。

（作者陈文辉，暨南大学文学院中文系2018级本科生）

动画电影民族化：故事讲述层面的反思

【案例导读与点评】

近年来，国产动画电影取得了较大的发展，一批以民族神话为题材的动画电影，以精湛的视觉艺术手法进行呈现，在主题的召唤下，收获了超高的票房与口碑。然而，在这种热度之下，需要对国产动画电影的发展进行一种“冷”思考，思考与解决其存在的深层次问题，才能真正推动国产动画电影的健康发展，实现真正的文化传承与传播。国产动画电影的民族化问题一直是学界与业界关注的焦点，以往的讨论较多集中于动画视觉形象的设计，即所谓“国风”问题，而对思想、内涵与主题层面上的民族化的讨论还不够充分。本案例在动画史的坐标、原型理论的运用以及对文本更加细致解读的层面上，尚嫌稚嫩，但其难能可贵的地方在于，抛开表面的视觉风格不论，而从民族心理的角度，对国产动画电影的形象塑造与主题表述进行了讨论，试图为国产动画电影在故事层面上的民族化提供一些新的思路。

民族心理包括民族性格、民族情感、民族意识、民族传统、民族习惯和民族思维方式、民族自豪感、需要和舆论等，它们构成一个民族的心理风貌。①

自2015年根据《西游记》改编的《西游记之大圣归来》（以下简称《大圣归来》）获10亿票房掀起“国漫崛起”热潮后，一大批带有浓浓“中国风”的动画电影便纷至沓来，带着超高的票房与口碑满载而归。其中有根据神话故事改编的《白蛇：缘起》《哪吒之魔童降世》（以下简称

① 宋书文. 管理心理学词典［M］. 兰州：甘肃人民出版社，1989：112－113.

《魔童》），也有原创作品《风语咒》《大鱼海棠》《大护法》。而作为其中翘楚的《魔童》，不仅票房突破50亿大关，豆瓣8.4分的高分更显示了人们对它的认可，成为近年来最优秀的国产动画电影。

票房、口碑以及大量的民族要素似乎显示着这些电影在迈向讲好中国故事的康庄大道上，但初次观影时的震撼无比与观影后的鲜有余韵形成反差。这些动画电影虽然使用了如神话形象、建筑风景、哲学文化等大量的民族资源，但无论是从艺术造型、整体风格、叙事模式还是故事本身来看，偶尔会让观众产生不是在看中国动画的错觉，即并没有呈现出足够的民族风貌。这不禁让我们反思：为何大量民族资源的利用仍无法带给观众足够的民族体验？问题到底出在哪里呢？

美国迪士尼电影公司挖掘中国传统民间故事，创造出了《花木兰》《功夫熊猫》这样的佳作，就算影片写着大大的“中国”二字，但是一看便知这是美国人写的“China”。当动画产业发展到较高水平后，我们发现，单纯对民族资源的利用，在文化民族化的过程中并不起决定性作用。那决定性因素到底是什么？不少学者在反思新时代动画电影民族化过程出现的问题时，多从艺术设计上的西方视觉刺激，影片风格上的好莱坞式幽默，以及叙事方式上的英雄模式等角度探讨，却常常忽视了电影艺术最基本的故事——它包含着影片最基础的人物形象和主题内涵。在故事的民族化讲述中，人物和情节是能够被观众直接感知的，但是其蕴含的民族价值取向、思维方式、道德规范、精神气质、审美情趣却在潜移默化地影响着观众——这些内核的传承才是一切民族资源转码的根本。因此，本文引入“民族心理”的概念，从这些电影的故事本身入手，分析人物的精神气质以及主题情节中的价值观念对观众的引导作用并进行反思，企图对动画电影民族化、传统文化精神的传承进行讨论。

一、民族性格：反思人物的精神气质

“原型”是荣格集体潜意识理论的一个层次，是指集体潜意识的形象总汇，借由特定的方法去体验事情的天生倾向。将这个概念用在经典神话故事的人物形象中，便会发现其在塑造民族心理时得天独厚的优势。我们以哪吒和孙悟空两个原型人物为例。

《哪吒闹海》与《封神演义》的故事虽然有较大出入，但是前者的哪吒形象太过深入人心，因此成为一代人心中对于“哪吒”的符号认知，哪吒的形象也就此固定下来。原版中最经典的一幕是哪吒自刎，“多少年后，哪吒长袖飘飘、白衣若雪，在暗如黑夜的暴风雨中横剑自刎的一幕仍历历在目”①。哪吒形象的感人之处在其坚持对正义的追求、对黑暗父权与权威的彻底反叛，与最终为了集体而牺牲所带来的张力。美好生命的反抗与陨落，产生了一种古希腊式的悲剧精神。仔细说来，哪吒本人的形象，除去性格上的善良与任性、正义与莽撞之外，更是代表了一种个性化、反传统的个人主义，兼顾了博爱友善的集体关怀。这些看似矛盾的品格在哪吒身上获得了和谐的统一，也成为“少年英雄小哪吒”的符号所指。在《哪吒闹海》中，反传统的个人主义具体体现在哪吒坚持善良和正义的信条，反抗以龙王为代表的邪恶势力和以李靖为代表的封建父权，集体关怀表现在当哪吒发现自己的信条造成了陈塘关百姓的伤亡，父亲进退两难后，便毫不犹豫地用自己的生命终结了他人的苦难。

而《魔童》对《哪吒闹海》中的故事进行了较大的颠覆与解构：象征着“恶”的魔丸是哪吒的母体，故事的发展为哪吒从承受世人偏见到主动与命运抗争，并放下对世人的恶意而拯救了苍生百姓。在《魔童》的时代，邪恶和父权的概念早已不适用于现代社会，于是在故事创作上，导演饺子将哪吒“反传统的个人主义”体现在打破偏见与“我命由我不由天”的不信命之上——将反抗“压抑人性”的主流观念改为个人化的反抗命运、对抗偏见，这本身的确是一种符合时代潮流、能够引起共鸣的内涵改编，但是在哪吒的人物塑造上本片却并没有达到反抗本应具有的震撼效果：在“渡天劫”情节之前，哪吒毁坏公物，对同龄人进行恶作剧是事实，完全是一个坏小孩在搞破坏，村民对其提防再正常不过，这样的偏见本身是否成立就值得商榷，笔者认为其没有足够的意义，使反抗缺乏承载

① 李婷．数字娱乐产业进化论［M］．北京：中国时代经济出版社，2017：57.

的力量。况且，影片本应该将重点放在哪吒在面对偏见时一步一步成长起来的心路历程上，但本片仅出现了一幕“失望”场景，即哪吒在营救小女孩后小女孩家人的异样目光使其感到失望。全片大肆渲染哪吒以偏见对抗偏见的种种恶劣行为，而放下对百姓的偏见也不过是体现在结尾敖丙动杀心时挽救了陈塘关百姓，但这一处理未免太过唐突，缺乏在反抗过程中对种种挣扎以及最终醒悟的描述，让反抗承载的精神力量看起来苍白无力，“我命由我不由天”成为一句套用的口号。而集体主义的牺牲精神也被导演处理为主动渡天劫的“顺带拯救”。哪吒符号中坚持个人追求和集体利益之间充满矛盾的戏剧化张力被解构成两个并无内在关联的情节，大大削弱了哪吒的精神气质。有学者说，“虽然‘我命由我不由天’像极了一个悲壮的命运悲剧，但古典悲剧中的邪恶盲目的命运威力，却通过误打盲撞的方式被呈现为一种意外的喜剧。也使《哪吒之魔童降世》成为对古希腊悲剧的一次后现代戏仿、一次一本正经的插科打诨。在这次重构中，命运的力量消失了，威权的力量也消失了。可以说，我们已经找不到真正意义上的抗争了，只剩下一个以‘亲情’‘友情’为内核的合家欢故事”①。这种说法虽然有照搬原著情节的保守色彩，但仍能看出哪吒性格中重要的抗争性并没有在《魔童》中表现出来。同时，集体主义色彩作为哪吒性格中最为东方的一面却没有展示得十分出彩，于是哪吒便成为一个与好莱坞人物相似度极高的“个人英雄”。

《魔童》的重新解构，的确是民族故事成熟化改编的体现，看得出导演有意识地将人物精神内核嵌套在时代化、世俗化的故事情节中，实现创新性改编，在情节观感上的确取得了较大进步。但是从长远意义来讲，影片对于人物形象的“中国式人格”的核心并没有深入挖掘，仅仅抓住了浅显的一面，却忽视了另一面，即更加东方的内容，导致原有形象中所具有的张力大大减弱，给观众带来的冲击感也小了，人物的精神气质无法深入人心。

《大圣归来》中孙悟空形象的塑造同样存在这个问题。昔日风光无限

---

① 刘起．《哪吒之魔童降世》：镜像结构与文化重构［J］．电影艺术，2019（5）：46－49.

的齐天大圣失去法力，变成了一位落魄的英雄，经过种种历练再次强大。本身的切入点具有创新性，同时，看失落的英雄如何雄起，这种成长历程更符合现代人在起伏的人生中渴望获得精神慰藉的普遍心理，是能够引起共鸣的。但是，这种“重寻自我”的过程并没有很好地展现给观众，明明孙悟空形象中还有许多可以帮助其重新建立自信的元素：执着、游戏的态度、天不怕地不怕的永远反抗的内心……而影片中反抗的对象也从天地的大格局转化为俗套苍白的邪恶势力。如果没有片尾那炫酷的变身特效和熟悉的背景音乐，很难让人觉得孙悟空是一位中国式英雄：失去自信——直相信自己伙伴的死亡—回归自信、打败邪恶势力……这不过是全世界各个国家都能塑造出来的英雄套路，孙悟空不同于“美国队长”“蝙蝠侠”等英雄形象的地方在哪里？孙悟空的独特魅力大大弱化，整个形象平平无奇，也就谈不上什么民族形象了。

从上述可以看出，引入传统人物资源书写民族故事产业化是一把双刃剑，初期能够获得一定的关注度，但并没有真正实现动画对民族文化的传承；而认真挖掘人物精神的内核，并注入生命力，这才是其发展的未来。基于上述案例，我们认为目前民族故事中人物改编的问题主要在于，编剧不能深入挖掘人物形象的内核以及造成这种性格或特性的根本原因，莽撞地仅用一两个关键词来概括人物形象，如哪吒“反抗”，孙悟空“自信”，然而哪吒的反抗体现了哪种民族心理下的民族性格？孙悟空的自信又具有哪种民族心理之下的寄托与象征？这些问题并没有得到回答。编剧应该意识到，时代化、世俗化并不是将原型人物平面化、平庸化、苍白化，脱离人物的民族土壤。

原创人物相比改编人物，其自由度更高，但是让人印象深刻的难度也就更大。如《风语咒》中的男主角瞎仔，影片主要借助了传统“侠”文化的内涵以及天人合一的哲学思想来呈现。但是，本该表现出的传统文化中“侠”的形象特点，如放荡不羁、淡泊名利、武功高强、人情味重、有理想和抱负等，在瞎仔身上体现得并不强烈。虽然影片企图以瞎仔“没出息”的性格营造与以往不同的英雄形象，但是“吹牛撒谎”不等于放荡不羁，“解开与妈妈的误会顺便拯救苍生”也不等于人情味重，“成为侠岚的热忱之心”——纵观全片也不过是开局的一句口号，瞎仔完全游离在正邪对抗的主线之外，最终只不过是戏剧巧合般参与到拯救苍生之中，而已经成名的一众“侠岚们”更是仅成了推动剧情发展的“工具人”。除去那句“我在驭风，风在驭我”给人留下了较深印象外，文中的瞎仔实在不能给人留下侠士的印象。作为主人公的瞎仔，其给人的记忆点甚至不如配角梅姐——表面上不务正业，不像个正经母亲，背地里却将所有钱用于让儿子复明，为了让儿子复明最终也付出了变成饕餮的代价。这种不善表达却又含蓄深沉，为了孩子可以牺牲一切的伟大母爱，正是许多中国父母的缩影。虽然影片对梅姐着墨不多，却给人留下了如此感人的印象，并直接促成了瞎仔的成长，突出了中国式亲情的力量。而《大鱼海棠》《大护法》中人物塑造漏洞百出的情况，在此不做深究。

利用传统文化为民族化故事提供资源的原创动画，其在刻画人物的时候往往忽视文化真正内在的精神，缺乏这种精神和人物经历上的真正契合，从而造成人物表面性格的表达缺乏深沉的内涵讲述，无法给人留下深刻印象，也难以传达中国精神。

从以上分析我们可以发现，改编动画和原创动画在民族性格的传达方面是存在不同的，改编动画有人物原型，除了人物性格本身，也要注意造成人物性格本身的社会与时代背景的根本象征，这样才能较为全面精准地进行新时代的演绎，从而实现民族精神气质的传承；缺乏原型的原创动画，要明确所借助的传统文化内涵用在何处，不能模糊地挪用符号，而是要将文化精神的内核融入人物形象中。

二、民族观念：反思主题与情节的价值内涵

通过提炼新时代动画电影的主题关键词，我们发现“集体与个人关系”这个关键词所占比例十分大。

《大护法》是一部在主题和情节上带有极强鲁迅风格的作品，其展示了个体在集体中的愚昧与反叛。在欧阳吉安的欺骗下，花生人吃掉自己、熏黑大花生（人吃人，成年人吃小孩，代表生命本源的缺失）；杀掉会说

话或是成熟的同类（愚昧者杀害清醒者，代表愚昧的循环）；勇敢的清醒者唤醒了沉睡者，拨开云雾见光明。在这个过程中，个体残害了集体，集体残害了个体，个体拯救了集体，集体又拯救了个体。集体和个体之间是互相残害与互相拯救的关系。《大护法》将集体和个体解读为束缚人心的总体环境以及张扬人性的个体需求。无论是哪一种解读，都符合离不开集体的中国人对于集体束缚和个人挣脱的探讨，既传达了时代呼声，也启发了人们对民族化的探讨。

《风语咒》则从成长方面探讨了个人与集体的关系。瞎仔从小混混进化成侠岚，一方面来源于他对自然力量的领悟，另一方面来源于他对爱情、亲情的渴望与守护。不仅个体从集体中获得了启示，集体对于个体的成长更是具有直接推动意义。个体离不开集体，集体也离不开个体，个体与集体之间深深的羁绊塑造了中国人一代又一代人“修身齐家治国平天下”的价值理想。但是，主人公瞎仔自小就有英雄信念和丧亲失爱之后愤怒觉醒的故事情节实在较为老套，叙事上也没有什么亮点，使得本片虽然有“梅姐”这一形象的成功帮扶和主题上的中国内核，但仍然不能给观众带来太大的震撼，使得此片虽然是一部较为完整动人的商业动画，但缺乏观影后的回味性。

而同样是探讨集体与个人冲突的关系，《大鱼海棠》的展示却并不理想，很多观众还产生了“狗血三角恋”“三观不正”的评价。女孩椿为了报答鲲的救命之恩，用自己的生命交换了其魂魄并偷偷将其抚养成人，却经历了家族毁灭，朋友为救椿而死，最终椿回到人间和鲲生活在一起。影片没有传达给观众的是，椿为了报恩养育了重生的鲲，椿的这种亦己亦他的美德观念，究竟和家族覆灭、集体利益的摧毁有什么必然关系？椿不但自始至终不知道自己做的事情的后果，而且其最终造成家族的覆灭其实是来自作为天神的、暗恋椿的湫的痛苦，并不是什么模糊的“天命”。关于个人坚持传统美德与现实集体利益的冲突，在《哪吒闹海》里却呈现出了不一样的效果，哪吒同样秉持着坚守正义的美德观念，却造成了龙王的震怒，水淹陈塘关，带来了严重伤亡。为何前者看起来如此不可理喻？是因为椿报恩的合理性并没有得到充分阐释，反而让观众产生了她是“陷入爱情的自私鬼”的道德指控；而她最终即使选择了牺牲自己，但是缺乏其牺牲意义的自我辩白，于是让人产生了误会。由此可看到，创作者在进行情节设定时，故事中个人与集体的冲突关系就十分不明确，更缺少对于人物内心世界的展示，不仅没有对冲突进行恰当诠释，反而对其中某一种观念有所偏颇，导致观众对此片的不满和愤怒。

随着市场经济深入发展、全球化视野进一步开拓所带来的思想文化上的冲击，集体与个人、传统观念与现实社会的碰撞，时刻影响着每一个受传统文化思想浸润的中国人。在表现这方面的主题时，一定要赋予碰撞两方以深刻的内涵和意义，并着重描写人物的内心世界，才能使观众获得启发，从而更好地继承并发扬中华传统的价值观念与思维方式。

出乎意料的是，以《魔童》和《大圣归来》为代表的根据古老神话故事改编的作品更加关注个人，展示了个体的成长，虽说二者也涉及了与集体的关系，但和上述作品相比，这两部作品中的故事冲突在于主角前后心境的对比，集体也更像是烘托主角的配角或旁衬。侧重点在一定程度上反映了创作者在进行改编时推陈出新的想法，即将含有大量集体成分的传统故事重新解构，赋予现代人更加关注的时代内容，初衷是符合动画电影发展的轨迹。如《魔童》中以三个主要人物对抗偏见而展开，分别展现了他们面对偏见的不同选择，将原有故事中的配角人物的故事线加以丰富，这样使得作品层次更加深厚，内容充足；《大圣归来》挖掘大闹天宫之后的片段，对取经环节进行了新颖的解构，讲述了世俗化的孙悟空在别人的鼓励中从失落回归到自信的故事，情节较为完整。但既然是表现主人公的成长历程，人物的刻画便成为凸显主题与情节意义的关键，而这两部作品在展现人物精神气质方面都存在较大的缺陷。

三、结语

通过对近几年民族动画电影故事讲述的反思，我们可总结动画电影在人物精神气质和情节主题内涵上进行民族化所存在的普遍问题：

一方面，在人物塑造方面，近年来的国产动画电影并未真正留下一些令人印象深刻的人物形象，这是因为在改编过程中未能精准把握原型人物的性格与气质内核，未能充分抓住原型人物的矛盾点，从而使人物缺乏民族性格的内涵；而这又导致改编后人物性格趋于平庸苍白，人物性格矛盾的冲突力量较为薄弱，难以与观众产生共鸣。而对于动画电影中新创的人物而言，其对民族文化资源的利用往往过于浅表化，未能使文化资源深厚的意蕴融入人物的经历与遭遇中，缺乏深度的情节支持，使其停留在表层的符号表现上。

另一方面，在主题与情节中，我们看到对集体与个人关系的探讨成为近年国产动画电影的热门主题，从社会批判、家庭作用、个人成长等方面都进行了不错的主题层面的尝试，但也存在着情节方面的雷同，以及铺垫的缺失，导致在展现集体与个人、传统与现代等诸如此类主题的冲突时，未能给予其充分的阐释，观众也无法对其中蕴含的民族心理有历史性与现代性的理解。

从《大圣归来》到《魔童》，近年来动画电影在特效上越来越震撼，人物和场景越来越漂亮，受到的国际关注也越来越多，这些都彰显着中国动画制作技术日益高超的实力。但应该注意，中国故事仍然是民族电影真正“出圈”的核心，而要讲好中国故事，关键在反映内在的民族文化心理。只有这样才是真正有意义的中国原创动画电影。

（作者王满，暨南大学文学院中文系2018级本科生）

《庆余年》：玄幻网文 IP 影视化的接受逻辑

【案例导读与点评】

在中国影视产业的发展中，以热门网络文学IP作为基础，利用网文自身读者粉丝的力量，以及网文丰富的内容资源，进行影视化改编，成为数字文化时代中国影视产业的一种重要现象。不同类型的网络文学，读者群体也不同，网文的情节与爽感模式的规律不同，在进行跨媒介改编与叙事的过程中，为适应不同媒体、群体的需求，需要进行重新编码。其中，相比于情感向女频网文，玄幻类男频网文大IP的改编面临的困难更大，成功寥寥而失败居多。本案例选取了一个独特的视角，以《庆余年》这部玄幻网文中的两个关键情节的改编为中心，从接受的维度捕捉“原著粉”的评价进行分析，结合网文情节结构与爽感模式的特征，提出玄幻类网文改编的关键在于遵循其世界观及其战斗逻辑。相比于一般性的笼统分析，本案例尽管切入点小，却能单刀切入该类型网文改编的核心问题，使其观点颇具启发性。当然，像这样的案例分析，若能更深入地进入小说与影视文本，同时借助大数据视频的分析方法对观众的评价进行更综合的归纳，其论证将更加有力。

网络小说作为网络时代非常流行、受众广泛的一种新兴大众文学形式，根植于网络青年亚文化的多元性、个性、草根性和幻想性等鲜明特征，逐步占据了电影电视剧改编的市场。无论是2011年大火的《甄嬛传》，还是2019年好评如潮的《庆余年》，包括2021年初评价两极分化的《赘婿》，都是由网络小说改编成电视剧的杰出代表。

在研究网络小说改编剧的优势时，很多研究者都认为网络小说自身具有的庞大读者群是其重要的优势之一。黄发有在《消费寂寞——网络文学的游戏化趋向》一文中，对网络小说读者“白日梦”式的期待做了接受研究，但是由于总体视角和重点并不在读者身上，文中并未对网络小说读者进行具体分类和分析，而是简单地将网络小说读者视为一类群体。蒋建华在《新媒体语境下网络小说影视改编的跨媒介叙事研究》中提出了“改编作品远离原著，众口难调”的忧虑，这种忧虑其实是建立在“原著粉”对原著的期待视野与其他普通观众不同的基础上。所以，“原著粉”作为一类特殊群体往往对网络小说的影视改编有着不一样的影响和期待，而针对“原著粉”对网络小说改编接受情况的研究仍然是一个比较薄弱的环节。

在起点中文网这类网络小说平台中，如“猫腻”这样的具有巨大号召力和点击量的作家被称为“大神作家”，《庆余年》这样的作品也被称为“神作”。“原著粉”一般出现在此类“大神作家”和“神作”周围。“原著粉”是一类特殊的受众群体，虽是区别于原小说的艺术形式的受众，但保留了大量原小说的审美习惯。一般情况下，改编必然会或多或少地造成原小说特征的改变，而“原著粉”往往会对这类改变带有苛刻和审视的态度。不同影响力的作品携带了不同数量和质量的“原著粉”，不同占比的“原著粉”也必然会对改编作品的总体接受情况产生不同的影响。

《庆余年》这类“神作”的特点在于，“原著粉”这一受众群体的影响力完全不可小觑。在网络小说发展历程中，历年点击量靠前的那几部作品，也就是真正的“神作 IP”，亦是各大影视公司不愿意过多触碰的“禁地”。2018 年全网评分较低的电视剧《斗破苍穹》和 2021 年的《斗罗大陆》都证明了这类“神作 IP”的改编必然面临着巨大的风险。这种风险就在于由于“神作 IP”的影视化会承接原作自带的大量粉丝，因此必然会面对他们的严苛检验。

在网络小说十几年的发展历程中，仅仅发表在起点中文网上的玄幻小说就超过 76 000 部。大量的网络小说逐渐形成一个自己的语境。一部部点击率高且口碑优秀的玄幻小说都将自己的特征融入玄幻小说的语境之中，这个语境也必然会在接下来的每一部玄幻小说中得到体现。所以，网络玄幻小说“原著粉”的接受习惯一定是建立在玄幻小说的语境之中的。而面对小说的影视化，能否得到大多数“原著粉”的认可就是衡量网络小说影视化是否成功的关键因素之一，这对于有巨大“原著粉”基数的作品尤其重要。所以，通过对一部部成功或失败的“神作 IP”“原著粉”接受情况进行分析，可总结出面对“神作 IP”改编时“原著粉”的期待心理特征。在《庆余年》中，“滕子京[①]之死”和“迟杀程巨树”是一个相对独立而完整的叙事单元中的两个关键情节，本案例以其为个案，对这一经典叙事场景的改编及其带来的“原著粉”的接受情况进行讨论，以期对玄幻类网文的影视改编进行深层逻辑的分析。

一、“滕子京之死”与情节逻辑改编的“原著粉”接受情况

（一）“滕子京之死”情节改编与“原著粉”接受情况

《庆余年》的故事结构本身是具有代表性的单纯线性结构，虽有贯穿全文的逻辑线索，但是切入角度和叙事视角并没有改变。这种单纯线性情节一方面体现在所有情节都是以范闲为中心或服务于以范闲为中心的情节；另一方面体现在人物关系仅仅以范闲为中心而形成联系，并没有形成立体的关系网。

线性情节是网络小说尤其是以成长战斗为主题的玄幻小说最常见的一种情节模式，是由网络小说所提供的土壤决定的。《庆余年》于 2007 年在起点中文网上连载，当时网络平台上连载的长篇玄幻小说大多以每日五千字的速度更新。这种更新方式能使读者每日看到全新的章节，进而保证了作品的热度和点击率。但是，如果每日五千字的内容没有明显的情节推进，读者自然会进入阅读乏力期，作品也就逐渐失去热度和点击率。

这样的网络创作生态要求网络小说的节奏必须相当紧凑，在这样的节奏下就不可能出现明显的多线并行和过多伏笔的情节。在人物关系上同样要避免产生过多复杂而不必要的联系。《庆余年》中的种种人物关系都是以范闲或叶轻眉为中心而展开的，这样才能保证小说在单线情节推进的过程中，人物关系不至于没有内容的支撑而显得单薄。

---

① 原著中该人物名为“滕子京”，电视剧改为“滕梓荆”，本文使用原著名。

《庆余年》在由小说转变为电视剧的过程中，情节模式发生的改编主要体现在支撑起情节的结构发生了变化。小说《庆余年》的情节模式以纯线性情节为主，围绕着范闲展开。小说中的重要事件、重要配角都是为了突出范闲的某种特质。

滕子京是《庆余年》中重要的边缘人物，“滕子京之死”也是一个由小说改编成电视剧过程中很有代表性的边缘人物命运调整的案例。这段情节发生在小说第二卷第四十九章和电视剧第十三集，主要讲述了范闲及滕子京面对袭杀而来的刺客血战到底并最终战胜刺客的故事。电视剧最大的改动在于安排了滕子京战死于此役，取代了小说中废掉双腿的重伤。

本次关于相关情节改编的“原著粉”意见主要来源于腾讯视频、爱奇艺的实时弹幕以及百度贴吧、豆瓣评论、虎扑社区和知乎等平台上的剧后短评。其中在实时弹幕中，网友“小川汉语22”发表评论：“影视剧需要比较直接的冲突，不能有过多的人物形象……还有因为投资限制着集数，要加速矛盾，所以才会这么改……这已经改得不算太过了，保留了精髓。”这是一段总体式的评价，基本上可以代表大多数网友的核心观点。随着IP改编剧行业的日渐盛行，网友接受IP改编剧的能力也在不断提高。网友“小川汉语22”的评论直接点明了其对影视剧改编的认识，将滕子京的死归因为影视剧改编的硬性要求。

牛栏街战斗的情节主要发生在电视剧第十三集的四分十一秒至十分十秒，根据网友的实时评论及点赞情况，得到广泛认可的观点是：“记住这里，范闲开始改变了。”这条弹幕累计获得了至少一千个赞。这条弹幕所代表的观点其实是从情节的角度出发审视滕子京的牺牲，说明很多网友在接受电视剧的同时进行着情节性的思考。类似的弹幕还包括：“滕子京只有死了，范闲才能把随遇而安的性格改了；牛栏街之后，范闲开始认真搞事业了。”这种经过思考后得出的结论自然和编剧改编的初衷有重合的地方，算是得到了这一部分观众的认可。

除此类情节思考弹幕外，另一类则以讨论剧情为核心，如“这场刺杀应该是长公主的命令”“长公主和林二公子请人杀的范闲”等。这些弹幕是在积极讨论实时剧情的走向和原因。这类观众同样没有将重点放在滕子京的牺牲上。观众选在某一时刻发送的弹幕一定是其在当前最为重视的话题，而滕子京的牺牲并不是他们讨论的焦点，可见滕子京的牺牲也并不在他们注意的中心地位。

全场涉及滕子京的弹幕和评论主要以“可惜”和“不舍”等关键词为主，这类关键词所代表的情绪心理自然也如同词义本身一样饱含可惜和不舍。“希望滕子京和小说一样别死”“可惜了”“舍不得子京”等弹幕，实际上表达的是观众对滕子京这一角色过早谢幕的不舍之情。

在剧后短评方面，虎扑网友“Paulove233”引用了编剧王倦对于改编滕子京的想法：“本来滕子京可以做个忠诚的属下，一直默默无闻跟到最后，可是如果这样，他就只是个让人记不清面目的配角，对主线无关紧要。所以丰富了一下人物，让他成为自己的主角，也成为范闲成年后第一个平辈的朋友，或者说是家人。”在这段短评后面的热门回复中，网友都持肯定态度，如“在原著中其实他后面也没什么戏份了”“我也觉得挺好的，很硬汉”，没有任何反对观点的评论。网友“张九三”是社区中极少数提出质疑声音的“原著粉”：“滕子京怎么死了？记得原著中滕子京也就断了腿啊！”而在此贴下面的12条回复中，有10条评论表达支持编剧对“滕子京之死”的改编。实际上，“张九三”的观点几乎可以代表所有关于“滕子京之死”的反对声音：电视剧的具体情节与原著不符，这类“原著粉”的关注中心仅仅在于电视剧的情节与小说是否一致。这类“原著粉”往往对电视剧的还原性要求较高，但是，从总体数据来看，无论是实时观影中饱含情绪的观点，还是剧后短评中冷静思考后的观点，都相当支持编剧对于“滕子京之死”的改编。

（二）滕子京命运改编的本质

“滕子京之死”的改编属于结构性的改编，在剧情发展和人物塑造上会产生一定变化。但是对于一般的观众来说，根本不需要思考这种改编的深层次理由。他们只可能看到或只需要看到此处在电视剧和小说中存在不同而已。这是符合一般观众接受习惯的。即使是前文列举的理智讨论的网友，也仅仅将“滕子京之死”归因为小说改编成电视剧的不得已，或者从小说的具体情节出发提出“滕子京本身没有那么重要”的观点，并没有也不需要深入思考。

从“原著粉”的视角审视这段情节的变化，并不能把此归结于积极意义的调整和改进，而应该仅仅归结于带有中性甚至贬义色彩的改变。这是一种很浅层次的理解，但是也恰恰符合绝大多数观众包括“原著粉”在审视这段情节过程中的思考状态。当然，受众在接受过程中思考不到、意识不到并不代表受众在接受过程中感受不到。所以，受众在潜意识中感受到了什么，实际上就是“滕子京之死”本质上代表了什么。

电视剧《庆余年》中滕子京命运的改编本质上代表着什么？这一问题的关键就是滕子京这类人物在小说和电视剧中起到的作用分别是什么。网络小说的情节大多以纯线性为主，如以范闲为中心展开。这样的结构就要求所有边缘人物自然而然地为中心人物——范闲服务。因此，小说中滕子京的存在就是为了展现范闲的某种特质。在牛栏街一战中，通过滕子京的忠心耿耿和负伤后范闲的爆发，烘托出了范闲侠肝义胆、有情有义的正面人格。这样的效果达到之后，若小说情节再妄加“滕子京牺牲”等情节，则会削弱范闲爆发战斗的效果，进而减弱了范闲英武的形象。所以，小说中的滕子京没有牺牲的必要，也完全不值得“被安排牺牲”。所以，“原著粉”在情节问题上的接受习惯是符合线性逻辑的，这样就存在着一种期待心理：范闲在情节的发展中将起到关键性作用。

不同于网络小说，电视剧在情节上势必要更立体、更整体一些。范闲是整个剧本的重要组成部分，但绝不会像在网络小说中一样代表整个故事。在这样的情况下，滕子京这类边缘人物就不再服务于范闲，而是服务于整个剧本的故事性和完整性。所以，“滕子京之死”如果不再为范闲服务而是为情节服务，他的牺牲就变得有必要了。“滕子京之死”一方面升华了范闲与下属之间的战斗友谊，另一方面起到了引出范闲战斗力爆发、引起范闲深刻思考、引起范闲和监察院产生剧烈矛盾等重要情节的作用。所以，“原著粉”所接受的“滕子京之死”实际上代表着情节从服务于范闲的纯线性到服务于剧本的立体性和整体性。

实时弹幕和剧后评论中出现最频繁的“改得好”类的观点，实际上就是对情节总体结构改编的认可。可能绝大多数“原著粉”和网友并不能直观地感觉到所谓单纯线性情节和立体情节的变化，但是，他们能感受到“滕子京”这个角色不再仅仅与范闲有关，而是关乎全局发展，范闲也不是天之骄子一般战无不胜。这些具体的变化就代表了情节的变化，这种认可其实就是对情节改编的认可。类似网络“神作 IP”的影视改编还有很多类似的情节。《庆余年》中王启年的性格丰富性、肖恩和范闲的关系复杂性等都是在追求整体情节的一个丰满性，进而摆脱原小说文本的线性叙事原则。对于这类改编，无论是虎扑、知乎或是豆瓣网友，都表现出了极大的包容性。

二、“迟杀程巨树”与战斗力逻辑改编的“原著粉”接受情况

（一）网络小说中“迟杀程巨树”的战斗语境及其改编

“原著粉”对网络小说影视化的接受情况实际上就是对跨语境的接受情况。而构成网络小说尤其是网络玄幻小说语境的重要组成部分——战斗语境就是这种变化的重要表现形式。

在第二卷第四十九章牛栏街少年杀人事件中，面对远远强过自己的刺客杀手，范闲爆发出远超自己现有水平的战斗力斩杀敌人。实际上，我们都知道潜力虽然可以偶尔爆发，但是绝对不可能成为合格的即时战斗力，更何况是在差距甚大的情况下。任何有一定玄幻小说阅读经验的读者都不会像上文那样质疑这段情节的合理性，因为即使是读者也在无形之中受到了玄幻小说语境的影响。每当读者看到范闲陷入必死的局面，他们想到的不仅仅是范闲，更是《遮天》中的叶凡、《斗破苍穹》中的萧炎。主角们便理所应当地爆发出了潜力，击破一切挑战。这样的情节在玄幻小说语境的背景下是合理的，但是当小说被改编成影视剧之后，如何通过改编去弥补玄幻小说语境消失的缺陷也是必须考量的问题。

由网络小说改编的影视剧，为了打破前者的固有语境束缚，一定会对局部的逻辑进行调整。逻辑并不是普通哲学意义上的逻辑，而可以理解为情节如此发展的内在原因，或者是人物如此行动的内在原因。它不受具体人物性格、情节发展影响，而是一种更纯粹抽象的逻辑关系。在玄幻小说

中，这种逻辑是包含玄幻小说语境特质的，但是当玄幻小说被改编成影视剧后，这种语境的缺失将导致逻辑发生根本性的转变。发生转变的这一部分恰恰就是玄幻小说读者最熟悉的部分，所以逻辑改编在“原著粉”的可接受性上始终得不到完全肯定的答案。“迟杀程巨树”就是内在逻辑改变的典型案例。

在小说第二卷第四十九章中有：“大汉的胸腹处先是被砸出一个大坑，紧接着又被开了膛，稀里哗啦的内脏争先恐后地涌了出来，鲜血和腹液裹着的那些筋膜肠脏，流到了他的脚上。”范闲在目睹滕子京重伤后，干净利落地斩杀程巨树。电视剧中，滕子京为保护范闲惨死程巨树之手，范闲虽激发了潜能，但无法真正杀死程巨树。这种改动虽表面上来看仅仅是前文论述的“滕子京之死”和“程巨树没死”的区别，但实际上是两种逻辑的区别。《庆余年》这类玄幻小说情节上的核心逻辑往往是“受到威胁—感受愤怒—爆发能力—战胜挑战”。小说中的刺杀情节便是这样：范闲和滕子京受到刺杀—范闲和滕子京负伤陷入危险—范闲和滕子京激发了所有潜力—范闲和滕子京斩杀了刺客。这个过程在玄幻小说的情节逻辑中是完全通顺的，但是如果失去了背后的语境，战斗中的情节逻辑应该是：双方爆发冲突—综合战斗力对比和具体情况的影响—战斗力强的一方战胜战斗力弱的一方。如果按照这样的现实逻辑衡量，小说中这样的情节便完全不合理。如果人可以靠愤怒和绝望激发巨大的战斗力来弥补真实水平的差距，那么为何还要去修炼呢？时刻让自己处于绝望中岂不是会成为真正的强者？

因此，电视剧《庆余年》在此段情节上进行了改编。虽然保留了玄幻小说的部分特色，范闲打败远强于他的对手，但是他没有轻而易举地杀死程巨树，同时为之付出了滕子京生命的代价。这背后的逻辑也就变成了：受到威胁—滕子京牺牲造成的复杂情绪—复杂情绪造成能力小幅度提升—失败但损失降低。对比于前文论述的玄幻小说战斗力逻辑，其中的区别主要在于过程一（受到威胁—感受愤怒）和过程二（感受愤怒—爆发能力）。过程三虽有不同，但是本质上仍然是由爆发出的不同水平战斗力所导致的不同结果。

（二）“原著粉”接受情况分析

下面从过程一和过程二两个明显不同的逻辑思维进行“原著粉”的接受情况分析。

首先，受到威胁后是否就可以直接得出感受愤怒（过程一）的结论？这个问题肯定不会有统一的答案，恐惧、麻木等都是可能出现的反馈情绪。所以在将小说《庆余年》改编成电视剧时，编剧强化了过程中的威胁刺激：把小说中滕子京重伤改为滕子京牺牲。当范闲感受到的刺激剧烈到一定程度时，我们才可以基本确定推导出“感受愤怒”这一结论。所以，这种“愤怒”也应该是一种复杂的情绪，包括痛惜、回忆、可怜、绝望等多种负面情绪。

这段改编可以理解为两种逻辑的改动，但实际表现在电视剧内容里仍然是前文论述的“滕子京之死”的情节改动。百度贴吧的网友“ccyy”评论道：“小说里范闲就是因为牛栏街死了几个家仆才跟二皇子斗起来，电视剧可能觉得几个家仆力度不够，直接死个滕子京。”网友的评论已经触及玄幻小说和电视剧存在的逻辑差别。这种差别就体现在范闲受到的刺激能否直接引出接下来的行为，可见网友“ccyy”是赞同这一改编的。

结合前文论述的有关“滕子京之死”的相关评论，我们可以基本得出结论：电视剧通过让滕子京牺牲来加大对范闲的刺激，进而更顺畅地引出范闲爆发战斗力的结果，这一改编是完全可以被网友包括“原著粉”接受的。值得注意的是，这里的情节逻辑改动并不等于前文论述的情节改动。情节改动是情节的内容变化，而情节逻辑则是编辑这段内容时所遵循的内在逻辑，属于同一问题的不同角度和深度。

其次，感受特殊情绪后能否直接得出爆发能力这个推导过程（过程二），是玄幻小说改编成电视剧过程中最大的障碍。“愤怒＝爆发”这一公式不仅仅存在于玄幻小说之中，很多日本漫画、美国电影也依然积极践行着这一公式。这一公式也基本上是所有此类读者接受的“事实”，并且互相“佐证”着。前文引述的《庆余年》小说原文中，范闲感受到愤怒后，用近乎残暴的方式虐杀了远超自己实力的刺客程巨树。这是一段标准的“愤怒＝爆发”式情节。

电视剧《庆余年》则选择了相对平衡的处理方式，范闲虽爆发出了潜能，但未能轻而易举地斩杀程巨树，最终落得个两败俱伤的下场。这是一种平衡，给了范闲由愤怒而引起爆发的表象，却又达成了情节逻辑通顺的效果。滕子京牺牲后引起范闲爆发的情节主要发生在第十三集的八分四十秒至第十三集的十分三十秒。这近两分钟的镜头主要表现的是范闲在滕子京死后激发了自己的全部实力，以两败俱伤的方式打败了八品高手程巨树。根据腾讯视频和爱奇艺的实时弹幕，并把这两分钟情节前后各扩充一分钟计算，弹幕中出现最多的是“范闲的霸道真气呢”和“用毒啊”。这两条弹幕的点赞数累计达到了两千以上，如果将类似内容综合起来计算，点赞数更多。

在《庆余年》的设定中，“霸道真气”和“毒”都是范闲非常重要且强大的底牌类技能。弹幕中不断有人重复强调范闲的“看家本领”就是在质疑范闲此刻的战斗力。而战斗力的变弱只是表象，实际上是范闲在感受情绪之后战斗力并不能得到爆发。所以，我们得出一个结论：包括“原著粉”在内的网友实际上很介意范闲的战斗力没有达到最强，也就是说程巨树没有被爆发之后的范闲干脆利落地斩杀这一改编并没有得到网友的认可。

同样是为了调整玄幻小说逻辑而进行的改编，通过“牺牲滕子京以强化刺激”的改编得到了“原著粉”的认可，但是“范闲变弱迟杀程巨树”的改编却没有得到认可。所以，我们不应该继续停留在逻辑改编的范围，而是应该细化为情节逻辑和战斗力逻辑。

情节逻辑就是用如同“牺牲滕子京”等改动弥补玄幻小说语境缺失导致的情节发展不顺畅而做出的改编。战斗力逻辑往往和情节没有关系，是玄幻小说和玄幻小说 IP 电视剧必须面对的世界观。大多数玄幻小说都是热血、奋斗的战斗成长题材，所以战斗力逻辑从某种程度上来说就是玄幻小说的根本。

三、以“玄幻小说世界观”建构代入感

根据约翰·费斯克的理论，大众文化产品的意义生产者并不是作者（生产商），而是读者。一切阅读小说的意义和快感都来自读者自身的感受与思考，作者充其量算是为读者提供了生产资料。所以，网络小说读者在

消费网络小说的时候所获得的意义是由自己决定的。因此，我们能初步得出结论：消费者（“神作 IP”中的“原著粉”）的接受情况是衡量影视化是否成功的重要标志。

大量“原著粉”能接受“滕子京之死”的情节改编，但无法接受与“战斗”发生直接关系的“迟杀程巨树”。“情节”是故事，是与“观众”相对应的；而“战斗”则是玄幻小说中“主角”唯一需要考虑的问题。这种一边倒的“原著粉”接受度就说明了保持“代入感”是玄幻小说尤其是“神作 IP”影视化得以成功的重要标准。

情节改编并不是直接通过编剧改变玄幻小说的内容，而是通过编剧的努力使原本网络小说化的故事发展得更顺畅一些。电视剧《庆余年》改编了滕子京的结局，其实也是为了全局发展而服务。《庆余年》这类文化产品的意义生产来自观众本身，而观众产生快感的重要方式就是“代入感”。因此可得出结论：情节改编不能削减观众的代入感。

通过这个结论，我们能有效解决国内市场在玄幻小说影视改编过程中所出现的很多问题。现在国内市场上很多由玄幻小说改编的电视剧反而大多在此方面力求还原。《斗破苍穹》成功还原了十年前风靡网络小说界的“名言名段”；《斗罗大陆》中仍然保留了小说中大被同眠的情节。这些“神还原”并没有遭到“原著粉”的反对，就是因为整个“原著粉”群体从数量比例上（忽略少数的个性化）对故事内容细节的把握并没有我们想当然的那样苛刻。从另一个角度来说，今后的“神作”改编完全可以尝试在内容细节上留有更大的改编余地。

“迟杀程巨树”表面内容为程巨树是否在战斗中被范闲斩杀。在小说和电视剧中分别反映了范闲不同的“武力值”，“武力值”是任何一部玄幻小说的核心设定。这一核心设定一方面是网络小说文学性上的重要特征，同时是“原著粉”在接受一部“神作 IP”影视化时的心理期待。在这一点上，“武力值”的设定便直接与“代入感”画上等号。

“代入感”是关于“原著粉”本身的概念，如果把这个概念映射到网络玄幻小说本身，用“玄幻小说世界观”来形容则更为准确。“玄幻小说世界观”本质上是指玄幻小说读者在代入主角身份后形成的对小说世界的认知。“玄幻小说读者代入主角身份”是前提，“对小说世界的认知”是内容。

范闲不能斩杀程巨树，代表着作者猫腻创造的玄幻小说世界武力系统的错乱。在普通电视剧中，绝大多数动作戏都是为情节发展服务的，但是玄幻小说本身就是讲述主角武力值增加的过程，所以范闲不能及时斩杀程巨树恰恰触碰了“原著粉”心目中《庆余年》世界的根本，也就打破了《庆余年》的玄幻小说世界观。同样的事情也发生在《斗破苍穹》中。《斗破苍穹》最为人诟病的地方在于，小说中飞天遁地的强者们在电视剧中皆以骑马的方式赶路。编剧和导演用传统武侠电视剧的拍摄方式演绎现代网络小说的玄幻世界，得到的就是玄幻小说世界观错乱的结果。

另外，我们也可以认为“原著粉”对小说中的经典人物、经典场景、经典台词的期待并没有想象中的那样多。一般来说，“神作”诞生于网络小说时代的早期。时至今日，“神作”经过多年沉淀，附上了情怀属性。当年追更盗版的孩子长大成人，成为消费的主要群体，他们都成了“原著粉”的核心力量。十多年的时光，早已让他们忘记了小说中的细节，记住的只有范闲在危难时刻打败了远远强过自己的对手。这是他们记忆中的《庆余年》，即“玄幻小说世界观”。

四、结语

在“神作”改编过程中，要更谨慎地处理网络小说本身的“玄幻小说世界观”。当然，运营一个“神作 IP”的方法有很多种，以“原著粉”为市场目标只是其中一种。但是，“神作 IP”价值在很大程度上来自小说本身巨大的网络号召力，所以电视剧制作方在获得这一优势的同时应满足“原著粉”的期待。这是一种公平的挑战，挑战的是编剧平衡两种语境的能力。

如当制作一部足球题材的电视剧时，制作方一定会充分参考足球行业从业者的意见，因为这是一般编剧完全不了解的行业。网络小说同样如此，虽然不像足球那样专业化，但也已形成了自己的行业语境，尤其是领域内极具代表性的“神作”。由此，改编“神作”的编剧组也应由具有网络小说阅读和鉴赏经验的人组成，才能平衡好“原著粉”和普通观众的不同期待。

所谓的“网络小说阅读和鉴赏经验”并不是指编剧在创作剧本之前花大力气通读了小说，而是指在网络小说世界中长期参与实时追更和消费追更活动的行为。因为“神作”的改编离不开对“玄幻小说世界观”的处理，而“玄幻小说世界观”的第一要素就是“代入感”，不参与其中，何来代入感？

（作者孟峻光，暨南大学文学院中文系2017级本科生）

papi 酱：自媒体时代个人原创短视频的文化价值难题

【案例导读与点评】

文化产业具有经济属性和文化属性，鉴于我国文化与意识形态安全问题的极端重要性、文化产业在国家发展战略中的特殊位置，以及文化产业对精神文明的重要作用，文化产业的文化属性更具有根本地位。对文化内容进行文化价值层面的分析，以文化价值引领产业发展，是文化产业研究的重要课题。本案例从作为国内进入自媒体行业较早的入局者和现象级人物“papi 酱”的短视频内容入手，通过对其短视频文化价值的偏颇及纠偏方式进行细致分析与评价，深入地思考了自媒体个人内容生产中的价值矛盾及正确的选择路径。选题从大处着眼，小处着手，将宏观问题与个案研究有效地结合起来。在论证上，通过对“papi 酱”原创视频内容的全面调查进行条分缕析的归纳，较为充分地分析了自媒体原创短视频所存在的一般性问题。

近年来，随着网络技术的不断突破，视频内容在互联网的传播下呈现出多样化，每个人都可以做“自媒体”。在此背景下，原先处在视听接受一方的网络用户，开始在互联网上发布自制原创短视频。这些视频凭借制作者在知识结构、语言表达或是经验阅历等方面的独特优势，在观众中取得了较好的反响，涌现出了“papi 酱”“艾克里里”“在下杨舒惠”等一批个人原创短视频播主。个人原创短视频及其内容逐渐成为人们日常网络生活中的新话题，也因此成为网络视听类文化产品中的新兴力量，在整个网络文化市场当中发挥着独特的影响力。

作为文化产品，个人原创短视频也遵循着“内容为王”① 的发展规律。一个视频的创意、设计及其传达的价值观，都是需要制作者思考的。其中，视频通过声音、文字、画面等途径向观众所传递的价值判断、价值选择等，因网络传播的公共化、社会化特点，尤其需要制作者进行仔细考量。与此同时，在其外部，个人原创短视频还面对着政府在制度领域的监管和约束。

本案例试图以热门原创短视频播主“papi 酱”为中心进行探究，围绕在自媒体时代，网络个人原创短视频在发展中面临着怎样的价值难题，以及在发展中如何尝试凭借自身特点做出应对、实现其价值等问题，探讨其经验对当下网络自制视频的启发和借鉴意义。

一、自媒体时代的价值表达问题

科技的进步为大众传媒带来了内容制作上的革新，从生产者与内容的联系角度来看，出现了 PGC（Professional Generated Content，专业生产内容）和 UGC（User Generated Content，用户生成内容）的分野。其中，PGC 主要由传统广电从业者按照几乎与电视节目无异的方式制作，再进行互联网传播处理，具有专业性、系统性。相比之下，“强调基于个体创造内容的平台，以内容的丰富性、个性化广泛吸引其他个体的浏览和参与”② 的 UGC 以其独创的特质弥补了 PGC 易于模式化的缺点，引领着自媒体时代网络视频制作的潮流。原先的网络用户作为更加主动的角色，参与到信息的自主表达当中。

基于自媒体制作、传播的内容具有显著的独创性，个体在构思、编排、制作和传播自制内容的过程中，也面临着技术和运作上相对不成熟的问题。同时，“内容为王”的理念深刻地影响着网络用户，一个自制产品，往往被作者融入大量带有强烈个人色彩的内容，其背后是由个人价值判

---

① 陈少峰. 文化产业读本［M］. 北京：金城出版社，2009：231.

② 相德宝. 自媒体时代中国对外传播能力建设［M］. 北京：人民日报出版社，2013：13.

断、价值选择共同构成的价值观念的“编码”。于是，在个人的独立表达与大众的社会接受之间，出现了诸多价值层面的矛盾。

一方面，社会指向和个人创作内容之间的调和问题。谢晶仁、余洋指出，“对于任何一种文化产品来说，没有群众接受它就没有意义，就不能成为启蒙和消费的手段。为了达到被消费的目的，通俗文化在生产过程中就已经把大众作为消费的猎取对象”①。基于大众群体审美的社会指向，同基于网络自制内容制作者个体审美的产品之间的矛盾主要体现为两个层次：从大众角度看，“信息爆炸”使得人们的文化消费“快餐化”，在短时间内浏览信息并捕捉要点是当前人们普遍的需求。在这一需求作用下，网络自制内容能否在短时间内给人带来感官上的刺激并产生共鸣，成为人们选择的重要标准。然而，具备这样特点的自制内容往往同大众的日常生活紧密相关，一些不适宜在公共领域传播的内容不可避免地进入网络自制内容当中，如 2016 年“斗鱼 TV”在网络上直播不雅视频，竟引发数千人观看。网络自制视频如果对这样的内容趋之若鹜，便容易在引发观众共鸣的同时触碰道德与制度的“红线”。从制作者角度看，网络自制内容虽由个体制作，面对的却是来自全国乃至世界各地的观众。由于每个人具有不同的知识结构、文化背景和性格特点，使得网络自制产品难以满足所有受众的要求，小范围内会产生对产品的批评声音。这着实为当前的网络自制内容制作者带来了不小的压力。

另一方面，个性内容和监管制度之间的兼顾问题。改革开放以来，我国建立了以法规为主体的互联网政策框架体系。目前，我国已经形成了互联网舆论管制的基本框架，奠定了互联网言论管理的法治基础。② 在这样的背景下，网络自制内容受到来自政府层面的监管和限制，形成了内容的个性化和监管之间的问题。

在网络自制内容中，制作者更倾向于借助互联网高效、便捷的优点表达具有较强个性的观点、看法，以期在短时间内博得观众的眼球，求得生存。诸如经典的娱乐化重构、调侃时政等都是网络自制内容当中常见的话

① 谢晶仁，余洋．中国文化产业发展问题研究［M］．上海：上海世界图书出版公司，2013：198.

② 胡蕊．网络表达：众意与民意［M］．北京：北京理工大学出版社，2014：176.

题。然而，由于此类话题在大众舆论中尚未成熟，人们对其尚无较为准确、一致的认识。在内容没有明确传递出同主流价值观相一致的特征时，监管方面往往会对其采取较为谨慎的态度，导致部分观点较为偏激、形式较为出格的内容被监管部门所限制。同时，随着网络自制内容发展的不断深入，这样的趋势似乎也在不断加强。例如，在2014年举办的第六届中国网络视听产业论坛上，国家新闻出版广电总局网络视听节目管理司司长罗建辉就表示："网络视听原创节目生产日趋繁荣，内容品质整体有所提升，但依然存在粗制滥造、节目内容创作脱离实际和低俗的现象，从监管来看，未来传统媒体不允许播出的内容，新媒体一样不允许播出。"

从以上的讨论中我们不难发现，在公众和制度之间，网络自制内容在价值表达上面临着双重问题，也形成了由三方共同作用的新的生长空间。在公众和制度之间，自媒体发展的个人原创视频如何通过自身的调整求得生存和发展，是本文着重探讨的内容。

二、潮流与挑战：个人原创短视频概况

2006年被业界公认为是网络视频发展的元年。个人原创短视频最早可追溯到2005年草根网民的一些个人视频表演行为①，依据这一说法，以传播平台的变化为标准，个人原创短视频的演变大致可分为以土豆、优酷等主流视频网站为平台的第一阶段和以微博、手机应用等为平台的第二阶段。

第一阶段的个人原创短视频以对影视作品的恶搞或模仿为主，多带有剪辑技术。从2005年4月开始，土豆网开设了播客，秉承"每个人都是生活的导演"的价值观，优酷、酷6网等视频网站也纷纷成为原创短视频的传播阵地。此阶段具代表性的视频作者有"后舍男生""叫兽易小星"和胡戈等。其中，"后舍男生"通过假唱的口型秀、夸张的面部表情和搞笑的动作表演，对当时流行的歌曲进行二次加工和重新演绎，借助作品原有

① 宋敏．论网络原创视频的意识形态生产与共谋：兼论网络多民主传播的可能性［D］．成都：四川外语学院，2012：13.

的影响力以及富有个性的表演博得了广大网友的喜爱和追捧，很快走红网络；在2006年初，胡戈的《一个馒头引发的血案》大胆恶搞著名导演陈凯歌的《无极》，网络原创视频也曾由此出现了一股恶搞大电影的小浪潮。

这一阶段的自制视频，大多依托于一个既有的影视、音乐作品，在其基础上添加个人特色，并非完全的“原创”，视频元素也较为单调。而且，以“恶搞”为主的视频内容，其“恶搞”的实现手段也较为有限，其价值的表现主要在于夸张的面部表情、独特的配音演绎、较好的视频剪辑等，经过一段时间的传播之后，便显得乏善可陈。另外，借助视频网站的方式，在当时的网络技术条件下也不利于视频的快速传播。于是，随着智能手机的普及，微博、微信公众号以及“秒拍”“美拍”等平台异军突起，手机等移动设备成为个人原创短视频的新阵地，个人原创短视频迎来了一个发展的高峰期，进入发展的第二阶段。

第二阶段的视频内容趋于多元化，个人原创特色成为主要追求，原先的“恶搞”不再是核心主题。这一阶段的个人原创短视频，题材涉及美妆、美食、娱乐、时政等日常生活的各方面，如有“自黑段子手”之称的“艾克里里”，在视频中以独创的眼线画法迅速走红网络，一个男生用马克笔细头画眼线、粗头画眼影的形象给人们留下了深刻的印象，其颠覆了传统审美观念、以“丑”为“美”的风格也为他赢得了大量的支持者；以“集美貌与才华于一身的女子”自诩的“papi 酱”，通过在视频中反映人们在日常生活里的一些令人不悦的现象，同时伴以快节奏的剪辑效果和变声处理，以独特的形式表达着个人对社会的看法。

从第一阶段到第二阶段，网络个人原创短视频整体呈现出新的特点，这也对其内容价值的合理定位提出了更高的要求和挑战。

第一，发展至第二阶段的大部分个人原创短视频与社交工具如微博、微信公众号等结合，使得视频本身具有了社交的意义。像“papi 酱”“谷阿莫”等人都有自己的微博和微信公众号，他们定期推出视频内容，在评论区中与观众互动。这些基于网络社交平台的互动，实际上是第一阶段视频网站“评论”的升级。评论、点赞的行为围绕个人原创短视频展开，如果视频本身出现了价值观的偏差，由其引发的舆论也将受到错误的引导。

第二，个人原创短视频短小精悍、适合人们利用零碎时间进行“碎片化”观看，这些特点使得视频内容——包括其中传递的价值观念传播周期大大缩短，视频当中被设置用以抓人眼球的亮点，在时间的催化下对人的刺激更为显著。传播的速度之快使得视频本身的价值表达在公共范围内产生的影响难以逆转，为视频的制作添上了新的风险。

第三，从第一阶段到第二阶段的转变是以网络视频的上传技术革新为基础的，上传的便利使得网络世界人的价值表达受时间、空间的束缚减小，“人”的要素被放大。于是，通过上传个人原创短视频表达自身价值诉求的制作者，随着视频的不断传播成为“网络红人”，成为在观众中引领舆论的“意见领袖”。这就意味着，个人原创短视频的制作者在面对大众和监管制度的时候承担更大的舆论责任，怎么讲、讲什么，并不像日常交际一般自由。

作为一种当下时兴的网络视听文化产品，众多个人原创短视频的出现已悄然成为网络生活中的潮流。潮流带来机遇，机遇伴随挑战。那么，个人原创短视频的制作者在其中出现了哪些问题，他们又是如何化解矛盾的？下面，笔者将以“papi 酱”的系列视频为中心，通过具体的案例进行分析探讨。

三、标新与博弈：“papi 酱”原创短视频价值分析

“papi 酱”本名姜逸磊，1987 年出生于上海，2005 年考入中央戏剧学院导演系。2007 年，她负责上海电视台体育频道《健康时尚》节目的前期编导及配音；2008 年，她担任话剧《马路天使》的导演助理。此外，演员、主持人、导演等在她的视频里出现过的角色，姜逸磊都在现实中体验过不止一次。这段人生阅历为她以后自制个人原创短视频带来潜移默化的促进作用。

依靠发布个人原创短视频，“papi 酱”在网络上迅速走红：2015 年初，“papi 酱”和大学同学开始以名为“TCgirls 爱吐槽”的微博账号发布短视频，完全放下包袱，以浮夸的表演博得了网友的纷纷点赞；自 2015 年 7 月开始，她陆续在“秒拍”和“小咖秀”上发布短视频，多为与“后舍男

生”相似的恶搞内容。接着，她又推出了不同主题的系列视频。在不断的尝试中，“papi 酱”逐渐摸索出属于自己的风格。2015 年 8 月，其《男性生存法则第一弹》获得 2 万多人的转发、3 万多人的点赞。10 月，她开始利用变音器发布原创短视频内容并走红网络。①

笔者对“papi 酱”自 2015 年 8 月至今所发布的视频进行了整理，视频可大致归为以下四类。

（1）恶搞模仿类。

如《紫薇那个死丫头片子 real 烦人》（2015 年 9 月 20 日）、《你行你唱!》（2015 年 10 月 25 日）等。此类视频多数基于“小咖秀”平台，内容多为与上述个人原创短视频第一阶段相类似的“恶搞模仿”。

（2）语言类。

如“台湾腔说东北话”系列（2015 年 9 月 18 日、10 月 12 日、12 月 1 日）、“上海话 + 英语”系列（2015 年 11 月 3 日、11 月 24 日，2016 年 1 月 5 日）等。此类视频中，“papi 酱”一人演绎多种方言，切换自如。

（3）特定群体代言类。

如“男性生存法则”系列（2015 年 8 月 27 日、12 月 7 日，2016 年 1 月 11 日等）、“美女的烦恼你们根本就不懂”系列（2015 年 10 月 27 日、2016 年 2 月 1 日）。此类视频中“papi 酱”为特定群体如男性、女性、明星等代言发声，或以当事人的视角模拟生活情境，现实感强，得到了观众的强烈共鸣，而后也成为其视频创作的主要类型之一。

（4）时事“吐槽”类。

如《七夕特辑》（2016 年 8 月 8 日）、《麻将进奥运》（2016 年 8 月 12 日）、《又是一年双十一》（2016 年 11 月 14 日）等。此类视频中，“papi 酱”对时事热点中不合理、令人不悦的因素进行“吐槽”，视频也因戳准痛点、犀利深刻而广受好评。

夸张而个性、精明而机敏地针对现实的价值表达，在诸多方面顺应了网络传播的时代潮流。“papi 酱”视频的影响力逐步增强，姜逸磊本人也

① 张临军．“2016 第一网红” papi 酱：站在风口上不愁飞不起来［J］．中国青年，2016（10）：14－15.

成为2016年备受热捧的网络红人。随着受众和监管层面对“papi酱”视频的关注不断升温，其视频当中隐藏的不少价值问题也日渐为人们所察觉，人们开始由对视听狂欢的追逐走向理性：在视频中诸多引人注目的亮点背后，存在着哪些主流价值表达的问题？其中，最具代表性的事件当属2016年4月“papi酱”的视频被广电总局勒令整改。[①] 在广电总局看来，“papi酱”的视频时常爆出粗口，认为应当下线整改，待重新审核后方可再度上线。然而事实上，“papi酱”视频当中存在的问题还不止这一项，大致可归为下几类。

（1）粗口较多，用语低俗。

或许是为了使视频更易于引发观众的共鸣，“papi酱”在视频中的语言含有不少粗口，且频率较高，这也是广电总局明确在公告中指出的一点。此举虽在一定程度上使得语言更为自然、亲近生活，能够表示更加强烈的情绪，但依旧是不文明的表达方式。这种以粗口引发共鸣的方式，也容易让观众陷入对粗口瞬间产生的语言刺激的片面追求。

（2）含有性暗示内容。

“papi酱”在视频当中多次使用暧昧的性暗示话语。网络的开放性，加上主要受众为年轻人（不乏有很多未成年），过多的性暗示词汇容易给他们的心理健康成长带来负面影响。

（3）涉及教唆暴力。

例如，在2016年1月的一个“小咖秀”视频中，“papi酱”选用了一段抽打耳光的音频，并自导自演还原情景，剧烈抖动的画面和夸张的面部表情使得视频具有很强的表现力与感染力。此外，粗口的使用在激发共鸣的同时容易走向负面，成为引发共愤的“火苗”，当个人原创短视频逐渐成为一种流行文化，亦有催化暴力行为的潜在风险。

（4）涉及政治玩乐化。

对政治人物、政治事件素材的运用，历来为传媒人所警惕。而

① 谢若琳．广电总局点名Papi酱 网红靠“大尺度”取胜难了［N］．证券日报，2016-04-19（C4）．

“papi 酱”在整改之前，对此类内容的使用却不谨慎。整改后重新上线的视频，则对此类内容全部删除处理。

“papi 酱”应对粗口等低俗表达和敏感话题，其做法基本可归纳为三种：

一是删除。例如，在对其视频《微信有时候真让我崩溃》的整改中，“papi 酱”在不影响视频内容连贯的前提下，将敏感词删去。

二是突出“正能量”。“papi 酱”的视频一般在罗列大量的生活现象之后，往往蕴含了社会“正能量”的教育意义。例如：“papi 酱”2016 年 8 月 1 日发布的视频《奥运会就要来啦，你不来跟我涨点姿势吗?》关注国家时事热点，鼓励全民参与奥运；2016 年 9 月 19 日发布的视频《愿我们都不会变成自己最讨厌的那种人》直接点明了在人际交往中应养成将心比心、换位思考的习惯；2016 年 10 月 21 日发布的视频《网络是我的保护色，键盘是我的武器，我就是正义的化身，键盘侠！你要加入我的队伍吗?》针对公民的网络舆论参与，倡导积极的网络道德等。

三是使视觉生动、话题亲民。“papi 酱”的成名视频大多依靠尖锐、准确的批评和“毒舌”式的语言博得观众的共鸣与热捧。在改进过程中，“papi 酱”也关注到了这一点。她延续并加强为特定群体代言的特色，如 2016 年 9 月 5 日发布的视频《出国玩，不要让任何人知道》，替出国旅游的人们代言，批评一味托人代购而不考虑他人感受的现象；或是用惟妙惟肖的表演辅助语言感染观众，如视频《网络是我的保护色，键盘是我的武器，我就是正义的化身，键盘侠！你要加入我的队伍吗?》中，“papi 酱”扮演一个“键盘侠”，动作夸张、神态逼真，很是生动。短视频究其本质仍是视觉艺术，肢体动作的呈现能引发价值冲突的可能性较小，不失为一个化解价值表达矛盾的好办法。

从形式上对原视频进行删改，到新的视频中内容的革新，我们可以看到，“papi 酱”在个人原创短视频的价值表达中有着由“破”到“立”的较为全面的调整，试图化解受众观看感受和监管制度之间的问题。

四、启示与借鉴

“papi 酱”的成功更因其“价值支柱”切合互联网人际交流中人们对代替自己抒发心声的代言人的需求。“papi 酱”反拨调侃平常生活的手法，为“话唠”者博得掌声，甚至还有观赏明星，包括草根明星的窥视欲求等，都是其赢得观众认可的重要原因。视频中富于对民众想言而囿于表达方式贫乏所不能言内容的思考，同时对社会问题进行探讨并提出了建设性意见，符合个人原创短视频产生的初衷。视频的制作者应当向探深求质、贴近生活、独具魅力三个方向共同发力，加大内容弹性，争取话语主动权。

对于内容的转型升级，除了靠制作者的自觉，在其外部还需扩大行业竞争。当前，市场经济的发展也影响着文化产业的发展。在个人原创短视频行业，通过增加传播平台和途径，让更多的网络用户进入视频的制作当中，在不同话题、不同技术、不同风格的视频之间扩大行业竞争，并在各大平台当中引入排位机制，通过量化体现视频的优劣，为制作者提供参照。如时下热门视频网站“哔哩哔哩（bilibili）”就在搜索位置的突出处设置了视频排行榜，单就这一做法而言，可以为个人原创短视频的其他平台所借鉴。同时，在公共层面如传统媒体、监管机构等还可建立奖惩制度，对表现突出的视频制作者进行鼓励，惩戒不顾社会效益而传播色情、反动、暴力内容的行为，倡导良好的行业风气。

此外，负责对视频进行监管的机构也应当思考：倘若每一个原创短视频都一丝不苟地按照标准化价值形态进行制作，每一部作品都以弘扬“主旋律”为主要内容，能否依旧吸引观众的关注？个人原创短视频作为观众日常价值表达的额外渠道，其存在或许正是对“主旋律”文化内容的补充。这里便涉及尺度的把握问题。要想让播主的价值表达不至于违规，首先要解决“规则是什么”的问题。陈少峰提到，“所谓的评价就是以‘思想性、艺术性、娱乐性’等抽象的标准来衡量，与以往的文化艺术领域的评价性政策相反，今后一般的政策体系需要制定具体的限定性政策”，这当中，“建立分级制度就是十分必要的举措”①。文化产业管理的要义在于“管住”，更在于“理顺”。通过分级，为具有较强个性又不违背法律准则的个人原创短视频提供生存和发展的空间，为百姓提供价值表达的多元渠道，反而有利于主流核心价值的普及。

五、结语

作为一种视觉艺术，个人原创短视频在语言、画面等对自身价值观念的展现方式上，应有对美的追求。

作为一个文化产品，文化的社会效益应当被视频制作者摆在首要位置。个人原创短视频以其生动有趣、接地气的主题和方式引发观众的强烈共鸣，这是其独特的价值。然而，无论对谁，在公共平台或者面向大众传播的媒介中，出格的语言暗示、侮辱性的粗口等都需要干涉，即便是有大众热捧的优势，也必须甄别其得失优劣的所在。

文化价值是一个文化产品的内核，作为时下热门的文化产品，个人原创短视频在化解视频内容和公共接受之间的矛盾，使之转化为发展的空间并求得长足发展的道路上，还有诸多可能性等待着制作者、监管部门及观众去探索。

（作者林树宜，暨南大学文学院中文系 2015 级本科生）

① 陈少峰．文化产业读本［M］．北京：金城出版社，2009：108.

第三编

产业模式：数字音乐、网络游戏与青年文化的本土发展

数字音乐的产业特征：基于数字专辑发展的视角

【案例导读与点评】

作为数字文化产业的一部分，数字音乐产业的发展也经历了较为艰难的探索历程，且面临着盗版音乐对整个音乐产业的巨大冲击。数字音乐产业如何适应数字文化时代的新语境，重构产业发展的新模式？本案例基于数字音乐专辑这一独特的视角，从数字音乐平台特征、消费特征与营销特征三个层面进行思考和分析。本案例具有三个方面的优点：其一，立足统计数据的事实，对当前数字音乐平台的格局和消费特点进行重新审视，形成新的观点；其二，能够抓住数字音乐专辑中的重要典型，如肖战和鹿晗的数字音乐专辑制作与消费现象，对当下数字音乐产业的消费与营销特征进行了较具说服力的分析；其三，选题视角独特，数字音乐产业涉及层面较多，本案例选择了一个具有洞察性的点，以点带面，使整个讨论对象适度，又能伸展自如。本案例的撰写方法，值得相关专业的学生借鉴。

有关数据显示，2018 年中国数字（在线）音乐市场整体规模达到 76.3 亿元，实现了 59.8% 的增速，并且预测未来五到十年中国数字音乐市场的规模仍将保持年均 30% 以上的高速增长，2021 年便有可能突破 200 亿元大关。[①] 与此同时，国内在线音乐市场主导的“To B”模式，即以广告营收为主的商业模式，也正转向以内容付费为主的“To C”模式。2013 年中国数字音乐市场收入结构中，广告收入占比仍高达 68.7%；而自 2016 年起，内容付费收入占比就超过一半。另据预测，到 2023 年，该比例更是

① 商业化的复兴：2019 年中国数字音乐产业研究报告［EB/OL］.（2019 - 04 - 02）［2020 - 03 - 19］. http://report.iresearch.cn/report/201904/3353.shtml.

能升至77%左右。[①] 由此可见，中国在线音乐产业格局正经历着重大的调整与转变。

2014年，QQ音乐联合周杰伦推出了国内第一张真正意义上的数字音乐专辑，实现了近350万元的销售额，正式开启了国内付费数字音乐专辑的市场大门。在此后的数年间，数字音乐专辑实现了爆发式增长，已成为数字音乐产业最具代表性的内容付费模式。据笔者不完全统计，截至2020年6月21日，已有四位歌手的数字音乐专辑总销售额破亿，另外还有三位歌手的数字音乐专辑总销量在9 000万元以上（见图1），火热程度可见一斑。就连海外众多歌手如Taylor Swift、Justin Bieber、Troye Sivan等也纷纷在国内试水发行数字音乐专辑，且取得了不错的市场反响。所以说，如何从数字音乐专辑这一方兴未艾的发展模式中窥探出当前国内数字音乐产业格局的动向，是一个具有较强现实意义和研究价值的课题。

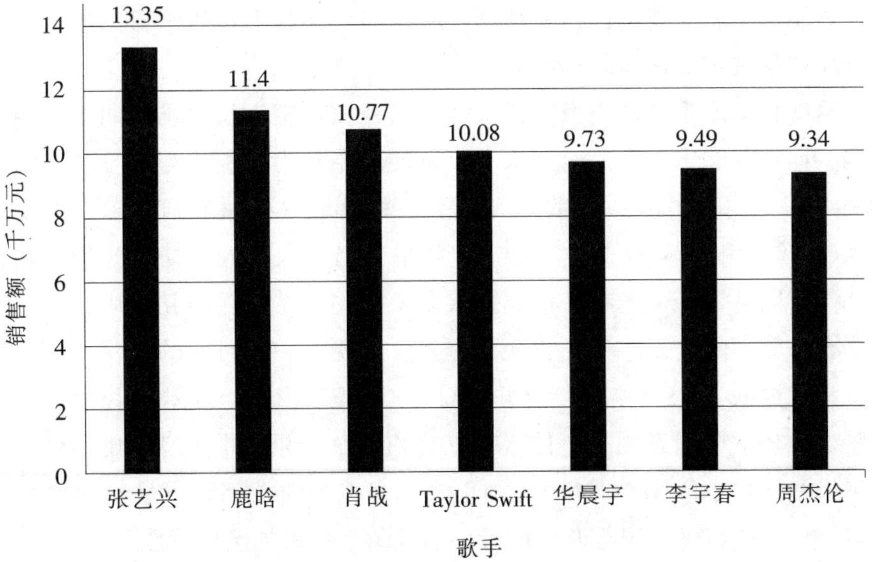

图1　截至2020年6月21日国内数字音乐专辑销售额

① 2019年中国数字音乐内容付费发展研究报告［EB/OL］.（2019-07-11）［2020-03-21］. http：//report. iresearch. cn/report/201907/3411. shtml.

本案例从数字音乐专辑的发展出发，对当前国内数字音乐产业的平台格局、消费特征、营销策略等进行研究，使我们能够深入了解付费经济下的国内数字音乐产业格局的新动向。

一、平台格局

（一）音乐平台格局的形成

目前，国内主要数字音乐平台已经定型，随着多年的市场耕耘与普及，由新用户增长带来的产业发展逐步走向式微。有关数据显示，近五年来国内网络音乐用户年均增长量不到3 000万人，且还有进一步走低的趋势。这与短视频等平台动辄上亿的新增用户更是无法相提并论，可以说在市场用户规模方面，数字音乐平台已经趋于饱和。与此同时，互联网用户对于音乐平台的使用率也已多年基本保持在70%左右，没有出现较大的变化，显示出了相对稳定性，在移动互联网时代，数字音乐平台已经成为大部分用户的基本需求。

这些特征决定了国内数字音乐平台已经从野蛮生长逐步走向新的稳定结构，而当前和未来一段时间该产业发展的主动力也在发生改变。2004—2006年，国内较早的一批数字音乐平台相继成立，如酷狗音乐、酷我音乐、QQ音乐和虾米音乐等。2013年阿里巴巴加入战局，虾米音乐被其收购，同年网易云音乐发布，正式打入竞争格局。在此后的几年里，数字音乐平台市场不断进行注资、收购、合并，出现了一段时间的乱斗局面，其中就有“酷我”与“酷狗”合并成立中国音乐集团，“虾米”和“天天动听”合并成立阿里音乐等事件。而2016年QQ音乐与中国音乐集团合并成立腾讯音乐娱乐集团（TME），则正式标志着国内数字音乐平台的格局基本定型，以腾讯、阿里等互联网巨头引领的平台格局已经形成。

如果我们仅从资本和用户量这个角度来看，腾讯、阿里、网易云可以说形成了三足鼎立的局面。但是就像我们前文所说的，在当前和未来很长一段时间内，数字音乐产业真正发展的动力是付费内容，而不是依靠免费用户所带来的流量，因此从数字音乐专辑的角度去分析，就能够明显发现，以内容付费为主要发展方向的平台格局已大为不同。作为未来主要模式代表的数字音乐专辑更能够反映出内容付费时代到来下的真实产业格局。

图 2 为笔者根据 2019 年国内数字音乐专辑销量情况制作的统计图，同时分别对各主要平台的销售额情况进行了标注。我们可以清楚看到，在全年销售额排名前十的专辑中，由腾讯音乐所属的三大平台独家发行的就占据了八席，除 Taylor Swift 采取双平台发售外，只有两席被网易云音乐收入囊中。而阿里音乐的虾米平台却早已在数字音乐专辑市场中不知所踪，完全丧失竞争力。

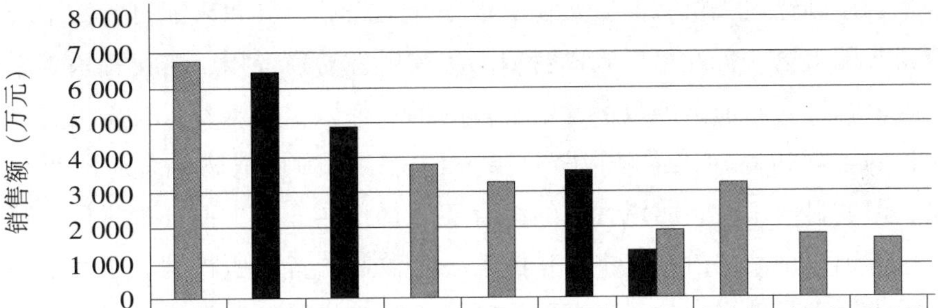

	蔡徐坤《YOUNG》	华晨宇《好想爱这个世界啊》	王一博《无感》	张艺兴《HONEY》	李宇春《哇》	R1SE《就要掷地有声的炸裂》	Taylor Swift《Lover》	周杰伦《说好不哭》	火箭少女 101《立风》	张云雷《蓝色天空》
虾米音乐	0	0	0	0	0	0	0	0	0	0
网易云音乐	0	6 505	4 914	0	0	0	1 397	0	0	0
腾讯音乐	6 775	0	0	3 739	3 588	3 621	1 979	3 257	1 948	1 716

■腾讯音乐　■网易云音乐　■虾米音乐

图 2　2019 年国内销量前十数字音乐专辑及分属音乐平台①

在 2020 年上半年，数字音乐专辑市场格局也大体延续 2019 年的趋势，销售额排名前五中，腾讯音乐独家占据三席，双平台一席，网易云音乐独家席位只有一个名额，且腾讯音乐平台排名第一的肖战，更是以超过 1 亿元的销售额成为国内数字音乐专辑发行史上首位单张专辑破亿的歌手。

① 数据来源：国内各大音乐平台。

腾讯音乐自率先在国内推出数字音乐专辑模式以来，就引领该付费领域的发展，不管是在发行数量上还是在质量上都保持着国内顶尖水准。周杰伦、鹿晗、李宇春等国内第一批深耕数字音乐专辑模式的歌手，都是由腾讯音乐一手培养和打造的，他们之间也一直保持着良好的合作模式，三人的数字音乐专辑发行一直以来也均由腾讯音乐独家代理。因此，丰富的制作经验和完善的数字音乐专辑运营体系就奠定了腾讯音乐平台在该模式和以此为主导的付费领域的“第一把交椅”。网易云音乐则凭借着社交型音乐平台模式吸引了一批黏性用户，后引入华晨宇、王一博等流量歌手和获得了一批欧美歌手的发行权，得以在数字音乐专辑市场分得一杯羹。而虾米音乐则错失先机，而后又在版权争夺上失利，导致未能打入数字音乐专辑头部市场。据此可以判断：以 QQ 音乐、酷狗音乐、酷我音乐为平台的腾讯音乐为当前国内数字音乐平台的第一梯队，而网易云音乐也凭借着出色的运营和差异化策略，跻身第一梯队，成为挑战腾讯音乐的重要力量，但就目前来看，腾讯音乐的综合实力仍稳居龙头。而虾米音乐、咪咕音乐等则位于第二阶梯，主要是由于一定数量的音乐版权满足了部分用户的需求，而其他平台如千千音乐等则位于第三梯队，这类平台就面临着更加严峻的挑战。

就付费音乐的发展趋向来看，笔者认为梯队之间的差距也将逐渐拉大，头部资本把控的大平台会不断蚕食市场份额，而小平台则会由于版权流失、付费价值降低等因素逐步走上被合并收购的道路。

（二）平台联动融合初步显现

这里的“平台”与上文所说的“平台”意义有所不同，指的不是不同的音乐平台，而是指与“音乐”并列的其他平台，如影视平台、网文平台、综艺平台等。前面我们其实已经提到了一点，也就是近年来以抖音、快手为代表的短视频平台正成为新的市场爆发点，人们对短视频平台的使用时长增加，必然会导致其他平台的使用时长减少。而短视频产品的核心吸引力除了视频内容外，背景音乐（BGM）也是其灵魂之一，而这类音乐视频产品的大行其道，也确实给传统数字音乐平台带来了新的挑战以及新的思考。如何拓宽平台界限、稳固竞争力，就成为下一阶段音乐平台需要努力的重要方向。

而2019年热播剧《陈情令》的出现，便给国内音乐平台市场带来了一个新的突破。这部改编自热门IP《魔道祖师》的网剧，一经播出便掀起了一阵浪潮，“陈情女孩”一时间成为当年夏天最火热的群体，肖战和王一博也以此跃居国内一线流量明星。而该电视剧的音乐原声专辑《陈情令国风音乐专辑》一经推出便十分畅销，虽然售价高达20元，高于普通数字音乐专辑，还不支持单曲出售，但是在该剧的热推下，销售额超过2 800万元。其实影视原声带（OST）以数字音乐专辑形式发售早在2016年就开始了。据笔者统计，韩剧《太阳的后裔》《鬼怪》，电影《速度与激情8》等影视原声带数字音乐专辑都取得了可观的成绩，甚至最高达到了2 600万元的销售额。但是与之相比，国内影视原声音乐就显得相对薄弱，这与IP培育、营销手段和国内长期不重视影视原声带制作的现状有很大关系。而《陈情令国风音乐专辑》的这一突破给国内数字音乐平台与影视平台等其他平台的联动注射了一针强心剂。这一趋势也正逐渐向游戏平台扩展，如《剑网3》《逍遥游》等游戏音乐专辑也不断获得关注和欢迎。

另一尝试也反映出了当前国内数字音乐平台对于多平台融合联动发展的期许和展望。2020年3月18日，阅文集团宣布与腾讯音乐集团达成合作，双方将共同开拓长音频领域的有声作品市场。合作内容显示，阅文将授权腾讯音乐把阅文平台上的文学作品制作为长音频有声读物，双方可以在各自平台上向全球发行这些有声作品。其实很早以前，腾讯音乐平台就已着手以数字专辑的形式对有声书进行售卖，并在其数字专辑分区专门开设有声书栏目，在栏目中上架了不少名著、小说和公开课等有声内容。但是由于缺乏大IP的引进与精细化的打造，目前该栏目关注度较低。笔者认为随着腾讯音乐集团与阅文集团达成合作，以及各大平台面对短视频音乐的追击，打造长音频业务必然会成为“音乐+”融合联动模式下的新风口。由此我们可以看到，当前国内数字音乐产业正在不断加强同其他文娱产业和相关产业的融合发展，以实现拓宽产业边界、开辟新的产业增长点的目的，这也是维护数字音乐平台用户黏性，保证用户使用时长的必经之路。

二、消费特征

（一）付费意识逐步确立

中国音乐版权付费在2015年迎来了重大转折。这一年国家开展了史上最严的“剑网行动”，严厉打击了侵权盗版行为，并相继出台了一系列文件政策保护正版音乐权益。自此，中国音乐版权付费模式步入健康发展的快车道，数字音乐专辑发行也在这一年获得了突破性进展。

根据图3的统计数据可以发现，2014—2019年，国内数字音乐专辑的总销售额从300多万元发展到2019年的近7亿元，实现了近200倍的增长。这一增速无疑是惊人的，因为在数字音乐的冲击下，国内实体唱片行业早已步入冰霜期，许多唱片公司和歌手难以通过唱片专辑实现收益，而数字音乐专辑这一模式却成为使唱片业起死回生的一根救命稻草，不仅挽救了一系列关联产业，还开创了属于自己的一片天地。与此同时，国内数字音乐市场规模也保持了年均66%的增长，并且这一增速仍会延续很长一段时间。

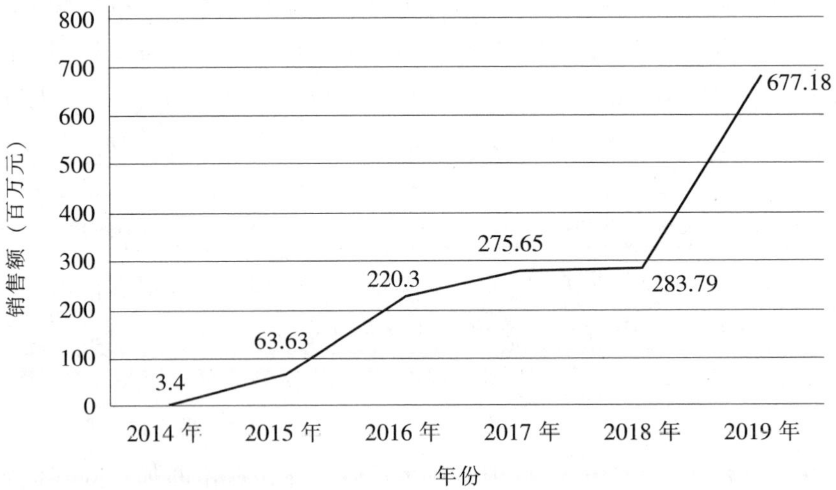

图3　2014—2019年数字音乐专辑总销售额①

---

① 数据为笔者基于各大音乐平台不完全统计，不包含影视原声带、有声书专辑的销量。

可以说内容付费已经无可争议地成为当前国内数字音乐产业发展的最主要的推动力。而从数字音乐专辑销售额的爆发式增长中我们可以清楚看到，我国在线音乐用户消费行为也在发生着巨大的改变，版权付费意识正逐步在消费者心中确立。这一动向对于我国当前数字音乐产业的可持续发展来说至关重要。有关研究数据显示，我国数字音乐付费用户的规模在2018 年已达 3 800 万人，预计在 2020 年可达到 6 182 万人，付费渗透率也将创新高，达到 8%。而在用户意愿付费金额上，2019 年的调查结果为人均 31.7 元，这比 2016 年的 16.3 元将近翻一番。①

通过以上研究我们可知，越来越多的数字音乐平台使用者愿意通过付费享受更高的品质、更优质的服务。同时我们应清醒地意识到，虽然以数字音乐专辑为代表的付费内容正成为该产业新的发展引擎，但我国当前付费产业的发展仍处于起步阶段，用户的付费意识也有待进一步加强。与西方国家近 50% 的付费率相比，我国的付费音乐产业还有广阔的发展空间，市场潜力是巨大的。因此如何利用、发挥好数字音乐专辑、付费包、会员等付费形式，通过提升用户体验、加大专享福利、创新付费模式等实现人们付费意识的进一步加强，也是未来数字音乐产业需要思考的重要课题。

（二）粉丝消费大行其道

对于消费特征，值得一提的还有粉丝经济。可以说粉丝经济其实是包括影视、综艺、音乐、游戏、网文等在内的大文娱产业都不可回避的话题。一方面粉丝具有较强的消费能力，愿意为偶像应援“氪金”，他们能够将精神上的喜爱转为较强的商务能力，在消费的过程中获得认同与满足。另一方面，粉丝群体组织性强、团结意识浓厚，他们有统一的应援组织、集资渠道，能够对偶像推出的产品进行快速反应，与此同时，“破纪录”的粉丝攀比心态也助推了粉丝经济的鼎盛。这些都是文娱产业可以用来激起消费浪潮的有利条件，所以粉丝经济单从消费力这一方面来说，确实发挥着积极的效应。

对于数字音乐专辑这类版权付费产品，粉丝经济的效应更是立竿见影。首先，粉丝普遍版权意识较强，对于盗版音乐会自行抵制。他们支持

① 2019 年中国数字音乐内容付费发展研究报告［EB/OL］.（2019－07－11）［2020－03－23］. http：//report. iresearch. cn/report/201907/3411. shtml.

偶像的正版产品，甚至部分粉丝群体还会设立盗版举报组，在偶像专辑销售期间，专门从事网络盗版打击工作，一经发现便会进行投诉举报，这对数字音乐产业的版权保护起到了很强的助力作用。其次，国内数字音乐专辑普遍采用不设置购买上限的模式，这极大方便了粉丝为应援偶像进行重复消费的行为。此前肖战发行最新数字单曲专辑，实现了1亿元的销售额，这在一定程度上可以说是当前粉丝经济的一次集中展示。笔者对肖战《光点》数字音乐专辑在QQ音乐平台上的粉丝消费情况进行了统计：在“累计土豪榜”上，排名前一百的粉丝购买量均在1万张以上，经过笔者对团队集资购买进行识别排除后，其中大半均为粉丝独立购买，最多的一位粉丝购买了10万张专辑，金额超过30万元。据了解，如果只购买5张数字音乐专辑，粉丝排位就已经是10万名以后，具体的排位相关平台并没有进行测算。所以，如果我们忽略因“227”事件后粉丝对肖战的内疚情绪而引发一人购买数千、数万张专辑的“氪金”狂潮，其实单就5张至10张专辑的合理支持范围而言，粉丝也愿意为支持偶像而重复购买，这是当前数字音乐产业消费十分鲜明的一个特征。

与此同时，相关数字音乐平台也在粉丝运营上下了很大的功夫。如QQ音乐通过设置粉丝铭牌、应援工会、解锁福利等诸多形式，鼓励粉丝进行消费，以换取相应的荣誉勋章和明星彩蛋。这对于拥有极强荣誉感的粉丝来说，无疑是一个很好的激励设置。此前，歌手鹿晗发行了第十张数字音乐专辑，腾讯音乐平台就开设了鹿晗粉丝荣誉认证，只要在5年里集齐鹿晗10张专辑的粉丝就可以获得勋章。但由于鹿晗的旧专辑已经停止出售，缺专辑的粉丝只能通过求赠而集齐，因此鹿晗的粉丝群体中便掀起了一场用购买新专辑换取老粉丝赠送旧专辑的热潮。这不仅对新专辑的销售起到了很好的推动作用，也可以说是相关激励机制下增强粉丝认同感的极好例证。

三、营销策略

数字音乐专辑的发展不仅能反映平台格局、消费领域的新动向，在营销方面也清晰地反映出了当前国内数字音乐产业的发展趋向和已经获得的成功经验。

小型化、低定价、主题发售都是数字音乐专辑营销的突出特征。经常购买数字音乐专辑的人都会发现，目前国内数字音乐专辑市场的定价普遍较低，最高也就是20元左右，大部分专辑定价从2元到10元不等，但实际上这种定价方式是经过商业化推算的最优方案。我们都知道，早些年的实体专辑往往是一张专辑十几首歌，但是真正好听和精心制作的也就是主打歌，同专辑的其他歌一般质量都不如主打歌，这样的发行方式其实对于受众来说是一件不负责任的事情。而自数字音乐专辑模式形成以来，迷你化、小型化就成为主要的发行方式，大部分专辑里只有两三首歌，并且专辑发行时间也间隔较长，这就能确保每首歌都经过多重打磨，以呈现出高质量的作品，且每首歌也都能获得足够的曝光度。而小型化也就意味着数字音乐专辑的价格往往较低，几块钱就可以买一张，这对于粉丝来说，降低了单次购买的负担，对于普通用户而言也可以达到付费的门槛，不至于承受太大的消费负担，这种潜移默化的“低定价”其实是激发和鼓励用户进行付费消费的重要营销手段。而主题化的营销方式，则确保了专辑前后关系的紧密性，通过打造解密式的主题，每张专辑揭示一个方面，等整个系列发行完毕，整个主题也就表达出来了，这种主题化营销能够极大地满足粉丝的探求欲和神秘感，也有利于专辑核心立意的表达，使粉丝能更清晰地感受偶像传达的态度，鹿晗便是该营销模式的重要实践者（见表1）。

表1　鹿晗数字音乐专辑发售情况①

<table>
<tr><th>系列</th><th>专辑</th><th>发行时间</th><th>歌曲量</th><th>单价（元）</th><th>销售额（元）</th></tr>
<tr><td rowspan="3">“Reloaded（重启）”系列</td><td>Reloaded Ⅰ（重启Ⅰ）</td><td>2015/9/14</td><td>5</td><td>5</td><td>16 794 365</td></tr>
<tr><td>Reloaded Ⅱ（重启Ⅱ）</td><td>2015/12/1</td><td>2</td><td>5</td><td>6 589 485</td></tr>
<tr><td>Reloaded +（重启+）</td><td>2016/2/16</td><td>3</td><td>5</td><td>7 449 510</td></tr>
</table>

① 数据为笔者基于TME平台销售情况整理而成，截至2020年6月21日9点整。

（续上表）

系列	专辑	发行时间	歌曲量	单价（元）	销售额（元）
“XXVII”系列	*Xplore*	2016/12/27	2	5	18 315 950
	Venture	2017/2/21	2	5	13 037 325
	Imagination	2017/4/19	2	5	9 242 640
	I	2017/6/27	2	5	12 168 530
“π”系列	*π-volume.* 1	2019/4/17	2	3	10 433 394
	π-volume. 2	2019/8/30	3	7	9 242 401
	π-volume. 3	2020/5/27	2	3	11 095 160

从表 1 我们可以看到，鹿晗从 2015—2020 年，累计在腾讯音乐发售 10 张数字音乐专辑，共分为三大系列：“Reloaded（重启）”系列是鹿晗自韩归国后发行的首个系列专辑，代表着鹿晗与过去的自己和旧时光告别，以新的面貌整装上场；“XXVII”系列则是鹿晗以 27 岁的心态通过探索、冒险、想象直至找寻自我定义的一个过程，也标志着鹿晗 27 岁之青春定义；“π”系列则是鹿晗撕掉标签，回归歌手初心的接续之作，专辑以无限不循环的无理数 π 寓意着自己的不重复，在先锋审美的半径中不断延伸创新突破。以上是笔者对鹿晗三大系列专辑主题的简要概括，可以发现各系列中各专辑的关联性。鹿晗的专辑以此构成完整的主题，传达出歌手的态度，而粉丝也能够清楚地从歌曲中感知偶像所要表达的主旨。从价格上看，这 10 张专辑每张基本为 2 ~ 3 首歌，单价也控制在 5 元上下浮动，鹿晗也正是通过这 10 张专辑成为国内第一位数字音乐专辑总销售额破亿的歌手。事实上，这 10 张专辑总共 25 首歌，以实体的专辑模式也就只能够制作 2 张，但是价格昂贵的实体专辑销售额破亿则是难以实现的，而这样的目标，通过小型化、低定价、主题化的数字音乐专辑发行模式却可以轻松实现。这正是数字音乐时代独具特色的营销方式。

数字音乐专辑营销的另一个新动向是社交化营销。国内数字音乐平台在音乐社区文化的打造上可以说是煞费苦心，因为这不仅有利于拓展平台属性，也是增加用户使用时长和黏性的极佳策略。网易云就是凭借着独特的社区文化才异军突起，成为可以与巨头腾讯音乐一较高低的音乐平台。而数字音乐专辑模式下打造的粉丝社交互动则展现出数字音乐产业社交属性的另一面，对于粉丝而言，偶像必然是不可缺少的核心要素。目前各大平台除了通过在数字音乐专辑中设立粉丝公会、邀请明星出没评论区与粉丝在线交流等常见的做法外，还适应当前付费经济的大环境适时推出了许多符合数字音乐专辑营销的新模式，如开展了线上线下联动粉丝见面会、明星惊喜电话问候甚至抽取幸运粉丝与明星共同旅行等诸多活动。这些福利活动，无疑强烈激发了粉丝应援的热情，也起到回馈粉丝支持的良性互动，对粉丝社交的营造起到了强烈的催化作用。而粉丝之间的线下社交也是平台想要打造的大社交的一部分。近年来许多数字音乐专辑在售卖的过程中，开发了“解锁”的新模式，只要粉丝购买到一定数量就可以解锁公益项目、线下大屏应援、明星宣传资源等诸多福利，这也在粉丝内部掀起了助力公益、应援打卡等很多线下粉丝活动，这对于加强粉丝之间的互动、增加追星的乐趣都起到了有益的推动作用，从而发挥出平台的社交引领功能。

四、结语

数字音乐产业在付费经济和数字经济交融下，不断实现创新与突破，成为支撑音乐产业未来发展的核心力量。而数字音乐专辑这一最具代表性的数字音乐付费产品，可以说预示着数字音乐产业的未来发展。不管是在产业格局、消费特征上还是在营销策略上，数字音乐专辑的发展都昭示着整个产业的新动向。

（作者胡满，暨南大学文学院中文系 2018 级本科生）

网易云音乐：网络音乐社交的符号化与品牌建构

【案例导读与点评】

在社交媒介时代，传统音乐产业及其文化形态也发生了新的变化。基于社会媒介所构成的网络社交模式与传统产业的融合发展，构建出了音乐社交的新文化，短视频音乐社交、音乐评论社交等都是这种跨界融合的具体表现。网易云音乐作为国内最具影响力的音乐评论社交平台，代表了其中的一种重要模式。本案例以网易云音乐作为研究对象，从“音乐＋内容”“音乐＋社交”“音乐＋品牌”三个维度分析其平台资源建设、网络文化社群的构建以及产业跨界融合等问题，并试图从三个维度分析网络音乐产业发展的新方式。案例选题颇具价值，分析思路清晰，在对对象进行较为详细的梳理描述的过程中，也尝试用仪式传播理论对研究对象进行深入阐释，体现了一定的探索精神。但是，关于“音乐＋品牌”这一维度的分析略显简单，在事实描述的基础上若能够进一步利用文化产业和品牌传播的相关理论，可使分析更加深入。

近年来，随着音乐产业结构的逐渐调整和互联网时代的崛起，传统唱片行业走向衰落，网络音乐依托发达的信息技术再次走上了发展的快车道，流行音乐产业迎来了新的行业拐点。随之而来的是网络音乐市场的纷繁混杂，众多音乐平台一跃而起，多达 3 000 余个。其中腾讯、阿里、百度三巨头所占的音乐版权资源最多，而网易云音乐凭借出色的用户体验，仅在三年的时间里用户量突破 3 亿，成功跻身音乐市场第一梯队。

作为年轻的音乐软件，网易云从创建始便不走寻常道，从音乐社交点突破，而恰恰较成熟的网络环境也为音乐社群化提供了原生条件，网易云音乐通过多项独创功能如“歌单”“乐评”等，根据一定的符码规则逐步构筑平台的符号意义，形成自己的独特品牌。本案例将从“音乐＋内容”“音乐＋社交”“音乐＋品牌”三方面来解读网易云音乐是如何构建并发挥其独特的品牌文化价值的。

一、“音乐＋内容”：网络音乐资源向乐评资源的转移

网易云音乐作为一个年轻的音乐软件，在百度百科中的定位是：一款由网易开发的音乐产品，依托专业音乐人、DJ、好友推荐及社交功能，在线音乐服务主打歌单、社交、大牌推荐和音乐指纹，以歌单、DJ 节目、社交、地理位置为核心要素，主打发现和分享。网易云音乐作为一款内容型产品，其核心就是内容和情感。

在新兴的互联网文化时代中，主打发现与分享的产品特点、开放自由的乐评空间和点赞机制，为网易云音乐积累了一批热衷评论、分享和交友的年轻用户群体。像网购前要看评价一样，“听歌看评论”也成为人们使用网易云音乐时的“固定动作”，网易云音乐的出现明显改变了人们听音乐的习惯。

针对歌曲本身发表评论可以看作是一种将网络流行音乐解码再编码的行为。歌曲伤感，其热评多为苦涩的感情经历分享；歌曲欢快，其热评多为治愈性或愉快的语言；风格突出的歌曲，其热评多为与歌曲个性相得益彰的文字。网易云音乐的乐评功能对网络音乐内容进行解码，同时又为用户编码提供一个情境，评论以文字符号为载体传递自己的思想和情感，而这个情境内的其他成员接受情感，回应情感，发出共鸣，构成一种自发性的、自我感动又带着集体记忆的情景氛围，从而创造出新的网络内容。因此，热评歌曲、高赞评论的出现，也是情境服务个体，个体回馈情境的体现。在网易云音乐平台上，用户的交互作用得以体现，这种带有 UGC（用户原创内容）性质的乐评无疑丰富了网络音乐的内容。网络音乐平台、网络音乐及用户三方共同形成的内容互动，让用户自觉或不自觉地增强了对该平台的情感黏性。

网易云音乐平台上的歌曲热评可粗略归为以下几类：个人经历抒发（如高考、考研、分手、初恋）、科普性语句（针对歌曲本身的背景、唱法和处理技术等）、调侃式段子和粉丝支持。同一首歌曲，不同用户可以在不同类别的乐评中找到共鸣，从多个维度解读歌曲，用户评论对音乐的解析使音乐具象化、多面化、场景化。从视听符号到文字符号的转换，乐评功能实现了一次成功的资源转移，同时突破了版权资源的掣肘，开创了音乐网站发展的新方向。

二、"音乐＋社交"：垂直深耕音乐社群

网易云音乐不再只是单纯关注音频播放，更是垂直打造音乐社群文化，突破原有的同质化竞争，颠覆原先只在音质、音乐资源上"做文章"的传统音乐网站模式。

首先，基于精准算法的个性化投放和歌曲推荐增强用户黏性。结合用户的历史歌单、常听音乐的播放频率和当时的用户心境，利用大数据技术对音乐进行匹配推荐，实现用户的精准化音乐推送。于是常常出现"网易云太懂我""日推比我妈还懂我"之类的用户体验，这样精准化的"每日推荐"和"私人 FM"的功能获得了用户情感上的信任甚至依恋。同时，在评论区常常有"强烈建议网易云推出日推歌曲重合度高的用户互加好友的功能"的呼吁。这表明用户对网易云"日推"功能和社交属性的认可。

其次，乐评功能成为社群化的核心竞争力。网易云音乐的乐评功能是音乐社群中的情感变压器。歌曲作为一种特殊的媒介机制，在沟通交流、组建社群上起着重要作用，歌曲自然地将人群进行了细分，听歌的人偶尔写出灵感语句，看评论的人被感动并点赞，高频的互动又吸引人们继续创作。这是双方互取所需的互动过程，其本质正是击中了网络人群的"孤独感"。

兰德尔·柯林斯在《互动仪式链》中提出了"互动仪式链"这一概念，他认为互动仪式的核心机制是相互关注和情感连带。仪式是一种相互专注的情感和关注机制，它形成了一种瞬间共有的实在。网易云平台向用户提供音乐资源和评论空间，用户分享着共同的情感状态，从而建立起一

种情感连带。这种高度的情感连带又唤起参与者的神经系统——结合在一起，从而使得形成与认知符号相关的成员身份感；同时为每个参与者带来了情感能量，使他们感到有信心、有热情去实现某个心愿或目标，如常常出现的包含“高考”“考研”等字眼的热评，这样的评论之所以长热不衰，可以被持续点赞，在于其内容本身在用户之间共同的认知：高考、考研是人生一场重要的战役，如果这首歌能给你力量，希望“我”的点赞也能给你一点鼓励。评论者与点赞者之间形成良好的即时互动，评论者从中获得情感能量，点赞者也感到满足与欣慰。如柯林斯所言，在互动仪式过程中，情感能量是一项重要的驱动力。他认为人们发展积极情感是最有价值的，人们可能通过参与这些互动仪式来增进这种积极情感，从而由这种互动仪式再生出一种共同的关注焦点，一种共同的情绪，并形成群体的情感共鸣，且根据道德规范将它们符号化。[①] 以情境作为出发点，可以说网易云音乐提供了一个“互动仪式空间”，打造了一个有效的社交符号。

再次，与老牌音乐网站相比，从受众范围来看，网易云音乐的受众基本锁定在20~40岁的年龄层，这个年龄层属于社交需求活跃的群体。也由于年龄跨度不大，受众之间有着更多的共鸣。这也使网易云音乐与其他主流网站差异化，用户常以“云村村民”自我戏谑，抱团取暖，这背后体现的也是用户群体团结和对群体成员身份符号的认同，这种情绪也将由瞬时慢慢形成长期的情感能量，聚集起群体的依恋感和用户自身对该首歌曲乃至整个平台的认同感。从界面UI来看，网易云音乐界面和QQ音乐、酷狗音乐等界面相比，更注重音乐内容和简明的交互方式，页面简洁，根据不同的手机系统为用户提供贴合的界面体验，提升了用户的使用感。网易云界面以黑胶唱片播放器和红黑配色为典型标志，简约的界面提升了审美感受，也在无形中提升了评论的质量。从歌曲投放来看，与广泛撒网不同，网易云音乐更专注于国外优秀作品和国内小众作品、原创音乐人作品的投放，在一定程度上，用户群体走向小众化、小资化等趋势，同样更加精准地增强了相应的用户黏性，形成平台与用户之间双向选择的小资化的品牌调性。

① 柯林斯．互动仪式链［M］．林聚任，王鹏，宋丽君，译．北京：商务印书馆，2009：77.

此外，基于社交软件的功能分块构建多元化的社交空间。分设“最近播放”“本地/下载”“我的好友”“收藏和赞”等栏目，在“我的好友”栏目可以关注好友、描述并查看动态，分享不局限于音乐的信息。“动态发布”“附近的人”都是为其核心定位所服务，其消息中心分为“@我”“粉丝”“评论”“通知”四个模块，参考微博等社交产品的界面设计，右上角还有“私信”键，鼓励用户进行交流。

在网易云音乐平台，可以玩“鬼畜”也可以学习各类知识，可以追踪明星日常也可以看综艺节目，等等。显然，网易云音乐注重音乐周边资源的开发，并着力满足用户多元化的个性需求，构建多元整合的社交空间。

值得一提的是，网易云音乐的客服不是严肃执行指令的智能机器人，而是作为一个活泼、体贴、充满人情味的形象不定时出现在评论、动态里回复疑问和调侃用户，关心用户动态，主动与用户聊天。同时提供为用户定制专属生日祝福和当天推送生日歌的贴心服务，提高了用户的忠诚度并构建了良好的社区氛围。音乐平台和社交功能的有机结合实质上也是用户音乐消费需求与社交需求的有效整合。

三、“音乐+品牌”：线上线下的跨界资源整合

强大的乐评功能成为网易云音乐的核心竞争力，而线上线下沉浸式体验结合则强化了网易云音乐品牌的符号意义，将乐评进一步塑造成具有辨识度的文化符号。

网易云音乐凭借独有的一套UGC内容营销与线下各大品牌实现跨界资源整合。从“乐评专列”到“音乐专机”，从“搬”进地铁的精心挑选的85条热评到登机牌、座位、水杯、行李架甚至iPad，各种周边联合打造“歌单”主题，网易云音乐将线上音乐与线下交通出行空间联系在一起，带有UGC性质的热评在线下成功发酵，红底白字的“网易色”引发刷屏热潮。据统计，“乐评专列”推出后，总曝光突破2亿，网易云音乐公众号文章阅读数首破10万次，专栏阅读数近100万次；超过2 000家媒体报

道曝光，《人民日报》、新华社等官方微信公众号自主传播。同时，截至2017年4月，网易云音乐各项数据指标和排行获得了明显进步：网易云音乐在App Store音乐类排行升至第一位；微信指数从54万直线升到了1 300万，升了24倍；百度指数一周内整体同比上升80%，移动同比上升130%，形成一次盛大的社交狂欢。跳出音符，用文字去激发用户的情绪共鸣，让音乐可视化、平台标志化。

此外，与农夫山泉合作“乐瓶”，将30条精选乐评印制在4亿个瓶子的瓶身上，这引发了消费者的情感共鸣；与可口可乐合作“经典的力量”活动，借助投影形成象征“网易云音乐”经典视觉元素的巨型黑胶唱片，上方是可口可乐经典瓶，将能量化为五线谱，作为黑胶唱针将沉睡的能量唤醒。这一系列的跨界活动都加深了大众对网易云经典的黑胶唱片视觉标志的印象以及对年轻音乐力量的认识，通过大众文化产品或媒介塑造网易云音乐标识的情感模式和记忆符号。通过资源整合，跨界合作搭建平台，向大众输送品牌背后的符号意义，并将其与个性的产品服务、音乐消费理念结合起来，以达到强化品牌意义的效果。

四、结语

从传统唱片行业属于少数人的自我空间，到现代网络音乐产业的社群狂欢，网易云音乐的另辟蹊径无疑大大激发了网络音乐的社交属性。网易云音乐绝不仅仅是一个单纯的网络音乐播放器，更是构筑了一个良好的音乐社交生态圈，由此延伸的是以复古黑胶唱片为标识的网易云品牌符号。

网络音乐目前处于发展红利期，产业前景良好，但也存在着利益分配纠纷、版权竞争激烈、消费者付费理念有待形成等问题。“文化产业本质是一种符号的商品化生产，文化创意人根据一定的符码规则创造出具有精神消费价值的符号产品。”① 文化产业是构建在符号消费基础上的产业，而

① 李思屈，李涛．文化产业概论［M］．杭州：浙江大学出版社，2007：2.

网络音乐产业未来也将朝着多元化、个性化和差异化的方向发展。网易云音乐的品牌建构作为其中一种范式，启示着其他网络音乐产品：唯有把握契机，进行创新，构筑产业具有辨识度的品牌符号，方能突破同质化，走向个性化。同时，在网络大环境下，版权共享、技术整合和版图重构也将成为构建和谐共赢的网络音乐市场的必经之路。

（作者林芷晴，暨南大学文学院中文系2016级本科生）

国内多人在线对抗竞技手游（PVP 手游）主流模式的更替

【案例导读与点评】

电子游戏或网络游戏，无论从经济产值，还是其对受众影响的层面来说，已成为我国数字文化产业最重要的构成部分。随着移动互联网技术的发展，电子游戏已成为游戏产业、社会治理和文化输出等方面高度关注的领域。现有的社会分析和评论往往显得笼统与主观，欠缺对电子/网络游戏的本体进行客观研究，导致这种研究难以真正推动产业的发展。本案例正是针对此种情况，对手游模式的更迭进行讨论，着力于从手游模式更迭的背后探索游戏的发展逻辑及其规律，从而为其他研究奠定基础。案例立足手游发展模式的纵深发展，对不同模式的更迭进行清晰梳理，同时加以比较与分析，相关游戏文本例证充分，结论能够给人以启发。数字文化产业的良性发展乃至网络空间的文化治理，亟待这种研究的开展。

多人在线对抗竞技手游，即 PVP（Player VS Player，玩家对战玩家）手游，是国内手机游戏市场的重要类型。国内大多数 PVP 手游是电脑端 PVP 游戏的简化复刻版本，这样的开发方式、手游自身的兴衰周期和国内玩家的从众行为决定了国内 PVP 手游在一定时间段存在着较为主流的玩法模式。2015—2017 年，MOBA（Multiplayer Online Battle Arena，多人在线战术竞技游戏）、大逃杀相继成为国内 PVP 手游中的主流模式；非对称性对抗竞技模式也强势投入实测。本案例通过分析不同模式的优劣和更替情况，总结 PVP 手游主流模式的发展规律。

一、PVP 手游的形成与特点

多人在线对抗竞技类游戏属于网络游戏的一种。网络游戏根据使用的硬件可以分为电脑端游戏（又称“客户端游戏”，简称“端游”）、手机游戏（即手游）和家用游戏机[①]平台游戏。根据游戏内容和操作模式划分，有角色扮演类、经营类、动作竞技类等。其中，在线对抗竞技类游戏主要分为两种：PVE（Player VS Environment，玩家对战环境）游戏和 PVP 游戏。两名玩家同时在一台电脑设备上同屏对抗的情况较为特殊，从语义上理解，虽然也能算作多人在线对抗竞技，但为了研究方便，将其归入单机在线双人游戏的范畴，故以下对“多人在线对抗竞技类游戏”一律简称为“PVP 游戏”，默认玩家是在联机的情况下进行对战的。

目前国内的 PVP 手游基本是端游玩法的复制移植，少有原创。《王者荣耀》《虚荣》复刻 *DOTA*、*LOL*；《荒野行动》复刻《绝地求生》；《第五人格》复刻《黎明杀机》；《特工小队》复刻《守望先锋》……PVP 手游极大部分是作为端游的延伸产品或补充产品而存在的，延续了端游的核心世界设定和操作玩法。

对比端游，手游的一大优点是节奏感加快，大幅压缩游戏时长，手游中每一局时长一般能控制在 20 分钟之内，甚至有 5 分钟、10 分钟“快速局”的设置，提高了碎片时间的利用率。手游要求的设备又相对简单，对硬软件配置要求降低，摆脱了电脑的设备重负，因而对环境限制也较小。此外，端游和手游在付费模式上有着根本性的不同，手游更迫切地需要大量活跃玩家来维持自身的生存，因此先试玩后付费的模式较多，不需要预先支付“入场费”[②]，但又能一定程度地还原端游的游戏体验，对外围玩家

① 家用游戏机，以索尼的 Play Station 4（PS4），微软的 Xbox One 以及任天堂的 Wii U 为代表。通常由主机和手柄组成，有大量区别于电脑客户端的独立游戏，包括联网游戏和单机游戏。

② 入场费，即相比网游时长付费机制和单机游戏一次给付机制而言的一种在线网络游戏收取玩家费用的方式，与游乐场门票类似，玩家一次性付费后可以反复进入游戏，不需要为后续的版本更新、数值调试等改动（即游戏维护）交付新费用。

有着极大的吸引力。

手游的代际更替速度远远高于端游游戏的代际更替速度。首先，手游作为“轻游戏”，研发投入低于端游的“大制作”，从画面到背景故事，手游的容量都低于端游的容量；由于游戏本身的单薄，许多手游会设置“每日体力值”这样的参数来控制玩家单日游戏在线时长，避免玩家因长时间玩游戏而产生审美疲劳，防止游戏内容被快速消耗殆尽。另外，端游玩家对游戏的沉浸程度普遍高于手游玩家，也就是说，端游玩家通常愿意付出更多连续性的时间和精力成本，并且仅仅进行这一项游戏；而手游依托手机载体，游戏间隙可跳到微信、淘宝等其他程序，手游玩家对游戏的“沉迷”往往是对其巴甫洛夫式奖励系统的应激反应，而无法像端游玩家一样，对游戏内容本身进行考究和解谜。两者游戏容量（或信息量）上的差异造成了手游大规模减少玩家现象发生的必然性，正所谓“铁打的端游，流水的手游”。

PVP 端游依赖其游戏信息量的庞大，可以多线发展不同形式的玩家，以《守望先锋》和 *DOTA* 为例，既有对对抗形式感兴趣的纯竞技型玩家、娱乐型玩家，也有对世界背景感兴趣的社交型玩家、考据型玩家。除了游戏本体外，PVP 端游的辐射能力能使其进入 ACGN[①] 领域，从而产生收益。端游即便因热度的下降而失去一部分外围玩家，也能很长时间地维持服务器的运营，故各种模式多样并存。《星际争霸》发行于 1997 年，在游戏模式上与当今的 PVP 游戏迥异，但至今仍有固定的玩家群，并且《星际争霸Ⅱ》的发售吸引了大量情怀玩家的回流。而在大起大落的国内手游领域，在一定时间段则存在着“主流模式”甚至是“主导模式”的说法。

手游玩家的跟风从众行为，对手游的“生死”以及操作模式的转变起着高度的主导性作用，失去主流玩家群的手游很可能面临“闭服”“鬼服”[②] 的情况，并由此退出手游市场。故在一定时段内，某种 PVP 模式一统江山、一家独大的情况非常常见，市场需求甚至能迫使游戏制作商改变游戏类型的设置。以《阴阳师》为例，《阴阳师》原本属于卡牌养成类游

① ACGN，即动画（Animation）、漫画（Comic）、游戏（Game）、小说（Novel）的合并缩写。
② 闭服，即服务器关闭。鬼服，指游戏有一定的下载量和持有量，但在线人数始终较低。

戏，其回合制的对战系统只是作为子系统存在，而在遭遇了玩家的大规模退服之后，网易不得不改变思路，研发和与《阴阳师》同一世界观的MOBA游戏，即《决战！平安京》。

国内PVP手游主要是对国际游戏平台强势PVP端游的复刻之作，故其操作模式几乎与端游一致。PVP游戏中按照队伍平衡性的差异，大致有以下几大类型：MOBA、大逃杀以及非对称性对抗竞技游戏。自2006年以来，*DOTA*、*DOTA2*、*LOL*等端游MOBA不断发行并稳定运营；2015—2017年初，以《王者荣耀》为代表的MOBA模式迅速占据国内手游市场份额。2017年，大逃杀类PVP兴起，同年8月28日，端游《绝地求生》同时在线人数超越MOBA代表作《DOTA2》，成为Steam①排行榜第一；约两个月后，至少六款大逃杀手游分批登录中国手游市场。2017年12月，网易手游《第五人格》的内测上线，当日注册人数突破服务器上限，仅在Tap Tap②一家游戏平台即斩获70万次的下载量，这标志着非对称性对抗竞技类游戏开始进入中国手游玩家的视野。

二、MOBA游戏的兴盛和衰退

（一）对战理念的更替：从强调平衡性对抗到非对称性对抗

MOBA游戏崛起的一大原因在于，相比于卡牌养成类游戏而言，更贯彻“公平游戏”③的概念。这一类竞技游戏强调玩家自身的手脑操作、合作意识、策略技术等，而不为付费玩家提供实力上的作弊道具。付费玩家同样可以在游戏中进行充值活动，购买附加商品，但这些商品只能改变角色外观，而不影响操作数值。即付费玩家和非付费玩家之间几乎不存在客观数值上的地位差别。

---

① Steam平台是Valve公司请人开发设计的游戏和软件平台，是目前全球最大的综合性数字发行平台之一。

② Tap Tap是易玩（上海）网络科技有限公司开发的游戏社区（第三方游戏下载应用平台），提供大量研发中游戏的预下载和内测资源。

③ 目前公认的实施公平游戏理念的鼻祖和有力践行者是暴雪公司，以其旗下的《星际争霸》《魔兽世界》《炉石传说》等游戏为代表。

此外，“公平游戏”还体现在天梯匹配系统上，通过游戏数值筛选，将相似水平的玩家集合到同一局游戏中。尽管随着版本的不同、个人状态的浮动以及偶然性因素的影响，匹配系统并非完美，敌弱我强、我弱敌强的状况都有可能出现，但总体而言能有效地控制对战双方数值实力的相对平衡。

但基于公平理念的MOBA游戏也可能导致糟糕的游戏体验，一是“过分依赖团队”，二是“隐形天花板”。团队合作的形式决定了同一队伍的玩家之间需要进行分工，这就限制了独战型玩家的发挥，亲密队友也很可能拖累团队，团队内部的推诿和猜忌难以避免，不仅考验玩家的操作水平，往往也对玩家提出了比较高的社交能力要求。众所周知，“开黑”队伍与“路人”队伍①之间的团队配合或默契程度存在较大差异，这可能促使玩家形成更多线下的集体式交流，在无形之中驱逐了部分单打独斗型玩家。此外，由于人类生理心理水平存在着极限值的差异，即便以组队方式进入游戏，只要进行一定次数的游戏，总会遭遇到天梯的“隐形天花板”，也就是说，玩家的胜率总是围绕着50%上下浮动，到达某一水平层后，玩家往往难以突破天花板，会不断地遇到实力水平相似的对手和队友，进行大同小异的套路局，难以再获得进阶体验。

在此情况下，偶然性或“不公平性”重新被游戏设计者考虑，大逃杀模式也就产生了。《绝地求生》原本是*DayZ*、*H1Z1*等大型沙盒游戏②的一个子游戏，后被单独抽取出来，是这两者的简化加强版。它大量地删除了*H1Z1*中的培育、饮食、制作等系统，在单人模式下没有了玩家之间社交、合作的可能性，将游戏目的高度简化为“相互残杀”。它在诞生之初，只是一个大型沙盒游戏中的附加娱乐模式，后来能够脱颖而生，无疑是因为其内在逻辑迎合了人类某种天性：在心理学上可以解释为“与人斗，其乐无穷”“百里挑一”；在社会学上可以解释为“丛林法则”“零和游戏”。

---

① 开黑，指两个以上同一队伍玩家通过游戏外的语音软件相互联系或是地理上聚集到一起共同游戏，以此大幅提高游戏信息交换程度、团队配合程度的一种方式。路人，指在游戏中临时由系统分配组队的队友。

② 沙盒游戏由沙盘游戏演变而来，是一种一般以生产、收集、建造、生存为目的的世界组合型游戏。

在美国、日本等国家，大逃杀类别的系列文艺产品也十分发达，自日本电影《大逃杀》（2000）始，到《饥饿游戏》三部曲，封闭空间内部的厮杀求生戏码往往勾起人类本能的生存欲望，作为游戏构成部分，紧张感和刺激感也成为吸引玩家的核心因素。

大逃杀模式充分肯定了游戏世界中的“不公平”。虽然玩家的起点都是一致的，即一无所有的难民，但能够在抢滩登陆的过程中得到什么级别的枪支弹药，在逃难厮杀的过程中又会不会受到系统轰炸等，这些都具有极大的随机性，与操作技术无关的“幸运值”成为影响胜负的重要因素——“赌博”的概念非常明显。“大吉大利，今晚吃鸡”这句唯一胜利者才能看到的系统恭喜用语，原本来自电影《决胜21点》，是赌徒在赌局开始前的一句口头禅，这传达了大逃杀模式的理念：死生由命，成败在天。

（二）玩家偏好角色的变化：从英雄到难民

几乎所有游戏都含有一定量的角色扮演成分，对抗竞技类游戏也不例外，只是角色扮演的成分相对不高。早期的MOBA游戏有时也被称作“大乱斗”，即形容玩家扮演的角色之间没有时空关联，就像是强行凑出英雄人物来使他们战斗一样。随着游戏业的发展，一些MOBA游戏开始形成自己独特、完整的世界观，玩家可以扮演理想英雄的角色。自大逃杀模式后，玩家倾向扮演的角色从英雄变化成为难民，这是一个不可忽视的现象。

在人类现实世界发生的战争中，几乎不可能出现一场对战双方在装备、军队数目及种类、领土面积、防御工事布置等方面都完全等同的绝对“公平”的战争，单方面的屠杀和另一方的负隅顽抗往往是常态。而MOBA游戏作为战争类游戏的一种模拟和复刻，对战争有简略化、理想化的倾向，这种倾向表现在角色上直白的方式——将战士无一例外地英雄化。几乎所有MOBA游戏一开始都会呼吁玩家“选择你的英雄”，这种类似点兵点将的环节有一定的角色扮演成分，通过英雄角色自带的不同的声音、服装、技能等，在游戏中玩家会对特定人物角色产生一定的认同感，并顺势了解该角色特定的背景故事。即便被称作“大乱斗”，大部分端游MOBA的世界观构成还是杂糅着一定的历史文化因素。而在大逃杀模式中，玩家扮演的角色从英雄降格为普通士兵，对战场的体验感完全不同。

玩家角色的改变也可以从地图的设置上看出来，MOBA 游戏中的对称地图的设置与罗马斗兽场类似，地图建筑对作战双方来说是绝对公平的，环境设置相对简洁、开放。而在大逃杀类游戏中，地图有明显的优势区域和劣势区域差异，比如城区是资源丰富区，郊区玩家难以遇到；随机轰炸区和生还圈的不断缩小会改变地图中的位置的优劣配置。大逃杀玩家在地图上往往四处流窜，时不时还要趴在草丛上匍匐前进，呈现出狼狈的形象。大逃杀模式的流行成功地将玩家的自我定位从英雄降为朝不保夕的亡命难民。

（三）大逃杀类游戏的弊端

大逃杀类游戏的弊端也十分明显：核心游戏世界观缺乏延展性。进入泛二次元时代，ACGN 四大领域形成明显的交互状态，而大逃杀类游戏的游戏观设定显得较为扁平。玩家作为“Nobody”存在，几乎感受不到历史人文等审美因素，一旦厌倦该游戏模式，玩游戏的动力会大幅下降。

“百里挑一”的胜利率使大部分玩家的获胜体验受到影响。MOBA 游戏根据角色的不同组合，布阵策略等的不同，能够打出多种开局游戏套路，又根据游戏残局的具体情况，有不同的变体，这就与棋类游戏非常相似，有大量的“翻盘”机会，对战双方都能得到一定程度上的智识锻炼。而大逃杀类游戏更像是赌博押注，一旦开局不利，几乎不存在任何依靠技术性“翻盘”的可能，弱势者快速沦为配角和“陪葬”。在大逃杀类游戏中，外围玩家一旦被杀死，往往迅速地退出游戏开始新的一局，大逃杀类游戏中的胜利者实际上也是被遗弃者，他们的胜利往往只有自己（或自己的团队）能看到，留下来观战到最后的玩家可谓少之又少。

审美疲劳几乎是必然的。据不完全统计，目前国内的大逃杀手游，包括《荒野行动》《绝地求生》《终结者 2：审判日》《丛林大作战》《光荣使命》《小米枪战》等。大逃杀手游的市场已经基本饱和。

至于游戏硬件方面，第一人称视角游戏使用手机操作往往不如在电脑上操作那么流畅，于是，为了提高获胜率，许多大逃杀手游玩家会不惜使用电脑上的手机模拟器来玩手游，这就有点本末倒置的意味了。此外，在团队合作模式中，“开黑”等行为需要依靠即时语音互动软件，这就需要下载游戏外的附加语音软件系统，如TT语音、YY语音等，对硬件的较高需求不仅使得大逃杀手游的不公平性更为加剧，不同类型玩家的两极化也更为明显。

三、非对称性对抗竞技游戏的特点

非对称性对抗竞技游戏作为采取MOBA和大逃杀之长的游戏模式登上历史舞台，其显示明显的登场优势的同时，展现了后续多样开发的强大潜力。

非对称性对抗竞技游戏的鼻祖仍旧是端游，可以追溯到《反恐精英Online》中的“生化模式”，在一场26人的战斗中，随机选择三名玩家转入僵尸阵容，目的是尽可能将人类阵容的玩家“感染”为己方阵容人员；人类阵容主防御保持人类形态坚持到游戏结束即为胜利。这个模式首次改变了传统FPS（First-person Shooting Game，第一人称射击游戏）中的阵容绝对公平原则，人与僵尸两大阵容在机动能力、攻击方式、合作方式等各个方面都有所不同，因而呈现非对称性的特点，可玩性大幅提高。然而，MOBA游戏的兴盛冲淡了业界对这类游戏的创新性开发，其后虽有模仿者，但没有改变其核心玩法。直到2015年Steam平台的《进化》和次年《黎明杀机》的横空出世，非对称性对抗竞技游戏才重新进入人们的视野。

《进化》和《黎明杀机》玩法类似，但对阵营定位恰好相反。简单而言，《进化》是人抓鬼，《黎明杀机》则是鬼抓人。两款游戏都是在一个特定的封闭空间中，让强势阵营玩家去猎杀弱势阵营玩家，也都设置了强弱关系的“反转装置”。

《进化》中，四名猎人负责围捕一只外星球怪兽，怪兽能力在初期完全处于被动、弱势状态，但通过在逃亡过程中吃掉小动物，相当于“大鱼吃小鱼”的过程，怪兽能够不断进化并解锁新的技能。若怪兽顺利完成形态变异，则能获得极高的攻击能力，其自身能对抗四名猎人，这时游戏目的就会改变，人类阵容从主进攻转为主防御，需要保护基地设施拖延时间到游戏结束。

而在《黎明杀机》的故事中，四名人类误入了一个恐怖庄园，需要相互帮助以逃脱鬼化的庄园主的捕捉。在这个游戏的开局中，人类处于弱势阵营，缺少技能，跑动速度较慢，光线也比较昏暗；而庄园主视野开阔，移动迅速，并且能够观察到地图上资源的位置分布。随着游戏的深入，人类可以通过收集资源、相互交换物资来推进大门的开启，而庄园主只有通过击杀人类才能解锁更多技能。

这两个游戏与“躲猫猫”游戏的逻辑非常类似，一菜两吃，不同阵容对玩家的要求并不一致，随着强弱关系的改变，玩家进攻和防御的行为模式也要改变，这种非对称性为游戏增加了“变数”和趣味性。

与 MOBA 和大逃杀相比，非对称性对抗竞技游戏赋予了玩家更多选择的可能性，不仅体现在阵容的选择上，也体现在游戏结局的选择上。以《黎明杀机》为例，人类玩家获胜的方法有两种：一是进行团队合作，四人中逃脱三人则视为胜利；二是单人逃脱，当人类中有三人被庄园主处置后，剩下的一人可以不必通过大门，而通过地窖装置进行逃脱，也视为胜利，这就使玩家有了更多选择的可能性。另外，在游戏中，当人类出局两名时，剩下的两名人类是相互配合还是出卖队友就成为一个由玩家自由抉择的问题；而庄园主方面，如果希望猎杀剩下两人，防止人类玩家从地窖逃脱，游戏难度就会增大，杀一放一的做法更加保险却会降低分数。这种玩家自主抉择影响游戏残局实力动态平衡的设置，不仅打破了 MOBA 游戏的公平性，也打破了大逃杀模式下的“零和”。游戏双方都能通过前期积累提高能力，通过后期取舍影响游戏结局，这就大幅度地提高了对现实战争的模拟程度，丰富了游戏过程。

然而，公平性原则在非对称性对抗竞技游戏中仍占重要地位，但不是绝对的公平，而是相对的。通过调节双方阵容的战斗数值，能够将某一阵容的胜利率稳定在某个固定值上下，以《第五人格》为例，由于处于内测阶段，庄园主的胜利概率高达 70%～80%，人类阵容的胜利概率为 20%～30%。但通过数值调整，可以使大部分玩家的胜利概率稳定为 50%，这由运营商制定的版本决定。增大人类阵容获胜的难度，可以提高人类玩家获胜的满足感，也能诱使操作能力不足的玩家更多地选择庄园主阵营，反之亦然，从而实现阵容选择动态的平衡。

在世界观的架构上，非对称性对抗竞技游戏建立的世界观虽然不如MOBA游戏恢宏壮阔，但继承了MOBA游戏对人物背景故事的刻画传统，同时改善了大逃杀类游戏的单薄背景设置。以《进化》为例，猎人与怪兽各有4名角色供选择，每名角色都有对应的性格设定；《第五人格》则为游戏单独增添了一个推理解谜的子系统，充分保留了角色扮演的特色。这些对于游戏世界观的丰富性来讲尤为重要，只有具有一定背景故事情节的游戏，才有可能激发玩家的审美体验，跻身“第九艺术”。而一时的集体杀戮狂欢只能算作情绪宣泄，难以长久。

四、结语

多人在线对抗竞技游戏中，强势端游操作模式带动手游主流模式更替的规律明显。MOBA模式因绝对公平性原则有着旺盛的生命力，但也因其高度的对称性在一定程度上削弱了游戏体验，因此，从MOBA模式发展出强调相对公平的非对称性对抗竞技模式是必然的。而大逃杀模式是游戏公平性被彻底颠覆后的一种极端化的游戏模式，依托大逃杀类文艺产品的受众而异军突起，但背景设置单薄，难以长久占据主导位置。

（作者曾嘉慧，暨南大学文学院中文系2018级本科生）

A站/B站：弹幕网站及其文化特征

【案例导读与点评】

随着互联网技术的发展与应用，以及全球互联网文化的流通与本土化，中国互联网文化的形态与特点不断迭代变换，基于技术与媒介迭代的各种青年文化也随之形成，并随着青年文化的圈层“破圈”与资本“挪用”，而对当今文化与产业产生重要的影响。其中，以A站与B站为代表的弹幕视频网站的兴起及其弹幕文化的产生就是一种颇具典型的代表。本案例以此为个案，立足于弹幕的特征及其源流现状，对弹幕视频网站的总体共性特征进行归纳，并进一步分析A站与B站的差异及其原因。本案例有三个特点：其一，立足国内外弹幕网站发展演变的脉络，具有历史视野；其二，能够多维度准确地把握弹幕网站的共性，并认识到与其他不同网站的差异；其三，能够结合亚文化、产业学等知识进行综合分析。案例完成于2015年，在今天看来，由于视频网站与文化产业格局的变化，A站与B站的发展已经显示出了不少新的特征。本文关于弹幕网站特征的观点仍没有过时，同时，作为5年前的观察，如果从媒介考古学的角度来审视，也颇具意义。

近年来，一种被称为“弹幕网站”的视频分享网站传入中国，在国内ACG[①]以及宅文化圈中迅速流行开来，并在极短的时间内形成了小众文化受众的聚集区。随着弹幕视频技术和弹幕网站管理在国内的不断成熟，弹幕视频技术也被运用到更多的视频平台上。例如，土豆视频旗下的“豆泡”以及斗鱼、熊猫等网络直播平台，都以类似弹幕式播放器作为主要依

---

① ACG即动画（Animation）、漫画（Comic）、游戏（Game）的首字母缩写。

托，对传统模式进行了革新，带来了全新的用户体验。这些新形势下的弹幕视频在传播弹幕以及弹幕网站文化的同时，反向地影响着弹幕网站本身，使得原本的亚文化圈以及网站发展方向发生了变化，其中受影响最深的是我国两个规模最大的弹幕网站，即 AcFun（以下简称“A 站”）和 Bilibili（以下简称“B 站”）。弹幕网站基于弹幕视频技术，其技术核心弹幕具有互动性、共时性、碎片性和干扰性的特点，弹幕网站作为新型视频分享网站吸引了大量用户。本案例将以 A 站和 B 站为例进行对比，介绍弹幕和弹幕网站的源流与特点，详述弹幕网站的受众、文化特征与不同的发展路线，并探讨弹幕网站发展中所遇到的版权问题和未来发展道路。

一、弹幕及其特点

弹幕是弹幕视频技术的核心，它的出现改变了许多用户原本的视频播放习惯。所谓弹幕，是覆于视频流上随播放再现的由字符构成的注释、评论。① 它的本义是指射击游戏中敌人射来的子弹过于密集，如同一张幕布。在 ACG 文化圈中，其意义得到引申。当观众在观看视频时，大量的文字评论随视频播放从左至右快速划过，酷似横版游戏中子弹飞过的场景，因此就被冠以“弹幕”的特定称呼。弹幕虽然是以文字化的形式出现在视频中，却与一般的评论有别，主要有以下四个特征：

（一）互动性

弹幕和评论一样具有互动性，但是两者的互动略有不同，其中弹幕的互动更为直观。当观众在结束播放后进入评论区时，无法捕捉到关于同一笑点或者高潮的全部观点，而弹幕在这方面则完全可以轻松实现。当视频中特定时间的所有观点都以弹幕形式平铺直叙时，往往更能激发观众参与评论的热情，加强互动的效果。

（二）共时性

弹幕的评论者几乎是在不同时段进入同一视频中的，有时两个评论者

---

① 王佳琪．基于弹幕视频网站的弹幕文化研究［D］．济南：山东师范大学，2015：13－14.

进入同一视频所相隔的时间长达数天。但是弹幕只以视频的时间点为准，即不论实际时间如何改变，弹幕总会保持共时的特点。一部分观众之所以选择弹幕视频，正是因为弹幕打破了时间限制，使即使是一个人看视频的观众也能得到群体归属感。许多视频观众甚至会因为新发布的视频弹幕过少而选择过一段时间再观看，以达到更全面的弹幕视频观看效果。

（三）碎片性

弹幕的碎片性主要表现为内容有限和时间短暂。一般来说，各个视频网站都对单条弹幕长度有限制，这就决定了弹幕的容量，只允许用户在特定的时刻表达自己最核心的感受。一条引人注目的弹幕常常语出惊人或是具有煽动性，而有些时候甚至需要连续的几条弹幕“接龙”才能达到一定效果。另外，除了一些特殊的弹幕，大多弹幕在视频中停留的时间都在3秒左右。因此，弹幕只能代表评论者那一瞬间的观点和想法，更多是一种走马观花式的感受。

（四）干扰性

早在“贴吧时代”，人们就有“保持队形”“盖楼”等习惯，这种习惯延伸至弹幕中，一般以两种形式出现：第一种是单纯表达观众心情但没有任何意义的弹幕，如“23333”“66666”；第二种则是类似于“前方高能”的预警弹幕或是对于表现出大众观看感受的精彩言论的重复，这种重复有时能够调动观众的兴趣，但是若弹幕太过密集则会起到反作用，因为视频的帧数会因为弹幕过多而急剧下降，视频的原貌会被弹幕掩盖，影响观看体验。

二、弹幕网站的源流及现状

弹幕网站最早起源于日本。2006年，一家名为“Niconico”的动画网站公司将实时评论功能加入视频分享网站中，当时，“Niconico动画”只是将存储于YouTube上的视频链接放在其网站上，再在其播放器中提供弹幕发送功能，却意外地取得了开创性的成果和空前的成功。① 截至 2014 年，“Niconico 动画”已有 3 845 万人注册，其中付费用户超过 200 万人。

2007 年，弹幕网站首次被引进中国，A 站成为国内首家主要关于 ACG 的弹幕式视频分享网站。起初它只是动画网站，2008 年 3 月，网站推出了 AC 播放器，各类音乐、动画、影视、游戏的解说视频和恶搞视频出现在 A 站首页。随后的一年里，A 站迅速发展并吸引了大量 UP 主和 ACG 粉丝进驻，御宅族②也在网站发展的过程中初露峥嵘。

但是 A 站的发展并不十分顺利，受到技术原因影响，网站及其独家播放器并不稳定，甚至有过长达半年时间视频无法正常播放的经历，整个网站几乎处于瘫痪状态。与此同时，由于没有公司管理，A 站内部极为混乱，元老人物之间出现矛盾，一部分会员选择离开，大量网站视频被删除。

2009 年 6 月，因不堪 A 站的糟糕处境，A 站的一名会员创立了视频分享网站“Mikufans”，即后来的 B 站。B 站在创立之后带走了大量 A 站原有用户，在短短一年时间内就超越 A 站，位居国内网站榜首，这也引起了很多坚守 A 站的老会员的不满。随着 A 站公司化经营，底层会员的矛盾逐渐演化成同行之间的商业竞争，而诸多主流视频公司的进驻使得这种竞争愈发激烈。2014 年 B 站完成了 B 轮融资，总金额达 3 800 万美元；随后在 2015 年 8 月，A 站也宣布完成 A 轮融资，共计 5 000 万美元，创下弹幕网站 A 轮融资之最。与此同时，优酷土豆在与 A 站发生版权纠纷后，并未要求全额赔偿，而是以股份形式入股 A 站，因此许多人都对弹幕网站的发展前景一致看好。③

三、弹幕网站总体特征综述

值得关注的是，弹幕本身所具有的亚文化在弹幕网站中发生了流变和异化，从而产生了弹幕网站亚文化。中国目前各个弹幕网站的亚文化虽有

---

① 郭磊．我国弹幕视频网站的受众研究［D］．昆明：云南大学，2015：10.

② 御宅族是指热衷于某种次文化，并对该文化有极深入了解的人，与宅男宅女有所区别。

③ 老牌弹幕网站 AcFun 被索赔千万［N］．北京商报，2015－03－12（4）．

分异，但整体上仍然保持着与主流视频网站的界线，且这种分界体现在多方面。

（一）特定的受众与准入机制

图1是目前国内弹幕网站龙头A站与B站的栏目分类，从中我们可以看到番剧、动画、音乐、舞蹈、游戏等被视为这两家弹幕网站的核心栏目。作为两家发展前景较好的弹幕网站，A站与B站的内容已经较传统弹幕网站有了很大的延伸，而对于“Tucao”领衔的中小型弹幕网站，其内容几乎只局限在番剧和动画上。由此我们可以判断出，弹幕网站的受众主要仍为ACG粉丝与御宅族；而在受众年龄段方面，调查显示国内弹幕网站受众主要是17～25岁的年轻人①，这些年轻人对于新事物的接受能力强且互联网生活丰富，同时处在ACG与御宅文化的辐射范围中。

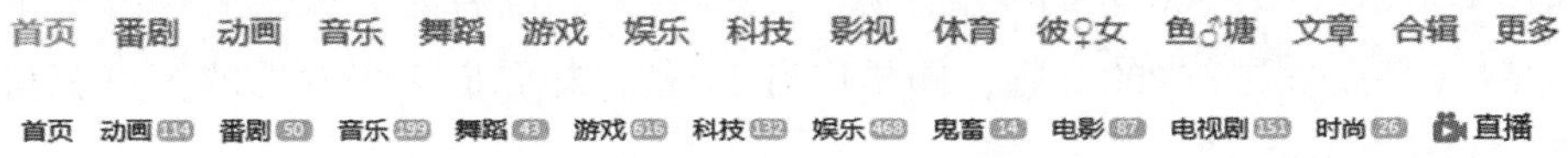

图1 A站（上）与B站（下）的栏目分类

从一方面来说，弹幕网站自身的定位在一定程度上决定了它所对应的受众，而从另一方面来说，有些弹幕网站还会主动设置一个准入机制，保证内部的文化环境不受冲击。例如，A站的注册系统一般在平日不会开放，只有经常以游客身份阅览网站才能得知开放注册的具体日期，注册成为会员。另外，A站会员每月会有一次领取网站邀请码的机会，凭借此邀请码也可进行注册，但这种注册机会一般只给予对A站文化有所了解的朋友。时至今日，A站的注册用户数量仍保持在100万左右，与“Niconico动画”相去甚远。苛刻的注册机制保证了网站游客在成为会员前对弹幕网站的小众文化已有较深的了解，因此他们在评论或者发布视频、文章时就会带有网站亚文化痕迹，与主流文化产生鲜明的分界。

① 数据引自2014年暨南大学研究生团队关于弹幕视频用户的调查问卷。

(二) 弹幕网站文化：小众趣味

2015年是弹幕网站在中国发展的第九个年头，如今的弹幕网站文化已经逐渐走入了成熟期，网站的发展模式也产生了巨大改变，这样的发展趋势加快了文化圈的形成，并且仍然在牵引弹幕网站不断远离主流文化，其中最主要的特征体现在弹幕视频以及评论用语的小众化。

弹幕网站上所发布的视频与主流视频分享网站的风向相去甚远，它无须关注时事政治，甚至对娱乐八卦也没有兴趣，它只为这个小众圈子提供笑点与谈资。

2015年12月底，A站"今日热门视频榜"的前三名中排名第一位的视频全名是"都说外国人耿直，这次我真的信了"，时长仅为7秒。视频中采访者提问一名外国男性愿意和谁一起度过放松的周末，结果受访者的回答让人始料未及。就是这样一段极短的视频，引来了150条弹幕"吐槽"以及峰值为500人的在线人数。而排名第二位名为"教室后排的旷世大战（亮点自寻）"的视频，同样仅有11秒，却凭借它爆发性的笑点获得了33万点击量。

此类猎奇性的短小实录视频只是弹幕网站主流视频中的一小部分，与此类视频相似的还有一些鬼畜视频，虽然它们形式有所不同，但都能通过密集的笑点引发"吐槽"。这类视频往往短小且内容轻松，因此在弹幕网站中迅速占据了一席之地。

除了这些"可遇而不可求"的不定期发布的视频，占据A站、B站热门视频榜前列的还有一些定期更新的视频，在ACG氛围浓厚的B站，动画、番剧、游戏视频以及一些娱乐视频依然占据着大部分版面；而在A站，一些别具匠心的视频如《网上常见GIF动态图》《评论才是本体》以及Billboard排行榜则备受青睐。但是殊途同归的是，这些弹幕视频大部分都较小众化。

不过，实际上许多首页视频如"暴走大事件"系列、"万万没想到"系列并非弹幕网站的原创视频，而是优酷土豆等视频网站独家制作的转载，这些视频逐渐主流化，在弹幕网站文化圈中也逐渐受到热捧，因此视频还并非弹幕网站小众文化的最主要因素。

评论用语是弹幕网站小众化的关键性因素。前文曾提到，弹幕网站的准入机制催生了弹幕网站文化圈，在这种准入机制下，会员群体被自然地限制在圈子内，于是一套约定俗成的特定语言体系应运而生。“23333”“66666”“OTZ”“膝盖中了一箭”……这些在弹幕中的特殊表述对于很多人来说都难以理解，他们既不明白为什么会出现这些看起来毫无意义的弹幕，也不了解这些特殊用语的来源。与弹幕相比，评论玩“梗”的现象更为普遍。所谓“梗”，主要是指一些独特的笑点，只处于特定的文化圈，被小众人群所理解，对于初接触的人，即使明白了笑点何在，但由于缺少文化圈认同感，他们也很难对着新了解的事物哈哈大笑。这也决定了弹幕网站文化圈的小众化——只有感兴趣并长时间深入了解的人才能够融入其中。更为有趣的是，随着时间的推移，“梗”的数量也会增加，无形之中加大了他人融入小众文化的难度。因此如果一些“梗”无法得到后加入的人群的认可，就会产生两种情况：淡化消亡或者抵制了解。在前一种情况中，小众文化仍然处于发展更新的阶段，体现更多的是与主流文化冲突后的妥协和融合；后者则会使小众变得更小众，有可能导致文化圈环境恶化，直到网站惨淡收场。

（三）群体心理与追求认同：弹幕网站存在的意义

互联网发展至今，平台化现象逐渐在各个领域显现，如“豆瓣”之于阅读者、观影者，“虎扑”之于体育爱好者，都起到了“聚集同类”的作用。平台和受众互相需要，就产生了网络社区一说。

值得注意的是，网络社区并非单纯地提供关注的话题给受众讨论，还起到了群体归属和认同的作用。零散的网络用户被一个话题或者视频吸引在一起，用大家熟悉的语言体系进行交流，很自然地就能找到群体归属感；而在进一步交流的过程中，用户的发言权因归属感而大大增加，并且能够收获相同爱好者的回应，这就带来了语言和行为上的一致认同。

弹幕网站的社区作用原本来自弹幕的互动性，但这种单一的视频或者视频系列所带来的互动对于日趋疏远的社会显然有所不足。[①] 此时，新兴

① 在日本，这种情况是倒置的，即先有“Niconico 动画”社区，再有弹幕视频。在中国，弹幕网站和弹幕视频几乎同时出现，但是会员的群落感产生在两者之后。

的弹幕网站为这些零散的视频提供了资源管理，也顺理成章地成为一个群体聚拢的栖息地。对于ACG粉丝以及御宅族而言，情况还略有不同。他们的群体规模远远小于体育爱好者和电影爱好者，且这种爱好本身因其小众而可能被忽视，弹幕网站作为极少数能够聚拢与自己爱好相同人士的网络社区，本身对该群体就有巨大的吸引力，加之采用弹幕新形式，网站会员之间互动感更强，相应地，该群体的聚集会更快、更紧密。

四、弹幕网站的发展模式——以A站与B站为例

与日本弹幕网站一家独大甚至成为主流的态势不同，国内的弹幕网站始终处在文化的边缘位置，近年来这种形势随着弹幕视频技术的多方运用与弹幕网站的商业化和开放化而有所改变，传统的弹幕网站也面临着抉择未来的十字路口。其中A站与B站作为两家独大的弹幕网站，其发展模式出现了较大的分歧。

（一）用户群

目前，B站作为国内最大的弹幕网站，其网站发展路线依旧偏向ACG文化，打开B站网页可看到动画、番剧以及游戏视频依旧占据大量版面，这些视频的点击量也高于其他分类。但是我们也能看到一些类似“暴走大事件”系列、“贝尔求生”系列的视频，从点击量和评论量上都有超过ACG视频的趋势。这一方面与这类视频日趋主流化有较大关系，作为题材新颖、制作精良且有一定观众基础的系列视频，其传播面是极其广泛的，而用户群所涵盖的范围中也有相当一部分与弹幕网站用户重叠；另一方面则是与B站的商业化及市场化有关，合作方会要求将自己的热门视频放在弹幕网站首页上进行宣传，用户不必跳转至主流视频网站观看这些视频，但点击量最终还是计入主流视频网站，因此这种非弹幕网站原创视频的火热现象实质上类似于“主流在分支上的延伸”，不能够准确地反映弹幕网站的发展趋势。

总的来说，B站目前仍然保持着以ACG文化圈为主的用户群，这种势头虽然会受到商业化的影响，但由于其之前积累的巨大用户群数量，在未

来一段时间不会出现突然的转变。

然而 A 站的用户群情况与 B 站几乎截然不同。在 A 站，虽然也设有 ACG 栏目，但是番剧、动画的播放量极少排进一周或单日热门榜，游戏视频虽然随着电子竞技影响的扩大而日趋火爆，但也很难说一家独大。实际上，从 A 站文章区评论的风向来看，一部分用户甚至不太愿意看到过多有关 *LOL* 或是 *DOTA*2 等游戏的评论，有人建议将游戏类单独分出，纳入文章区的一个板块，而不是零散地在文章区中“漂浮”，影响其他用户的体验感。还有一些 A 站用户选择在 B 站观看新近动画，而在 A 站观看其他视频或进行评论。从这里我们也可以看到，A 站的主流文化在发展过程中有过较大改变。

目前 A 站最受关注的是娱乐视频，这些娱乐视频包括不定期的短小视频、鬼畜视频以及来自主流网站的系列视频和最为出彩的原创系列。

其中，原创视频都与 A 站文化圈产生着关联，如“评论才是本体”就是来自 A 站的“高能”评论，每当有精彩评论出现，观众们都会@评论才是本体，这就为这个原创系列的产生与发展提供了条件。除此之外，“GIF 动态图”系列、“空耳视频”系列以及长驻 A 站的 Billboard 和 UK 周榜等视频也引起了 A 站用户的强烈反响。

由此可见，A 站的用户更为社区化，他们关注的更多属于自己这个文化圈，而非单纯的 ACG 或御宅文化。

（二）文化差异

弹幕网站的文化圈与用户群密切相关，同时被网站细微处的设计所深深影响。承接上文，继续从用户群方向看 A 站与 B 站文化的差异，我们可以发现一个显著的差别：A 站用户更具群体归属感，B 站用户在话题上更为趋同。

数据表明，从年龄段来看，B 站用户较 A 站用户平均年轻 2 岁；从用户关注网站的时长来看，A 站的老用户则较 B 站更多。我们可以初步得出一个结论：A 站以 AcFun 社区文化为主，B 站以 ACG 文化为主。

目前，B 站的商业模式已经包括广告、电商、游戏联运、游戏直播和线下活动等。在资本的支持下，起步较晚的 B 站迅速崛起，已成为国内最大的 ACG 爱好者聚集地。而在 2015 年最新一次对视频分享网站的估价中，B 站以 8.1 亿美元高居弹幕网站榜首，作为快速甚至是极速发展的代价，B 站的文化圈必然会出现扩张后的动荡。

相比之下，A 站的文化环境较 B 站更为轻松愉快。

首先，A 站的文化已经有脱离二次元而走向多元文化的趋势。网站发展的策略会影响用户的观看习惯，也会引入新的用户。如今的 A 站 ACG 的影响正在不断缩小，取而代之的是一种复杂的御宅文化，A 站的招牌也从“天下漫友是一家”演化成“中国宅文化基地”。在御宅族中，每个人都有自己所擅长或喜爱的领域，当这些单独的用户聚在一起时，吸引他们的就不再是单纯的喜好，而是更强烈的归属感，这种归属感体现在各个层面。

其次，A 站原本依附于弹幕视频技术而存在，但随着时间的推移和几经波折，文章区和评论的比重日益上升。评论较之弹幕，语言上更为丰富，思路较为连贯，交流也不单单停留在爱好，更容易形成社区文化，给予用户归属感。下面我们具体分析这种弹幕网站社区文化和群体归属的来源。

文章区作为 A 站招牌，与弹幕视频起到的效果截然不同。A 站文章区主要涉及三个方面：工作情感、动漫文化、漫画小说。其中工作感情区所占比重相当之大。在这个板块中，UP 主诉说自己在现实中所遇到的矛盾、情感上的问题以及遇到的奇怪事情，并且征求其他用户的意见。在此过程中，原本单纯网络性的交流走进现实生活之中，用户互相交流的广度和深度获得了极大延伸，这就促使他们归属感的提升。文章区的一些经典帖子，如《六十年后的 AC》《天下基友是一家》引起强烈反响，用户们纷纷在帖子下面留言，表现出对网站极大的热爱和归属感。这种归属感进一步延伸，就构成了网站文化社区，具体体现为用户为自己或是整个网站的用户定位。

在 A 站内，网站用户将自己称为“Acer”，并将其定义为“人均小帅，身高 175 厘米，标准身材，有车有房，却没有女朋友的单身”，无意之间，用户为整个群体进行了社会定位，而其他用户也乐于被这样称呼或是定义。这就表现出A站用户间的交流从一个方面来看已经进入了现实层面，形成了一个自身情况较为相似的群体。这样的群体相比其他弹幕网站之下的群体而言，更具“朋友”性质。

另外，评论对于A站的网站文化社区构成也极具影响力，主要体现在表情包与语言两个方面。

众所周知，表情包在聊天和评论中的作用重大，有时一个好的表情包，其表达功能胜过语言。而A站评论区所采用的表情包在表达方面极为出色。

图2是A站评论区最为知名的“AC娘表情包”。作为A站的吉祥物，AC娘一直代表着整个A站的形象，在表情中使用AC娘，首先有利于用户认同感的增加与社区文化的建设；其次，这组表情所表达的内涵极为丰富，通过这些表情辅以表词达意的效果极为突出，且萌化的形象有利于软化评论区氛围，不易引发过激争吵。

图2 A站评论区AC娘表情包

在语言方面，A站评论区语言较为俏皮，沿袭了动漫文化一贯以来的风格，如运用叠词等，与主流网站评论区形成了鲜明对比。

除此之外，评论区还有“接龙”和“用梗”等特色。例如，当帖子涉及情感层面时，原本的讨论常常会突然“歪楼”，会有人回答“然而Acer并没有对象”；又如当用户所发帖子并未通过审核时，评论中常常会提到

“猴子心眼小”，其中“猴子”意为A站管理人员。

在这些评论中，原本颇具攻击性的观点或是语言可能会突然发生反转，令人啼笑皆非。虽然这些语言仍然较为小众化，而且不易读懂，却增加了趣味性和提升了群体的参与度，使得网站的社区氛围更为浓烈。

不过，偏好不同板块的用户，对社区文化的接受程度依旧不同。如A站体育区的评论环境就比较恶劣，常常有通过侮辱其他球员以褒扬自己所喜爱的球员的现象。这也表明这种文化社区式的发展模式依然有核心与边缘的区分，处在核心的用户亚文化特征相对显著，而边缘用户则社区意识模糊。

五、分异的发展前景及存在问题

从A站与B站两站的用户数量来看，目前A站在网站排名及流量上均逊色于B站。Alexa网站排名的数据显示，截至2015年8月21日，A站排名第1 044位，日均页面浏览量（3个月平均）2 943万次，日均IP（3个月平均）327万个；B站排名第344位，日均页面浏览量（3个月平均）6 480万次，日均IP（3个月平均）810万个。A站与B站的这些数据均已超过乐视网①。虽然随着手机App的运用，主流视频分享网站不再主要依靠互联网点击量，但即使这样，弹幕网站的发展之快也令人吃惊。

发展更快、公司化和商业化更明显的B站，在商业模式上已经远远领先其他弹幕网站。2014年11月，前金山网络VP陈睿加入B站，担任执行董事一职，对B站的商业化起到了进一步的推动作用。2014年“双12”期间，B站启动“攻占淘宝计划”，并开设官方淘宝店；2015年以来，B站进军日本市场，正式启动“bilibiliyoo”旅游项目②。而在内容层面，B站最受瞩目的虽仍是ACG文化，但高层已有意识地将内容多元化，试图脱离二次元的定位。因此，如何平衡商业化与用户体验，是B站接下来需要

① 李淼．优酷土豆入股AcFun资本聚焦二次元文化［J］．资本前沿，2015（18）．

② 纪佳鹏．弹幕网站辛酸中壮大AB站阵营战略对垒［N］．21世纪经济报道，2015－08－07（20）．

关注的重要问题。

而A站总编辑刘炎焱则表示，A站也在努力为未来铺路。他说："未来A站会成立自己的电影公司和动画公司，其中最重要的一环就是做原创内容。"

著名IT时评人张书乐认为："A、B站在走完全不同的两条道路，A站是在做一个社区的打造，这条路变现很慢，但走好了未来会很棒；而B站则在手游开发和渠道上越走越远，无疑是进入了最快的变现车道，但手游还能火多久，我们谁也不知道。这样说来两种方式各有利弊。"①

目前，A站和B站虽然发展方向各异，但都将目光瞄准了与弹幕网站相关的各个行业。在线下，A站和B站积极冠名动漫展、动漫音乐会、游戏展等一系列大型ACG文化活动。而在线上，网络直播平台和主流视频分享网站成为焦点。

早在2013年1月，A站就在网站上推出"Ac生放送"栏目，当初这个项目是由A站持股人与他人合作的，挂靠在A站名下的一款直播平台上。随着电子竞技的日益火爆，网络直播平台逐渐做大，原本的一些直播软件已经不能满足游戏爱好者的需求。这时"AC生放送"栏目原本的投资人买下了国内两支著名*LOL*战队的冠名权，更名直播平台为"斗鱼"，并脱离A站挂靠，一跃成为国内最大的直播平台之一。虽然至今斗鱼仍然与A站存在合作关系，但与以前相比已相去甚远。

而B站则走了一条不同的路——自己开发直播平台。2015年"B站直播"上线，仍然以ACG文化为主体吸引观众，截至2015年12月，直播高峰期有近1 000名主播上线进行直播，观众也稳固在10万人以上，虽然新的直播平台影响力较小，但B站方掌控着直播平台的主动权，为整个网站的利益提供了保障。

错过了一次机会的A站则开始寻求更广泛的合作，又与虎牙、战旗签下合同进行推广，并把"QYQX""女流66"等A站UP主的直播链接放在首页上。

---

① 王雅菡. 弹幕视频网站遭遇岔路［N］. 新金融观察报，2015－10－19（23）.

网络平台直播方面，A 站与 B 站可以说平分秋色，B 站略占上风，但在与主流视频分享网站的合作上，两家弹幕网站可以说都吃了不少苦头。

弹幕视频是弹幕网站赖以生存的核心业务，而很多人之所以愿意去弹幕网站看视频则是因为弹幕播放器没有广告。但起初的弹幕网站上大部分的投稿都来自爱奇艺等主流视频分享网站，弹幕网站通过解码技术将视频放在自己的播放器上加载播放，涉及版权问题，这在过去两年里一直是弹幕网站的一个“心结”。

从 2013 年起，A 站与 B 站就曾同各大视频网站交涉并建立流量关系，一些主流视频播放器也出现在 A 站与 B 站上。但是私下仍然有很多视频未经许可就被 A 站与 B 站提供给用户。

2014 年底，包括北京爱奇艺科技有限公司、北京奇艺世纪科技有限公司、广州斗鱼网络科技有限公司、捷成华视网聚（常州）文化传媒有限公司在内的几家公司状告 B 站“侵害作品信息网络传播权”，起诉事件共达 9 起。

2015 年 3 月，优酷土豆起诉 A 站侵权，成为继 B 站侵权案后的又一大业内热点。最终优酷土豆提出和解方案，A 站用 18% 的股权和 1 800 万元（现金部分 1 500 万元）作为赔偿。

随着一轮弹幕网业内的版权风波，弹幕网站和主流视频网站似乎又恢复了往常的合作关系，甚至互相结合得更加紧密，如 A 站的 A 轮融资就是由优酷土豆所领投的。但作为个体发展的弹幕网站，版权问题仍然是其需要重点关注的方面。正如业内人士所说，引入和原创缺一不可，并重版权和创新意识才是弹幕网站未来的发展之路。

六、结语

随着商业模式引进弹幕网站，越来越多来自主流的眼光投向了这个原本小众化的圈子之中，在引领网站向前发展的过程中也产生了许多问题。这些问题有些来自文化领域，如未来的弹幕网站是会保持小众化和独特性继续发展下去，还是会被主流所冲击，发生巨大改变？弹幕网站文化是会冲入主流文化世界，还是会最终成为主流的附属品？有些问题则来自商业领域，如传统视频网站与弹幕网站之间的关系到底何去何从，是持续现在的合作关系，还是回归打压和被打压的角色，或者说弹幕网站终有一天会和主流网站同台竞争？而随着弹幕视频在各个领域被使用，弹幕网站的优势还能够长久存在吗？这些都还有待观察。

弹幕网站和弹幕网站文化正处在这样一个境地：一个又一个的十字路口不断展现在眼前，既存在着机遇又不乏挑战，而弹幕网站在中国几乎没有任何可以借鉴的例子。因此，未来存在着无数种可能的道路，其中有坦途也有崎岖之路，至于这些路径通往何方，还得由这群“弹幕族”努力去寻找。

（作者梁成林，暨南大学文学院中文系2014级本科生）

SNH48：互联网模式与本土偶像团体的发展

【案例导读与点评】

本案例立足SNH48女子偶像团体，梳理分析其充分利用互联网重构本土女团偶像文化选择的背景，以及在“粉丝培育”与“政策适应”两个维度所建立的互联网发展模式，并在此基础上分析其模式的成效与启示。案例尽管篇幅不长，却极为明晰地归纳梳理出了中国女团偶像文化发展的特色与规律，能够帮助我们理解偶像与粉丝文化的本土化发展模式。案例研究完成于2018年前后，其时国内团体开始兴盛，时至今日，这种立足互联网平台和流量经济打造的偶像团体发展也显现出了其弊端。若能对这些弊端进行前瞻性的讨论和分析，案例的分析则更加具有辩证性。

近年来，随着经济发展，民众生活水平提高，我国文化产业飞速发展。在“百花齐放”的文化市场中，偶像经济异军突起，成为文化市场中引人注目的一部分。其中，SHN48女子偶像团体（以下简称“SNH48”）作为近年来表现突出的偶像团体已经逐步走入大众的视野，并有着一定数量的粉丝群体。其中，从最初的网络宣传到构建“粉丝生态圈”，利用互联网模式是其发展的重要方式。本文通过对SNH48运营团队的运营策略进行研究，进而分析SHN48在发展过程中所利用的网络文化模式的背景、措施及其效果，希望给相关产业的发展带来些许启示。

一、SNH48选择网络文化模式的背景

SNH48正式成立前以及成立初期，经纪公司在宣传中一直将“AKB48官方姐妹团体”的标签作为其突出宣传的重点。随着SNH48的走红，其开始走上自主发展的道路。

（一）团体本土化发展的需要

在SNH48成立初期，并未避讳其作为“AKB48官方姐妹团体”的身份，其最大限度地利用48系女团已有的影响力推广自己的品牌，将中国关注AKB48的粉丝群体转变为SNH48的第一批关注者，通过合资公司成立团队并发布团队成立的新闻发布会。SNH48将自身与AKB48强相关，以最低的广告成本取得最高的关注度，体现了SNH48被AKB48官方承认，并具有与之一脉相承的主副品牌统一性。这对SNH48的早期发展有着很大帮助。①

但随着SNH48的发展，知名度不断提升，粉丝群体也不断扩大，不能只迎合于喜爱日系音乐的粉丝群体，而应根据国内粉丝需求进行改变，如关注韩系音乐、制作原创歌曲、发掘成员的特点等。这些措施是为了创建属于自己的特有的偶像团体风格，这样才能扩大新的粉丝群体，同时避免观众产生审美疲劳。

近年来，快速发展的网络文化产业为这些措施的实施提供了极大便利。不同于传统媒体，网络可以低成本、全时段传送文化内容，运营团队也可以自由搭建平台来传播文化内容，如利用网络直播、网络综艺等多种形式；同时可以通过网络及时听取粉丝建议，对措施进行调整，降低本土化过程中的试错成本。

（二）网络文化产业市场的强大吸引力

截至目前，中国网民数量已近9亿。庞大的网民群体形成了巨大的网络文化需求和网络文化市场。随着经济发展，网民的精神需求上升，也有着较强的消费能力，年轻网民快节奏的生活对文化产品提出了“新、快、奇”的要求。由此，网络直播、网络音乐、网络动画、网络游戏、网络综艺等破土而出，以满足网民日益增长的精神文化需求。与偶像产业密切相关的粉丝经济依靠网络文化产业快速发展起来，从最初的粉丝们在网络上具体讨论偶像到运营方和粉丝进行互动并从中获取经济价值，已经发生了重大的变化。

---

① 柳骅凌．SNH48偶像女团的本土化品牌策略研究［D］．广州：暨南大学，2015.

作为女子偶像团体组合，SNH48 进入网络文化市场也有着较大优势。首先，广大年轻网民是主要市场人群，SNH48“正能量”和“接地气”的青春偶像形象可以给快节奏生活的年轻网民提供一种精神抚慰，与网络文化市场的需求相匹配。因此，SNH48 有必要也有能力来开发巨大的网络文化产业市场，这有助于其从亚文化圈子走向大众文化舞台，也能够为其带来巨大的经济效益。

（三）运营方自身的考量

除了组合自身发展的需要和网络文化市场的巨大潜力外，运营方自身的利益考量也是其选择网络文化产业模式的动因。SNH48 是中日合资的组合，是由上海丝芭文化传媒有限公司（以下简称“丝芭传媒”）和日本 AKB48 的运行方 AKS 公司共同合作创建的。在合作早期，双方合作较为融洽，日方负责成员培训、舞台服装设计等技术性方面，中方负责本地运营等日常事务。中方需要日方的模式输出、热度引流和曲库支持，但在运营过程中双方不断出现冲突。最具代表性的事件是 SNH48 发布第一张原创 EP《源动力》，以及在广州、北京开设姐妹团体 GNZ48、BEJ48。2016 年 6 月 9 日晚，AKS 公司突然发布声明称，因 SNH48 当地运营单方面违约，将重新调整 SNH48 的运营方式，即日起官网撤下 SNH48 相关内容。此外，声明表示，对于在广州、北京分别成立 GNZ48、BEJ48 一事并不知情，两个组合和 AKS 公司没有任何关系。为了加速中方运营方妥协，AKS 公司再次发表声明，宣布丝芭传媒单方面违约，并撤下了官网上与 SNH48 相关的所有内容，保留使用法律手段的可能。丝芭传媒也针锋相对，称与 AKS 公司只是技术合作关系，SNH48 及其他姐妹团体均是原创组合。在与日方产生纠纷并被断绝“合作关系”后，SNH48 就处于一种“山寨”团体的尴尬境地。

为了缓解这种不利局面，丝芭传媒便开始树立 SNH48 为“中国本土化大型女子偶像团体”的理念。这不仅可以淡化组合的日系色彩，还可以摆脱中方对日方的依赖，获得更大的发展空间和利益。通过对网络文化模式进行本土化改造，一是可以更加贴合国内市场对偶像的市场需求，二是可以快速拓展受众群体范围，三是可以通过网络宣传减少与其有关的负面事件所造成的影响。

总的来说，SNH48 选择网络文化模式一方面是团体发展的必然要求，另一方面也夹杂了中日两方在运营理念、利润分配上的矛盾。SNH48 就是在这种背景下开始通过网络文化模式发展起来的。

二、SNH48 的网络文化模式

SNH48 的网络文化模式在其宣布成立前便开始建立，主要在运营方法的改良和融合主流价值观两个方面进行。

（一）对日系“AKB 商法”运营模式进行“互联网式”改良和创新

“AKB 商法”，顾名思义，就是 AKB48 及其姐妹团体运营方所采用的一种经营策略，也是“AKB 系”能在日本“偶像战国时代”稳坐宝座的秘诀。总结说来，就是“剧场公演”“握手券”和“总决选”，其中的核心便是“粉丝为王”。“剧场公演”拉近与粉丝的距离，“握手券”通过偶像与粉丝的互动提升粉丝忠诚度，“总决选”使各位成员的粉丝群之间形成竞争关系，大幅度地提升了粉丝的参与度。正是如此，AKB48 才能让其内容并不出色的唱片次次获得喜人的销量。但是其主要依靠线下互动，缺少官方线上互动的不足之处也较为突出。

丝芭传媒在运营上自然也习得了“AKB 商法”。但根据国情，公司对其进行了一定的改造。改造主要有以下四个方面：

（1）在坚持剧场模式的同时，将公演在各大视频网站进行网络直播，扩大受众范围。

SNH48 及其姐妹团体多位于一二线城市，分布在全国的粉丝难以全部前往剧场现场观看公演。网络文化产业作为内容产业，需进行内容的传递。在剧场公演时进行网络直播，既便利粉丝们观看演出，又扩大了文化内容的辐射范围，让更多人了解 SNH48，同时网络直播中的大量“打赏”也能获得经济利益。

（2）进行网络炒作和公关活动，依托网络进行偶像形象塑造。

SNH48 运营团队曾利用部分话题进行网络炒作，以提升关注度。最经典的便是“四千年最美”事件，运营团队将这个在日本2ch论坛上讨论的话题“出口转内销”在国内传播，成功使得主力成员鞠婧祎在网络上爆红，成功使得大量普通网民对SNH48有了初步了解。同时SNH48所有成员都开设有个人官方社交账号，社交账号不仅可以向粉丝和想要了解SNH48的人分享个人生活动态，进行互动，充分展示偶像自身特色，还可以在公关宣传时发挥作用。在SNH48某成员因火灾被大面积烧伤后，其他成员在自己的社交账号上迅速表达关心，并号召募捐，获得了极好的网络反响，提升了SNH48的社会形象。

（3）与线上粉丝群体进行良好互动。

互联网将粉丝聚集在一起，他们通过百度贴吧、BBS、微博、知乎等网络社交媒体进行互动，参与讨论、共享资料、相互提供帮助。SNH48的运营团队与线上粉丝群体保持着良好的关系，并对粉丝进行潜移默化的引导。SNH48运营团队加强与粉丝圈意见领袖的沟通与交流，运营团队为配合他们的意见领袖成员提供资源以巩固其地位，然后由意见领袖带领粉丝开展线上线下活动。通过这种方式，将粉丝群体的意见导向掌握在运营团队的手中。同时设立官方论坛，将购买公演门票和周边与论坛账号相绑定，并开发App“口袋48”，粉丝可以在这款App上进行投票，还可以与偶像互动。这样逐渐形成了较为忠实的粉丝群体。

（4）涉足网络综艺、网络电影和网络剧，多栖发展。

AKB48有着自己专门的电视节目《有吉AKB共和国》，其他姐妹团体也都有各自专属的综艺节目。由于国情不同，SNH48采取开设网络综艺节目的方式。从在国内线上同步放映日本朝日电视台的《SNH48 High School》，到自制综艺节目《国民美少女》和《SNHello星萌学院》，SNH48的综艺节目质量不断上升。同时SNH48成员也有出演网络剧、网络电影，如张语格担当网络剧《贴身校花之君临天夏》的女主角，鞠婧祎参演网络电影《魔天劫》等。网络综艺、网络电影和网络剧成本较低，在减少渠道成本的情况下，可以在内容上精心制作。多栖发展有利于提高SNH48的知名度，增加粉丝量，也可以更好地发掘偶像自身特色。同时通过贩卖写真、应援用品等获得周边利润。

从上述四个方面来看，SNH48 主要在演出模式、公关宣传、粉丝互动和多栖发展上给“AKB 商法”注入了网络文化产业的活力。

（二）积极配合国家网络文化产业发展政策

网络文化产业作为国家战略性新兴产业，国家十分重视。2017 年 4 月，文化部发布首个“数字文化产业”概念的政策文件（《关于推动数字文化产业创新发展的指导意见》），向社会发出国家鼓励数字文化产业发展的明确信号，其中融合发展是重要内容。同时政策在数字文化产业内容方面提出了要求。SNH48 运营方积极配合网络文化产业发展政策，在内容上积极融入社会主流价值观和主流政治价值观。

（1）将 SNH48 定位为“正能量、健康向上”的偶像团体。

在公演和网络专辑的选曲上，SNH48 翻唱 AKB48 的歌曲题材主要为校园友情和校园爱情，并进行去敏感化①。参演网络剧、网络电影也对剧本进行严格审查。在成员管理上，作为成员主要是学生的偶像团体，要符合社会主流价值观对学生身份的要求，运营团队对偶像团体成员的言行举止进行管理，其中对成员公私社交账号的管理是重要内容。

（2）在政治层面融入主流政治价值观。

SNH48 在每年国庆节时会网络直播其国庆特别公演，多为主旋律题材。如 2017 年推出《歌唱祖国》MV 和特别公演，与 GNZ48 共同演唱《我和我的祖国》，参演 2017 年央视五四青年节晚会等。同时由于粉丝多为年轻人，他们在线上与“共青团中央”等官方社交账号进行互动，以扩大宣传。这些举动都是 SNH48 运营方主动融入主流政治价值观的表现。

SNH48 积极融入主流价值观，有利于减小其在发展中遇到的阻力，提高团体的品牌形象。融入主流政治价值观可以为 SNH48 的发展减少政策风险，同时可以得到政策的扶持和表彰。在 2017 年央视五四青年节晚会上，SNH48 获得了由中国共青团颁发的“2017‘激扬青春梦’五四优秀青年”奖项。

SNH48 的运营方通过上述途径，使 SNH48 逐渐形成“网络文化产业生态圈”，并对其发展产生了积极的影响。

---

① 喻欣湉，魏婷．女子音乐偶像团体的“移植”发展策略——以 SNH48 与 AKB48 的比较分析为例［J］．音乐传播，2015（3）：67－73.

三、网络文化模式的效果及启示

SNH48 的经验表明，网络文化模式对其发展有着十分显著的推动作用，其经验也为与其类似的文化产业提供了一些启示。

（一）网络文化模式的效果

（1）SNH48 受关注度显著上升。

在关键词搜索方面，从 2014 年开始，“SNH48”的搜索数便开始上升，且具有数个突然上升的峰值。2014 年 1 月至今，其周平均搜索数为 36 565 次，2016 年 1 月至今其周平均搜索数为 62 646 次，而从 2011 年 1 月至 2013 年 12 月，其周平均搜索数仅为 2 194 次。在视频点击量方面，根据腾讯视频“Live Music”统计，在 SNH48 第三届总决选网络直播期间，同时在线观看人数达 430 万。网络人气的高涨使 SNH48 开始进入传统传媒的视野。近年来，SNH48 获邀参加各个卫视跨年晚会和春节晚会，核心成员获邀参加大型综艺节目。总的来说，相比成立初期，总体上其关注度已显著上升。

（2）SNH48 产出的经济效益增加。

首先是专辑销售带来的收益，丝芭传媒宣称，SNH48 在 2016 年 5 月推出专辑《梦想岛》，在 1 小时内销量超过 10 万张。就低迷的国内实体专辑市场来说，能有这样的表现十分难得。其次是其特有的“总决选”所带来的经济效益。在 2016 年 SNH48 第三届总决选时，粉丝总共投了 176 万张票，较 2015 年第二届增长 252.47%，每一张投票券都需购买实体或数字专辑才能获得。据相关数据显示，2015 年 SNH48 年度总决选的选票金额超过 4 000 万元，2016 年总决选的选票金额突破亿元大关。2016 年总决选的收入还包括微鲸 VR 和《梦幻西游》网游两家的冠名费，以及门票收入、广告等。除了专辑、总决选之外，周边产品的开发和销售也是一笔不菲收入。SNH48 进行本土化不仅带来了知名度的不断提高，还成功构建了一种网络粉丝经济生态，带来了十分可观的经济效益。

（二）网络文化模式的启示

SNH48 利用网络文化模式促进了自身的发展，且具有重要的借鉴意义。可总结出以下几点：

（1）借鉴外国模式时要结合本国国情进行适当修改。

例如，SNH48 在引进日方庞大曲库时，只翻唱积极向上题材的歌曲，歌颂校园爱情的美好、友情的宝贵等。对外国模式需要在内容上和形式上本地化，将其中的负面内容剔除，创作中国故事，才能快速走上发展之路。

（2）重视网络文化模式的作用。

SNH48 重视庞大的国内在线音乐市场，通过网络使偶像和粉丝进行良性互动，建立粉丝经济生态圈，这使得其能够在竞争激烈的文化产业市场中站稳脚跟。这是“互联网 + 文化产业”的巨大作用。

（3）重视原创作品，突破原有风格。

网络文化产业是“内容为王”的产业，要想获得市场的青睐，必须有拿得出手的作品。SNH48 除了选曲于日方曲库外，也进行原创歌曲的创作，甚至改变日式风格，发布韩流和国风专辑。总而言之，引进外来文化产业模式，必须注重原创，创作出具有优秀内容的文化产品。

（作者郭知凡，暨南大学文学院中文系 2016 级本科生）